ART

Boris Groys

藝術力

波里斯・葛羅伊斯 著｜郭昭蘭・劉文坤 譯

POWER

ART POWER

Contents

PART II 第二部分

Disinterested Power of Art
藝術之力無差別

林宏璋
國立臺北藝術大學美術系系主任
及藝術跨域所所長

現今藝術理論的實踐中，波里斯・葛羅伊斯（Boris Groys）的寫作志業標誌了另一個象限，不同於學院發展的哲、美學理論做為接受者的書寫，他的寫作標示思想藝術的另一種可能，同時不忽略當代藝術面對目前處境的問題與變應的意義。葛羅伊斯強調詩學轉向，意謂著實踐者的面向，一個從「如何做」以及「做什麼」的進行。葛羅伊斯因跨國際遇的養成（俄國出身、德國教育、美國工作），思想包含前蘇聯後冷戰時期的莫斯科概念藝術，以及蘇聯構成主義、義大利未來主義等前衛藝術的文化認同政治。早期將這些在西歐及美洲曖昧不清的文化脈絡，帶入他對藝術及哲學的思考，重新在當代藝術脈絡中，盤整政治、社會與藝術之間的關係。將革命、烏托邦置放在當代中再次呈現。這種做為一個廣義「生產」的政治提問，例如對於班雅明、拉康、佛洛伊德、布萊希特，以及未來主義、超現實主義等前衛運動及思想家的重新閱讀與著作，不僅僅打開藝術家及評述者、理論工作者的潛在能力，同時廣泛定義藝術做為論述實踐的可能形式以及辯論手法。也許葛羅伊斯是本身做為創造性思考的主人，在同類型的寫作中，很難看到思想的前例與同儕。同樣的他不是哲學家、文學評論家、藝術史、社會學家等，但在寫作中涵蓋了這些範圍與討論。可以說，葛羅伊斯的寫作定義並翻譯自身，成為自己的師承。

20世紀迄今，美學意識型態一直是革命辯證的避難所。葛羅伊斯的操作讓美學意識型態組件與當代藝術開始結合，其運作方式將美學包含在社會與藝術的拓撲關係中，重新做為黑格爾式辯證的揚棄（Sublation）對象及方法。其中蘊含了古典馬克思主義的政治面向：一個關於國家理論——包含立法（legitimacy）以及治理性的問題；而另一個面向是改變這個世界的慾望——革命及烏托邦衝動——具體呈現在法國大革命的解放運動中。葛羅伊斯的寫作總是將目前藝術所發生的現象做為思索對象，檢驗「實踐做為真理」的思考模式。承襲了左派美學中，以「感知經驗」做為一個歷史辯證的終極目的（telos），同時也回應了啟蒙以來，理性運動的轉折。這個高度位置的激烈理論，曾經在馬克思「感知的歷史就是延續到當下的世界歷史演變」警語中被標識；藝術在歷史動態中被呈現，同時也成為一種辯證的終點，一個「將至而未至」（yet-to-come）的烏托邦允諾。

引介葛羅伊斯的《藝術力》到中文世界，不僅僅做為一個翻譯文本，更重要的是，讓思想道路能夠被呈現開放偶變性（contingency）在當代藝術中的種種面向。在此，葛羅伊斯未曾將藝術當做為意識型態物件，不用來滿足不同時間不同人的利益，以及其偶然性的多元需求與民主理論變形。因為當代藝術所代表的價值與關懷，從來不在於呼應社會既有權力架構而成立，更不是回應民主倫理的成規，例如：主張平等、尊重差異、個人價值等柔性自由主義之價值觀。葛羅伊斯所提出的「藝術力」絕不是民主下的概念。不是偽裝在品質、對話、開放性、經驗（歷程）、潛力、對話、獨特性、承諾等的中性字眼；也不會讓強調多元整合中假定的「任何一位」，對民主的思考及願望得到滿足。藝術不是為了服務權力的約定結構，也不是社會任務的執行。藝術力的存在，在於制衡「可見之力」，揭露權力的所在及定位，而且指明了主導評價藝術利益團體的特性。這個「無私」是藝術力的最大範圍，寄寓於革命將前進的位置，與未來世界，一種以「將至而未至」時間點為基礎的烏托邦運動。

葛羅伊斯對藝術定義是基進開放性地，寄寓在完完全全偶變性中。一方面是他對新興的藝術形式表現框架的辨認，同時也將這種偶發做為極端矛盾的呈現。於此，當代藝術對他而言，並非時間的指認：一種現今的藝術；而是藝術的特殊類別與指認：一種做為烏托邦衝動延續的前衛藝術實踐。因此，這種開放性所涵蓋的藝術是不受限制、不可意料的任何事物。即藝術做為一種未至的未知數，不但是「意料之外」的分歧、而且還是前所未有、無端無由的事物，這些是當代藝術開放定義的屬性，更是一種藝術偶然性的獨斷。葛羅伊斯認為這種藝術的開放定義偶然性，跟社會的偶然性是不同的。藝術偶然性的強度，原則上是要凌駕在評判它價值的社會偶然性之上，這是藝術主要與唯一該決定的事，是其自主的範疇。藝術以偶然性背離社會的偶然性：藝術是偶然性的評量與價值。藝術的開放意義是如此之大，以至於必須離開體系之內的「已知」，將「未至」做為「已至」，如同佛洛伊德以無意識決定意識一般。這個「藝術力」是一個藝術的非正式性的機制，決定在什麼時候會具有何等價值之權力，以及拒絕權力的機會。藝術力比起一般的權力更專橫，更可以不負責、無依據或是不受到制裁。其與政治力及社會力的差異之處在於藝術沒有領袖特質，沒有希特勒或是史達林，沒有組織繞著藝術打轉，需要一定群眾對其專斷的幻見。當代藝術的關係必須脫離排他的普遍對立概念之外，取代的是在轉變的脈絡、場景、領域與環境的非正式行為。或者宣稱政治力的失敗，這可以說是開放意義藝術之偶然性的社會意義，在民粹主義操作之外，藝術做為一切平衡基礎的「之外」之力。藝術必須在約定俗成的公開展示之外進行操作，必須超越在某些特定時刻平庸與心知肚明的老生常談。藝術之間的「利益」比別物的更有價值、比別人的更重要、更舉足輕重，而正因必須進行這種超越，必須「無私」，葛羅伊認為藝術是迫切的基進民主——放在正負加總為「零」的無差別平等。

而如此基進的民主當然跟「好與壞」價值判斷以及品質討論大異其趣。藝術如果是開放的話，因為不知其定義，更無法知道藝術本身是什麼，那麼藝術就不能提供任何可界定其價值的依據以及其質地的描述。在藝術中在沒有可以提供的判斷和賦予藝術價值的唯一依據就是沒人知道、也沒人「能」知道，什麼是「好」的藝術，什麼不是。在葛羅伊斯無差別的平等性中，遠遠超越過一般的民主論證，強調一種如巴赫汀（Mikhail Bakhtin）以他者為「自我」（One for the Other）認同論證。而這種平等性，在於自我與他者同時被動的參與共同存在，而個體間又無可替換，個體必須實現其獨特性，任何參與任何價值的判斷者——他者為我（Other for me）——必須通過與某個機制的連接，因為是藝術品、市場、美術館、畫廊、學院等廣泛稱之為機制的領域。但這些是跟藝術的開放定義之視野背道而馳的。這種（預先）承認造成什麼可能是藝術的侷限，因為藝術的界定是依賴約定。無論是透過權威、歷史、教育，以及操作在共識的普通認可的說法，藝術必須在社會層面與其利益運作。為了聯繫利益的擁有者，必須拉攏藝術機制等文化觸媒，例如部分決策、策展、分配、論述、展示、收藏、市場等的面向。但是在以公眾與政治運動為主的當代藝術中，因為作品預設內容對權力做出批判，它可以合法「批判」，否認自己對自身的藝術約定，通過訴諸在內省的機制理論批判，其主要努力的目標是透過共同可視的條件而行，因為機制的討論不在於不掌握支配及話語權，而是使它獲得權力，框架在約定主義形塑當代藝術的社會體制中。

葛羅伊斯的藝術力是界定一切無差別平等的力量，其無可界定，其組織必須是複數、散漫及分布的。它們的相似性不在於社會結構本身，而在於非正式的部署：因為並無權力中心或是被認可的結構，因為如果他們在某個時刻還沒有這樣做的話，任何參與者都可能擁有一定的權力。當代藝術的反權力幻想，就這點而言，藝術以一種偶然性為前提，成為「不可能」政治類型。在任何情況下，在面對權力的霸道專制，無論是表面上藝術的內容及主張，當代藝術的狀態往往被誘惑：藝術的呈現能確保藝術家個人的利益，以及自主自由的個人價值觀。然而，藝術是無法從焦慮中拯救未來的（某種班雅明的憂慮）。而且正是因為其價值的偶然性，意謂除了受到當代藝術之圈內決定之外，並無有效的標準。在葛羅伊斯未竟將至的烏托邦中，化身為對未來的允諾及慾望，藝術力是決定世界的未知數——某個X因子——因為所有藉由權力所決定藝術的條件及原因在這裡一筆勾銷，因此藝術必然會承載不可或缺的價值。這裡所指出的是藝術的本體，或者一種做為與社會辯證的揚棄，是一個堅持自身決定的目的，這或許是藝術價值偶然性的揭露（暴露）回到平等無差別的終極水平。

Performing Art Power in Art
在藝術之中操演藝術之力

郭昭蘭
國立臺北藝術大學新媒所
與藝術跨域所兼任副教授

比較葛羅伊斯的《藝術力》（Art Power）與1961年美國評論家葛林柏格（Clement Greenberg）的《藝術與文化》（Art and Culture）背後的視野與假設，主流的視覺藝術這50年來，似乎擴張其命題到令人難以想像的程度。

先不說《藝術與文化》的第一章〈前衛與媚俗〉（Avant-Garde and Kitsh）（註1）如何在建構其藝術論述的時候，暗批蘇聯「為大眾而藝術」（葛羅伊斯並不同意這樣的詮釋）的藝術，只能配得上「媚俗」的說法；二戰後冷戰局勢左右藝術論述一分為二，從此台灣也因為全球地理政治結構而「被選擇」以「為藝術而藝術」做為其合理藝術思想之架構與前導，跟著與前蘇聯所謂「為大眾而藝術」的論述對立起來。如此，我們同地球上一大半的藝術市場與觀眾一樣，可以輕鬆列出一長串西方藝術家偶像名單與關鍵字，卻對東歐與蘇聯以政治宣傳做為其現代藝術條件的藝術世界，知之甚少。

其次，形式主義的現代主義架構下的藝術史觀，壓抑了20世紀初期前衛藝術運動中的烏托邦性格；前衛藝術中的恐怖行動，例如未來主義以驚嚇、惱怒、挑釁馴化中產階級觀眾的激進表演，要不是被認為不過是曇花一現的意外插曲，就是以新穎藝術形式的開創者加以收納。然而，如今文化不斷奇觀化的過程中，任何重申藝術之力的努力，相較之下，首先要面對的是藝術市場與藝術體制化這個當代藝術烏托邦論最為弔詭的包袱。葛羅伊斯的《藝術力》便是試圖在思想與概念上，排除通往這條烏托邦路上的碎石子。他藉以排除障礙的工具與方法，與其來自東歐前共產社會的背景、黑格爾式的辯證有關，也輕巧地混合着一種矛盾對立的荒謬語調、悲傷的世界史觀以及無可救藥的烏托邦主義。

「如果所有在藝術市場結構下創造的藝術都以極權社會中所生產的藝術相同道德加以懷疑，那麼20世紀藝術看起來會怎樣？」去做這樣的思考練習，是《藝術力》給讀者預備的歷史政治思辨方法學。如果我們把整本《藝術力》論文集倒過來看，讀者將首先在第二部分的最後一篇論文〈歐洲與歐洲的他者〉中看到，作者把我們所熟悉的「藝術」置回歐洲人本主義的傳統，藉此揭示由西方主流藝術所接受並採行的藝術概念，如何受惠於歐洲藉以定義自身、但實則矛盾侷限的人本主義概念，這大大左右並形塑歐洲以外的文化與藝術的實踐與詮釋。即使過去前衛藝術致力擴充藝術範疇，但最終並沒有生造出一個更具普遍性的定義，而是「將舊有的加以多元化、差異化、予以倍增。」終究，「所有承認作品為藝術的理由都是片面的，但整體的修辭就是毫無疑問地『歐洲的』」。

以這樣的視野往回看第二部分的〈英雄的身體：希特勒的藝術理論〉、〈教育大眾：社會寫實主義的藝術〉、〈多元之外：文化研究與其後共產主義的他者〉、〈私有化，或後共產主義的人造天堂〉，則正好窺見，葛羅伊斯的評論思想背後的故事。這些過去被西方主流藝術敘述給遺漏，甚至汙名化的地帶以及它的遺產，如今成了我們重新看待藝術的另類對照。當然，這樣的舉措看似有重新撰寫世界藝術的野心，不過葛羅伊斯終究不在對世界百科的細目進行定義上的新增或填補，而比較是透過對藝術世界進行動態關係的分析與其背後假定的拆解。

美術館內的收藏如何協助界定美術館外的現實？現代藝術之後，藝術如何談「新」？美術館在當代藝術無可避免的大眾化路途上，其公共任務為何？現代藝術那裡，美術館成了新聖像的製造場所，為什麼策展人是現代藝術在當代的合法繼承人？在《藝術力》的第一部分，葛羅伊斯鋪陳足夠的挑釁與悖論，藉此揭示藝術與現實的關係、並打開重組藝術命題的思辨空間。作者可以說絕望地但同時機敏地在當代藝術與現代藝術中間來回穿梭辯證，最終將美術館與實驗性策展，看作是烏托邦論在現實中可能的空間與位址：只有在這裡，在個體承認凝視的局部性條件下，「異邦人」得以與「熟悉的」不斷交換位置，「異邦人」呈顯為永遠足夠開放的懸而未決。

究竟，葛羅伊斯的「藝術力」從何而來？「藝術力」是個曖昧的標題，彷彿藝術自身擁有神奇的魔力。實則，葛羅伊斯點出，當前的藝術世界中，藝術評論、作者（無論是藝術家或策展人）要談個人、原封不動純粹的作者性已經失去其意義。藝術的自主性向來被視為依附在美學價值判斷的自主之上的，現在也都不再有效；不過，也就是在這個關鍵點上，葛羅伊斯轉了一個彎指出，藝術曾經以再現最偉大的力量──神聖的或是自然的──獲得其自身的權威；這種再現無限力量的傳統，使藝術運用無限力量的影像，間接地批判了有限的政治力。這才使得現代藝術做為整體，在宣稱權力平衡的現代國家中，提供了一個完美平衡的烏托邦形象。

就在這裡，這個與政治力維持恐怖平衡的 art power 中的 power 除了有一般性的「力量」的含義之外，更是與「權力」互相抗衡對峙的對手，在這裡「藝術力」就是「藝術權」。然而，藝術具備對抗外來壓力的能力嗎？葛羅伊斯認為「恰恰是缺乏任何內在的、純粹的美學價值判斷，保證了藝術的自主性。藝術的疆界建構在這種缺乏、甚至拒絕任何美學判斷的結構上。」「基於美學平等的假設，所有的視覺形式、物件、和媒介之間，必須擁有基本的平等，「每一個價值判斷、每一個排除或納入，才有可能被指認為外界支配力量侵入藝術自主領域的結果 。正是這樣的指認，開啟了以藝術自主性為名的，反抗的可能性」也就是說，以所有藝術形式與媒介均為平等之名所做的反抗，奠基了藝術力的基礎。而去維護這個平等，就是葛羅伊斯口中藝術施展其力──權力平衡與協商之力──一種後觀念式的藝術實踐的基礎。

如此，藝術之力証成為一種在藝術之中透過不斷重覆的施為（perform）才加以確認的力量。

「藝術力」因此至少給我們幾個重新周轉問題意識的空間。首先，「藝術力」如果是關於衝突之間的權力平衡與協商，美術館內／外的動態關係，如何協助我們交涉社會現實的基本假設？那個迫切需要重新配置的不平衡又是什麼？藝術活動如果不再只是關於美學慾望的對象，那麼思想上它可以對現實進行怎樣的牽制？

藝術書寫如果如葛羅伊斯所說的，可以被看作是藝術作品，那麼其實我們也可以把《藝術力》論文集當作是一件作品。它是一個透過日常語言進行思辨以打開想像的藝術作品，而不是一本關於藝術哲學的規範性文論。在這裡，前衛藝術的未竟之業、多元主義的虛假面具、前共產社會被錯解的藝術實踐、藝術與現實，都以某種動態平衡的關係，呈現為一種未定性的流動局面。終於，藝術似乎找回了它的神祕性。

註釋：

1.〈前衛與媚俗〉一文，最早發表於1939年，後來收錄於葛林柏格1961年《藝術與文化》論文集。見Clement Greanberg: Art and Culture,（Boston: Beacon Press, 1961）,pp. 3-21.

緒論

閱讀大部分有關現代藝術或當代藝術的文章，首先會發現一件事：現代藝術，與大部分的當代藝術，是極端多元的。這似乎斷然排除了想要將現代藝術描寫成某種特定現象的可能，例如想要將數個世代的藝術家、策展人、理論家，當成一個整體——就像我們在書寫文藝復興、或是巴洛克藝術一樣。同時，這個極端多元現象也徹底排除了想要以某個特定的現代藝術作品（也包括當代藝術作品），做為現代藝術代表的可能性。不管選誰做代表，一定會立刻發現完全背道而馳的作品。所以藝術理論家，似乎從一開始就被詛咒了只能限縮在某個特定的領域，聚焦在某個特定的藝術運動、學派、潮流，最好是只看某個單一藝術家的作品。有關現代藝術無法被概括（generalization）的主張，是唯一被容許的概括。觸目所及，只剩差異。我們必須選擇、選邊站、全心投入——接受被控訴不可避免的偏袒，承認我們只為自己喜歡的藝術家宣傳，為了增進他們在藝術市場的商業成功，而犧牲了其他人。換言之：宣稱現代與當代藝術的多元性，使得所有的論述成為終極的徒勞與挫折。光是這個理由，我們就該質疑多元論的教條是否為真。

當然，實情是每個藝術運動，都激起了一個反向的運動，每一個嘗試定義藝術的理論系統，都有藝術家創作一個作品來打破這項定義，這樣的例子還很多。當某些藝術家或藝術評論者，從某個藝術家的主觀自我表現上，找到真實的藝術泉源，就有另外一些藝術家與藝評者會將客觀性的物質條件，例如生產與流通當作主題。當某些藝術家堅持藝術自主，其他人就實踐政治參與。甚至在更瑣碎的層面上，當某些人開始創作抽象藝術，另一些人就開始做超級寫實。所以我們可以說，現代藝術抱持的目標，是以各種方式來反對所有其他的現代藝術。這並不意謂現代藝術是多元的，一個不反對其他作品的藝術品，不會被認為是重要或屬於現代的。現代藝術的運作像是一個試圖包納所有事物的機器，包納許多在現代藝術之前，不被當作是藝術的事物；它同時也是個排斥的機器，排斥一切只以單純、未經反省、不夠老練、辯論不足的方式模倣既存的藝術樣式。它也排斥那些不夠爭議、不夠煽動、沒有挑戰性的東西。這意謂著：現代藝術並不是一個多元的領域，而是一個以矛盾為邏輯所建構的嚴格限制的領域。在這個領域裡，每一個理論都應該被它的反理論所挑戰。理想上，理論應該與它的反理論達到完美平衡，成為零和狀態（sum to zero）。現代藝術是啟蒙運動的產物，具有啟蒙之後的無神論與人本思想。上帝之死，意謂著世界上沒有一種力量可以絕對勝過其他的力量。所以不論是無神論、人本主義、啟蒙運動，現代世界信奉力量的平衡──現代藝術是這個信念的表達。對於力量平衡的信念，有其調節的性格──因此現代藝術有自己的力量與立場：它崇尚建立與維持力量平衡的事物，並傾向於排斥或貶低任何損害平衡的東西。

事實上，過去藝術一直想要再現最偉大的力量，那完全統治世界的力量──不論是神聖的，或是自然的力量。藉由再現偉大的力量，傳統藝術從中獲得自己的權威。從這個角度來看，藝術一直是直接或間接批判著有限的政治力量，透過運用無限力量的影像──上帝、自然、命運、生命、與死亡。現代國家也宣稱權力的平衡，是其終極目標──但是，當然，從未真正達成。所以我們可以這樣說：現代藝術做為一個整體，試圖提供一個完美平衡的烏托邦形象，超越國家所提供的不完美平衡。黑格爾（Georg Wilhelm Friedrich Hegel），做為第一位歌頌現代國家具體表現了權力平衡的哲學家，相信在現代世界，藝術已成為過去；換句話說，他不能想像一個平衡的力量可以被展示，能以影像的方式被呈現。他認為真正平衡的力量，因為「總和為零」（零和），只能被思想，而無法被看見。但現代藝術把零度的視覺化變成可能，一個完美平衡的力量。

如果沒有一個影像，能夠代表無限力量，那麼，所有的影像都是平等的。的確，所有影像的平等，是當代藝術的終極目標（telos）。但是所有影像的平等性，超越了多元性、民主性，在美學品味上的平等。永遠有無限多的可能影像，不隸屬於任何品味，不管是個人品味、「高」品味、次級品味、大眾品味；也因此，永遠可能指涉一個不被需求，不被喜愛的多餘影像。而這正是當代藝術一直在做的。如同馬列維奇（Kazimir Malevich）所說，他一直努力對抗著藝術家的真誠。布達埃爾（Marcel Broodthaers）也說──當他從事藝術創作的時候，他想做的是不真誠的東西。不真誠在這裡所指的，是一種超越所有品味的藝術；甚至超越自己的品味。當代藝術是品味的過剩，包括多元品味。在這層意義上，它是多元化民主的過剩，民主化平等的過剩。這個過剩，同時穩定著也搖晃著品味與力量的民主平衡。這個矛盾，正是當代藝術整體的特性。

並不只是以藝術領域的整體來看，才被視為矛盾的具體顯現，在經典的現代框架之內亦是如此，但是在當代藝術的情形，單獨的作品也開始成為矛盾的物件：同時展現理論與反理論。例如杜象（Marcel Duchamp）的「泉」，同時是藝術品，也是非藝術品。馬列維奇的黑色方塊（Black Square），只是一個幾何圖形，也同時是一幅畫。在二次世界大戰之後，這類自我矛盾的當代藝術，特別地開始被實踐。舉幾個例子來說，在這個時間點，我們可以看到同時是寫實又是抽象的繪畫──如里希特（Gerhard Richter），也可見既是古典雕塑、又是現成物件──如費奇理與魏斯（Peter Fischli / David Weiss）。我們也面對一些既是紀錄，又是虛構的藝術品，也有藝術家想要進行政治性的干涉，試圖超越藝術體系的疆界──但同時仍舊留在疆界內部。這些衝突的數目，以及實際體現這些衝突的藝術品的數目，似乎可以無限增加。這些藝術品造成了一個幻象，它們邀請觀賞者到一個潛在的無限多元解釋之境：意義是開放的，也不強加觀眾任何特定意識型態、理論、或信仰。

但是這個表面上的無限多元性，僅僅是個幻象。事實上，他們加諸觀眾身上的僅有一個正確說法：做為一個矛盾物件，藝術品渴求一個完美的矛盾性、自我衝突的反應。不矛盾，或不夠矛盾的反應，都被視為不夠好，甚至不對。對於矛盾物，唯一適當的解釋，就是一個矛盾的解釋。因此處理現代藝術的深層障礙，在於我們不願接受「矛盾與自我衝突的解釋也可以是適當與正確的」。我們必須克服這種不願意，才能看見現代與當代藝術的本質，明確地說，現代藝術正是一個揭露出由矛盾來維持力量平衡的場所。矛盾物件，已經是隱含於當代藝術品的標準要求了。當代藝術品的好壞由矛盾性來衡量──體現最基進的自我矛盾的能力，貢獻在建立與維持理論與反理論之間力量平衡的能力。因此，就算最基進的單面向的藝術品，也可以是好的藝術品，如果它能夠在做為整體的藝術領域中，糾正扭曲的權力平衡。

單面向而激進，比起節制地尋求維持力量平衡，至少是一樣現代。現代革命，或者可以說，極權運動與國家，也將目標放在力量（權力）平衡，只不過他們相信只有在不斷的掙扎、衝突、戰爭中，才能得到平衡。為這動態、革命的權力平衡所服務的藝術，一定是以政治宣傳的形式出現。這樣的藝術不會降格成為權力的代表──藝術參與權力的鬥爭，因為它理解到，這是使得真正的權力平衡現身的唯一方法。現在我必須承認，我在本書裡蒐集的論文，動機是希望對藝術世界的權力平衡有所貢獻。特別是以其政治宣傳的功能，在權力平衡當中找到藝術更大的空間。

在現代性的情狀中，藝術品有兩個方式可以被製造並公開：以一個商品，或是以一個政治宣傳的工具。這兩種方式創造出來的藝術的數量，可以大致上被視為是一樣的。但是如果以當代藝術場景的狀況來看，藝術史的焦點都被放在商品那端，政治宣傳的藝術則較少獲得青睞。不論是官方或是非官方，蘇聯與其他前社會主義國家的藝術，是完全被當代藝術史，與美術館系統所忽略的。同樣情形也發生在國家資助的納粹德國藝術與法西斯義大利藝術。這也適用在西歐共產黨所支持與宣傳的藝術，特別是法國共產黨。唯一的例外是在新經濟政策（New Economic Policy, NEP）下建立的蘇聯構成主義（Russian Constructivism）的藝術，在蘇俄短暫地引進有限的自由市場的期間。忽略這些標準藝術市場之外的，以政治為出發點的藝術，是有原因的：二次世界大戰結束後，特別是在前東歐社會主義國家改變體制後，商業系統主宰了政治系統下的藝術創作與流通。有關藝術的概念，幾乎變成藝術市場概念的同義字，因此非市場條件下產生出來的藝術，就預設被排除在機構認可的藝術之外。這持續的排擠，通常是以道德的詞語來表達：人們似乎基於道德倫理的考量，不想去碰這些

20世紀「極權主義」的藝術，這些藝術「扭曲」（perverted）了烏托邦藝術「真正」的政治渴望。有關「被扭曲的藝術」與「真正的藝術」的分野，當然是有很大的問題的：這些詞彙以一種啟人疑竇的方式在這裡一次又一次地被使用，而相同的作家卻在其他地方譴責使用「扭曲」這個概念。有趣的是，任何一個在自由市場下產生的藝術，就算在道德標準下嚴重犯規，也從未導致被排除在重要的歷史的考量之外。此外這個思考模式不只排除了社會主義國家的官方藝術，也同時將非官方、來自反對者的藝術，一併從主流藝術理論裡忽略。

人們如何從道德的角度去思考非市場、集權主義的藝術，其實並不重要。這些有政治動機的藝術，在藝術世界裡的位置，與它們是否道德，甚至與它們是否在審美上夠好，都沒有關係。這就像沒有人會去問杜象的噴泉在道德上或審美上的好壞。做為一個現成品，這個商品得到了藝術世界的無限權利──而政治宣傳卻不行。因此在藝術裡面，關於經濟與政治的權力平衡就被破壞了。對於不是來自標準藝術市場的藝術被排擠，我們不免要質疑，這只有一種可能：主流藝術論述「只」認可藝術市場的藝術，並對於任何其他方式創作與流通的藝術完全盲目。

更嚴重的是，這種對於藝術的片面了解，也存在於大部分批判藝術商品化的藝術家與理論家──還有那些希望藝術本身，能批判自身商品化的人。但是要去理解有關商品化成為當代藝術主要甚至唯一目標的批評，只是再度確認了藝術市場的完整權力──就算這個確認是以批評的方式呈現。藝術在這方面被理解成完全無能為力，缺乏任何內在的選擇基準，以及固有的發展邏輯。依照這個分析，藝術世界被不同的商業利益所完全佔據，連最後一個形塑藝術世界的關卡：採納或排拒的標準也不例外。藝術品在這種狀況下，只能是不快樂、受難中的商品，徹底臣服於市場的權力之下；它與其他商品的分別，只在於它有能力成為自我批判的商品。而這個自我批判的商品的概念，真是徹底的矛盾。這個（自我）批判的藝術品是個矛盾的物件，完全符合現代與當代藝術的主流範式。所以在主流的範式之下，這個（自我）批判的藝術幾乎是無可挑剔的——但問題來了，這種藝術，會不會也是一種真正的政治藝術。

每一個參與藝術實踐或藝術評論的人都會對這個問題有興趣：誰決定藝術是什麼？什麼不是藝術？誰又決定什麼是好的藝術？什麼又是壞的藝術？是藝術家、策展人、藝評者、收藏者、藝術系統的整體、藝術市場、還是一般大眾？在我看來，這個問題雖然很誘人，卻是個錯誤的提問。不管由誰決定任何有關藝術的事情，都可能犯下錯誤；一般的、民主的大眾也會犯下錯誤，其實在歷史上已經發生過好多次了。不要忘記所有的前衛藝術都與大眾的品味不合——尤其是那些特別以大眾品味為名者。這表示，將藝術觀眾民主化，並不是解答。對群眾的教育也不是解答，因為所有好的藝術，在過去現在都是在沒有規則可以教導的狀況下產生的。有關於藝術市場規則，與藝術機構的批判，是合理且必要的，但只有當批判的目的是為了喚起注意：當有趣或重要的藝術，被這些機構所忽視，這些批判才是有意義的。而且眾所皆知，這樣的批判如果成功的話，接下來就是被忽略的藝術被涵括進入這些機構的一部分；因此，最終的結果，是使得這些機構更穩定。對於藝術市場的內部批判，可以讓它有某種程度的改善——但無法讓它徹底改變。

藝術要具有政治效力，必須超越、或在藝術市場之外──即在直接的政治宣傳下創作。前社會主義國家曾經創造過這樣的藝術。當前的例子包括國際反全球化運動的伊斯蘭影片或海報。當然，這種藝術的經濟資助來自國家或不同的政治宗教運動。但它的製造、審核與發行，並不依循市場邏輯。這種藝術並不是商品。特別是在蘇維埃社會主義經濟下，藝術品不能成為商品，因為根本沒有市場存在。這些藝術品並不是為個人消費者所創作，沒有所謂潛在的買家，而是給大眾去吸收並接受其中的意識型態訊息。

當然，人們可以很容易地批評這樣的宣傳藝術只是個政治設計加上影像處理。意謂著在政治宣傳裡，藝術仍舊跟在市場裡一樣，是沒有力量的。這樣的判斷也對也不對。藝術家工作在藝術宣傳的環境中──以當代管理術語來說，並不是內容的提供者。他們是替特定的意識型態目標製作廣告──並且將他們的藝術臣服於這個目標。但實際上，這個目標的本身，到底是什麼呢？所有的意識型態，都基於一個特定的「願景」，一個有關未來的意象──這意象不管是天堂也好、共產社會也好，或是永遠的革命也好。這告訴我們市場商品與政治宣傳的基本差異。市場由「隱形的手」操縱，只是個黑暗的可疑對象；市場流傳著意象，但市場並沒有自己的意象。相反地，意識型態的力量永遠是那個願景的力量。這意謂著替政治或宗教意識型態服務，藝術家最終還是服務了藝術。也因此，藝術家可以用意識型態的願景來挑戰政權，比起挑戰藝術市場要更加有效。藝術家工作的領域，與意識型態工作的領域相同。藝術經由肯定與批判的潛力來展現自己，也因此，比起市場的脈絡，在政治脈絡下的藝術會更強烈且更具生產力。

與此同時，藝術品在意識型態國度下，仍舊維持其矛盾物件的身分。每個意識型態願景，都只是個許諾的意象──關於要到來的事物的意象。意識型態的願景的實現註定被延遲──直到〈啟示錄〉所說的歷史終結，或是未來社會的到來。因此所有意識型態所啟發的藝術註定要破滅，因為政治會有延遲，而藝術總是在現在這裡創作的。當然意識型態啟發的藝術可以被理解成一種規畫，一種對於真實願景的期盼。但這個藝術也可以被視為對於願景的一種模仿、批判、毀謗，做為世界不會改變的證明，就算意識型態的願景已經實現。將意識型態的願景用藝術品取代，正是將神聖的無限希望的時間，用世俗的保存歷史記憶的時間來取代。當被許諾的願景的信仰消失，只有藝術留下。這也意謂著所有被意識型態啟發的藝術；不管是宗教、共產主義、法西斯，同時是認可也是批判。每一個計畫的實現──無論是宗教的、意識型態的、或是技術的，也同時否定了這個計畫，因為計畫的終結。每一個代表著願景的藝術品，帶領著特定的宗教或政治的意識型態，使得這個願景變得卑俗；並據此變成矛盾物件。

現在，意識型態所啟發的藝術，並不單純只是個過去的東西，也不是次級的意識型態或政治性的運動。今日主流的西方藝術，也正朝向意識型態的政治宣傳的功能前進。這樣的藝術也是為了大眾而創作展覽的，給那些不一定想要購買的人看。的確，非買家組成了全面性且持續增加的藝術觀眾，這在國際性的雙年展、三年展可以很容易看到這個現象。這些展覽不能被誤認為是自我展現、榮耀藝術市場價值的場所。實際上他們多次，且不斷嘗試著，在不同藝術潮流、美學態度、還有展示策略上，創造與顯示衝突之間的權力平衡；並給予一個理想化，經過策畫的權力平衡的意象。

對抗意識型態的力量，傳統上就是以對抗影像力量的形式進行。反意識型態的、批判的、開明的思想，總是試圖去排除影像，去摧毀它，或至少將它解構——目標是要將影像取代成不可見的、純粹理性的概念。黑格爾宣稱藝術已成為過去，我們的時代，是一個概念的時代；而這正巧是啟蒙運動時的聖像破壞，對於基督教的聖像崇拜所做的勝利宣言。當然，黑格爾在當時所做的診斷是正確的，但他低估了觀念性藝術的潛力。現代藝術多次且不斷證明，它有能力將聖像破壞的姿態，拿來朝向它自己，並且將這些姿態，轉變成新的藝術創作模式。在更深層的意義上，現代藝術品將自己定位成矛盾物件，使得影像也可以同時做為對影像的批判。

這為藝術在脫離宗教、去意識型態之後的生存提供了保證——其前途遠超過做為藝術市場的商品。在這個據稱是後意識型態的時代也有它自己的影像：像是有著完美的力量平衡的一場聲譽卓著的國際展覽。想要排除任何影像，只能透過新的影像——一個批判影像的影像。藝術手段的聖像破壞所創作的矛盾物件，我們稱之為現代藝術作品的這些東西，不論是直接或間接地，構成了本書後續章節之主題的基本輪廓。

第一部分

美學平權的邏輯

如果我們要談論藝術對抗外來壓迫的能力，必須先澄清這個問題：藝術有屬於它自己的，並值得捍衛的疆域嗎？最近許多藝術理論的討論，都否定藝術的自主性。如果這些論述是正確的，藝術無法做為任何抵抗力量的來源。藝術充其量只能用在設計、美學化既存的反對與解放的政治運動；也就是說，藝術最多只能做為政治的附屬品。這在我看來是最重要的問題：藝術有自己的力量嗎？或者藝術只能裝飾其他外在力量；不論這些力量是用來壓迫的，或是用來解放的？要討論藝術與反抗之間的關係，藝術的自主性在我看來是問題的核心。而我對這個問題的回答是：是的，我們可以談論藝術的自主性；以及，是的，藝術確實有一個自主的反抗力量。

藝術有這樣的自主性，並不意謂著現有的藝術機構、藝術系統、藝術世界或藝術市場，足夠資格稱得上自主。藝術系統運作是基於特定的美學價值判斷、使用特定的標準來選擇，以及接受與排除的規則等等。所有這些價值判斷、標準、規則，當然都不是自主的。相反地，它們反映了主流社會的慣例和權力結構。我們可以肯定地說：並不存在足以調節整個藝術世界的純粹美學、內在藝術與自主價值體系。這個洞察引導了許多藝術家和理論家，得到藝術並非自主的結論。因為藝術的自主性──在過去，以及現在依舊是──向來被視為依附在美學價值判斷的自主之上。我認為，恰恰是缺乏任何內在的、純粹的美學價值判斷，從而保證了藝術的自主性。藝術的疆界是建構在缺乏、甚至拒絕任何美學判斷的結構上的。因此，藝術的自主性並不意謂一個自主的品味位階──而是揚棄任何一個這樣的品位位階，並建立一個所有藝術品都有平等的美學權利之國度。藝術世界應該被看作是社會符碼化的一個體現，體現了所有的視覺形式、物件、和媒介之間，所擁有的基本平等。所有藝術品，只有在這個基本美學平等的假設之下，每一個價值判斷、每一個排除或納入，才有可能被認定為外界支配力量侵入藝術自主領域的結果——一個由外部勢力和權力所行使的壓迫的結果。而正是這樣的認知，開啟了以藝術自主性為名的，反抗的可能性；也就是說，以所有藝術形式與媒介均為平等之名所做的反抗。但是，當然，這裡的「藝術」是被理解為，在現代性的過程中經歷了漫長鬥爭，所爭取到承認的成果。

藝術和政治，最初在一個基本的面向接軌：兩個領域，都為了爭取承認而奮鬥。如同科耶夫（Alexander Kojève）在其黑格爾評論所定義的，這個爭取承認的奮鬥，超越了一般為了物質商品分配所進行的奮鬥，而後者在現代性中一般是由市場力量所控制。其中爭論的，不只是特定慾望要得到滿足，也要被社會承認為具有正當性（註1）。從過去到現在，政治一直是各種利益團體爭取承認的舞台，而古典前衛藝術家，大多在爭取將先前被視為不合法的個人形式和藝術程序能夠獲得認可。古典前衛一直致力於讓所有符號、形式獲得認可，以及做為藝術慾望對象的合法化，因而也是藝術再現的合法客體。這兩種形式（政治與藝術）的奮鬥，相互間有著內在的密切關係，而且兩者目標皆在於，所有人們的各種利益興趣（interests）最終都將被賦予平等的權利，包括所有的形式和藝術程序。

古典前衛已經為圖像可能的形式開啟了無限視野，這些形式一字排開，彼此平等。一個接著一個，所謂的原始藝術品、抽象的形式，以及日常生活中的簡單物件，都獲得了承認，而曾經這種承認只授予歷史上享有特權的藝術傑作。這種平等化的藝術實踐在20世紀的進程中變得愈來愈明顯。大眾文化、娛樂、和媚俗的影像，都在傳統的高級藝術脈絡中獲得平等的地位。而同時，這個美學平權的政治、這個現代藝術為了所有視覺形式與媒介的美學平等所進行的奮鬥，從過去到現在經常被批評為犬儒主義；以及很矛盾地，被批評為菁英主義。這些指向現代藝術的批評，同時來自右翼與左翼──被指為缺乏對於藝術的真正熱愛，或缺乏真正的政治參與。但事實上，這個平權政治在美學的層次上、在美學價值的層次上，是政治參與之前的必要條件，而的確當代解放的政治，正是一種包容的政治──目標在反對排除政治與經濟上的弱勢。只有當這些想要彰顯自己、被排除的少數，不是從一開始就被所有的美學審查作業，以更高的美學價值之名排除在外，這個為了被接納所做的奮鬥才有可能。只有在所有的視覺形式和媒介在美學層次上皆為平等的前提之下，才有可能去反抗現實上影像（形象）之間的不平等──這些不平等影像（形象）來自外界強加，並反映了文化、社會、政治與經濟上的不平等。

如同科耶夫已經指出的，當為了爭取承認所做的個別奮鬥，其背後的平等邏輯已經彰顯，大家將認為這些奮鬥應該在某種程度上已經失去其嚴肅性與爆發力（註2）。這也是為何，即使在二次世界大戰之前，科耶夫就能夠談論歷史的終結──為了爭取認可而奮鬥的政治歷史的終結。從那個時候開始，這種有關歷史終結的論述就變成了顯學，特別是在藝術場景裡。人們經常提到藝術史的結束，他們的意思是，這些日子以來所有形式與物件，在「原則上」都已經被認為是藝術作品。在此前提下，藝術中追求承認與平等的奮鬥已達到其邏輯上的終點──因此成為過時和多餘的。就此論點而言，所有的圖像都已經被承認具有相同的價值，這似乎剝奪了藝術家去打破禁忌、挑釁、震驚、去延展可接受界線的可能。取而代之的是，在歷史的盡頭，每個藝術家都懷疑自己，只是在茫茫大海裡又多創作了一個任意的影像。上述如果為真，那麼所有圖像皆平權的國度，不只是現代藝術史隨之而來的邏輯上之終結，也是對自身終極的否定。

於是，我們見證了不斷重複的懷舊浪潮，曾經某個特定個人的藝術作品，被尊崇為珍貴、獨一無二的傑作。另一方面，很多藝術世界的要角也相信，在藝術史終結的今天，藝術市場上的成功是衡量單一藝術品價值的唯一標準。當然，藝術家也可以在許多正在進行的政治抗爭之中，利用他或她的藝術做為政治工具，達成一種政治投入的行動。但是這樣的政治投入，大多被視為在藝術之外，意圖利用藝術來達成外在政治利益與目的。更糟的是，這樣的作法也可能被摒棄，被認為僅僅是藉由尋求政治資本，來宣傳藝術家的作品。這種被猜忌為利用政治獲取媒體關注，阻礙了把藝術政治化這個最具野心的努力。

但是所有視覺形式與媒介在美學價值上的平等，並不意謂著好藝術與壞藝術的差別已經消失。其實剛好相反。好的藝術，其實踐目標必須是對這樣的平等之確認。這樣的確認必須存在，因為形式上的美學平等，並不能保護實際上在生產與流通時，形式與媒介都能獲得平等。我們可以說，今日藝術的運作，處在所有藝術類型在形式上平等，實際上卻不平等的鴻溝之間。所以，就有所謂「好的藝術」（good art）──就算所有藝術作品在美學上是平權的。好的作品正是那些在實際的不平等條件下，仍然能夠肯定所有影像形式上的平等。這個維護平等所採取的動作總是隨著環境與歷史而變，但它有著典範般的重要性，這個動作必須做為未來繼續重複的範本。因此，以藝術之名的社會或政治批判，有其超越當前歷史脈絡的肯定特質。藉由批判社會性、文化性、政治性、或經濟性強制的階級價值，藝術肯定了美學平等，做為其真正自主性的保證。

法國大革命前的社會與政治制度下的藝術家是要創造傑作，一個可以自我存在的意象、擁有將抽象概念中的真與美終極視覺化的作品。另一方面，在現代性裡面，藝術家傾向於表現無限圖像序列（infinite sequence of images）的範例——如康丁斯基的抽象畫；如杜象的現成物、或沃荷的大眾文化圖像。這些影像對於後來藝術生產的衝擊，不在於它們的獨特性，而在於他們儘管只是個範例，卻代表著圖像潛在的無限多樣性。他們不只呈現自身，也指向無窮盡廣大的圖像、地位相等的代表。正因為他們指涉無窮多被排斥的影像，在政治性與藝術性再現方式的有限語境之下，賦予了這些個別樣本魅力與重要性。

因此，今天的藝術家參照的並不是「垂直的」無限神聖真理，而是「水平的」無限美學平權影像。毫無疑問地，以無限為本，必須仔細推敲，策略性的使用，才能發揮它在任何特定再現脈絡下的有效性。某些被藝術家放入國際藝術場景中的影像，暗示了他們特殊的種族或文化淵源。在當今大眾媒體迴避所有地域性的情況下，這些影像反抗了媒體規範的美學控制。與此同時，其它的藝術家移植大眾媒體生產的影像，到他們自己的區域文化當中，意圖逃脫他們所處的在地與民俗的場域。乍看之下這兩種策略是互相衝突的：一者要強調其代表國家文化認同的影像，另一者則

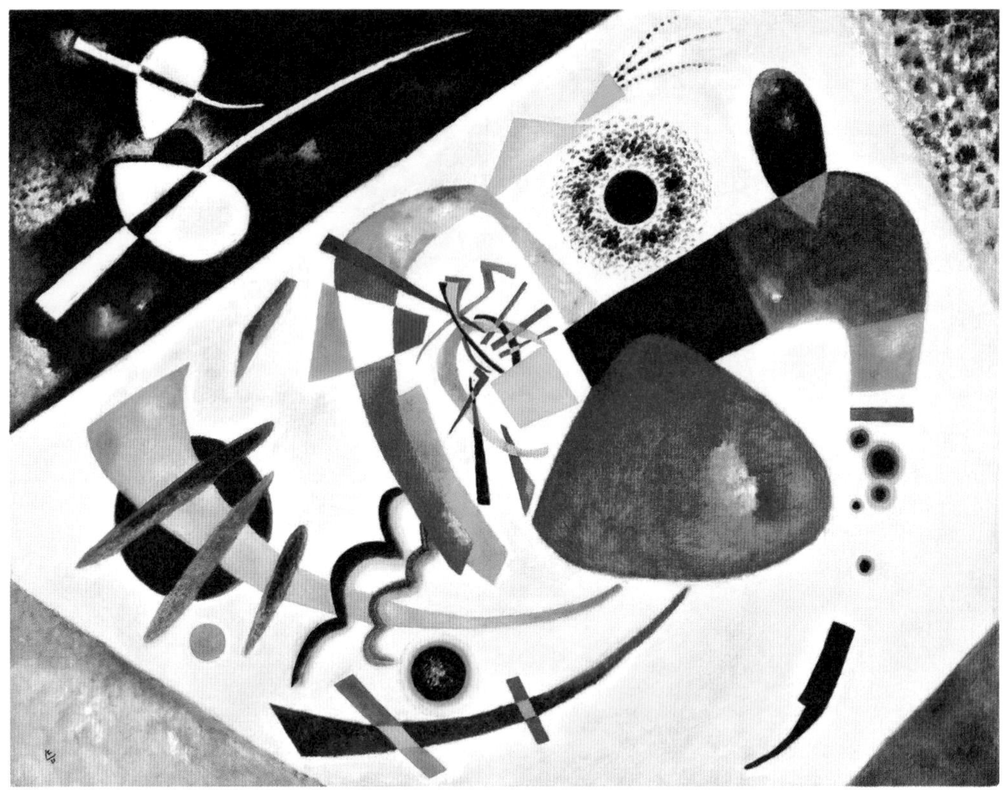

康丁斯基（Wassily Kandinsky），紅點II（Red spot II），油彩畫布，131×181cm，1921，德國慕尼黑Stadtische Galerie in Lenbach藏。

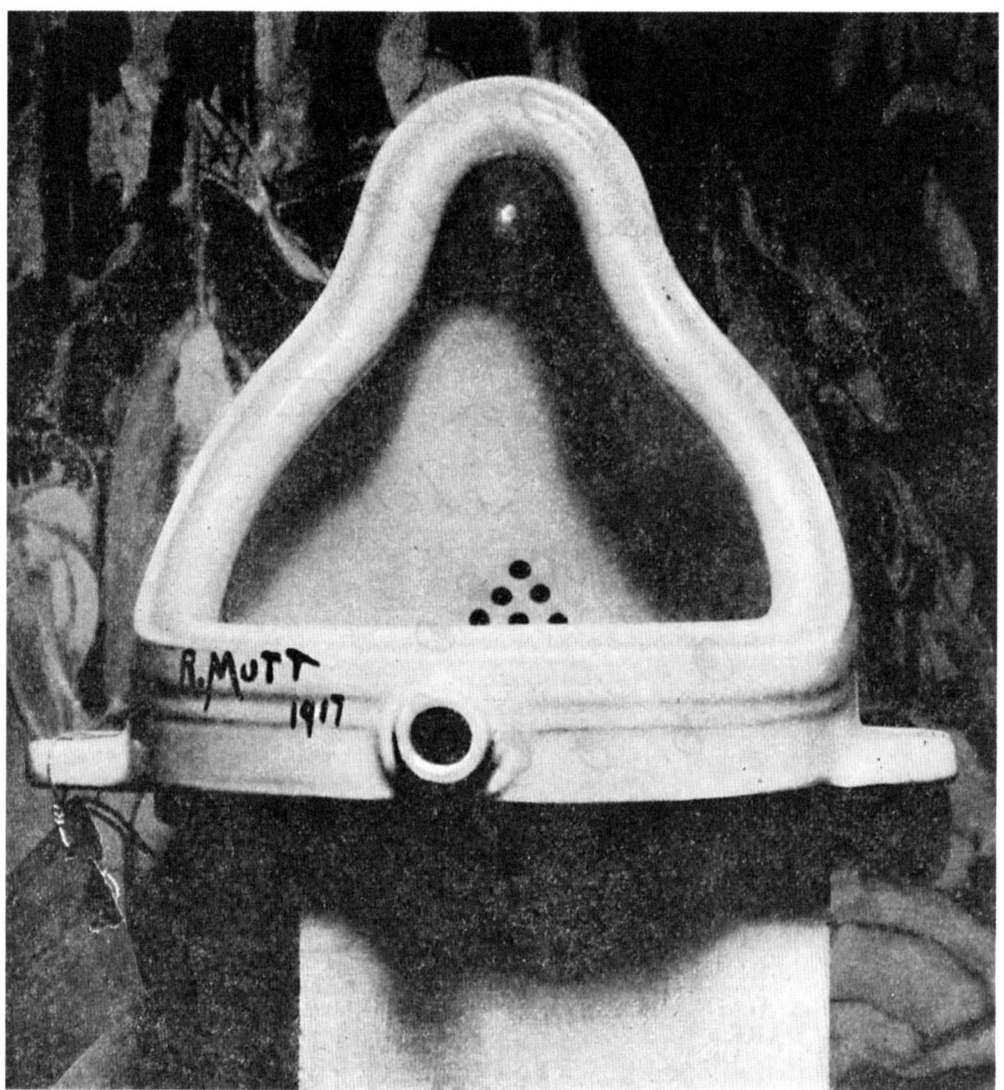

杜象（Marcel Duchamp），〈噴泉〉（Fountain），現成物，1917。（攝影：Alfred Stieglitz）。

相反地喜歡國際化、全球化、與媒體相關的影像。但是這兩種策略的對立是表面上的：兩者都參照了被特定文化脈絡下所排除的東西。在第一個例子裡被排除與歧視的是地區性的影像；在第二個例子裡，被排除的則是大眾媒體的影像。在兩個例子中，我們所談論的影像，都是指向無窮的、「烏托邦境界」美學平等的例子。這些例子可能會誤導我們，以為當代藝術都是否定性的，它們對任何狀況的反應就是為了批評而批評。但其實不然：所有例子裡的批判立場，最終都回歸到單一、完全正面、肯定、解放與烏托邦式的遠見：影像被賦予了美學平權的無限境界。

這種在美學平等的名義下所做的批判，無論在過去或現在都是必要的。當代大眾媒體已成為迄今為止規模最大、最強而有力的機器，比我們的當代藝術系統更加廣泛和有效率地生產大量的影像。我們不斷地被餵食戰爭、恐怖和各種災難的影像，其生產規模是藝術家與其工匠技藝無法匹敵的。而在此同時，政治也轉移到媒體生產影像的領域。當今每個主要政客都利用在公眾場合出現的機會，製造成千上萬的影像。相對應地，政客們現身的美學表現，也愈來愈被大眾拿來做為判斷依據。所以我們常常感歎，「內容」和「議題」已經被「媒體上的表現」所掩蓋。但日益增加的政治美學化，同時也給了我們一個機會，去用藝術的方式來分析與批判這些政治表演。換言之，媒體主導的政治，正運作於藝術的範疇內。乍看之下，媒體影像非常分歧，甚至不可度量。如果將政治與戰爭的影像，加上那些廣告、商業電影、娛樂，那麼今日的藝術家──做為今日現代性最後的工匠，毫無機會與這些影像製造機器的霸權相匹敵。但實際上，這些媒體傳播流通的影像，在多元性上是非常侷限的。事實上，為了有效地利用

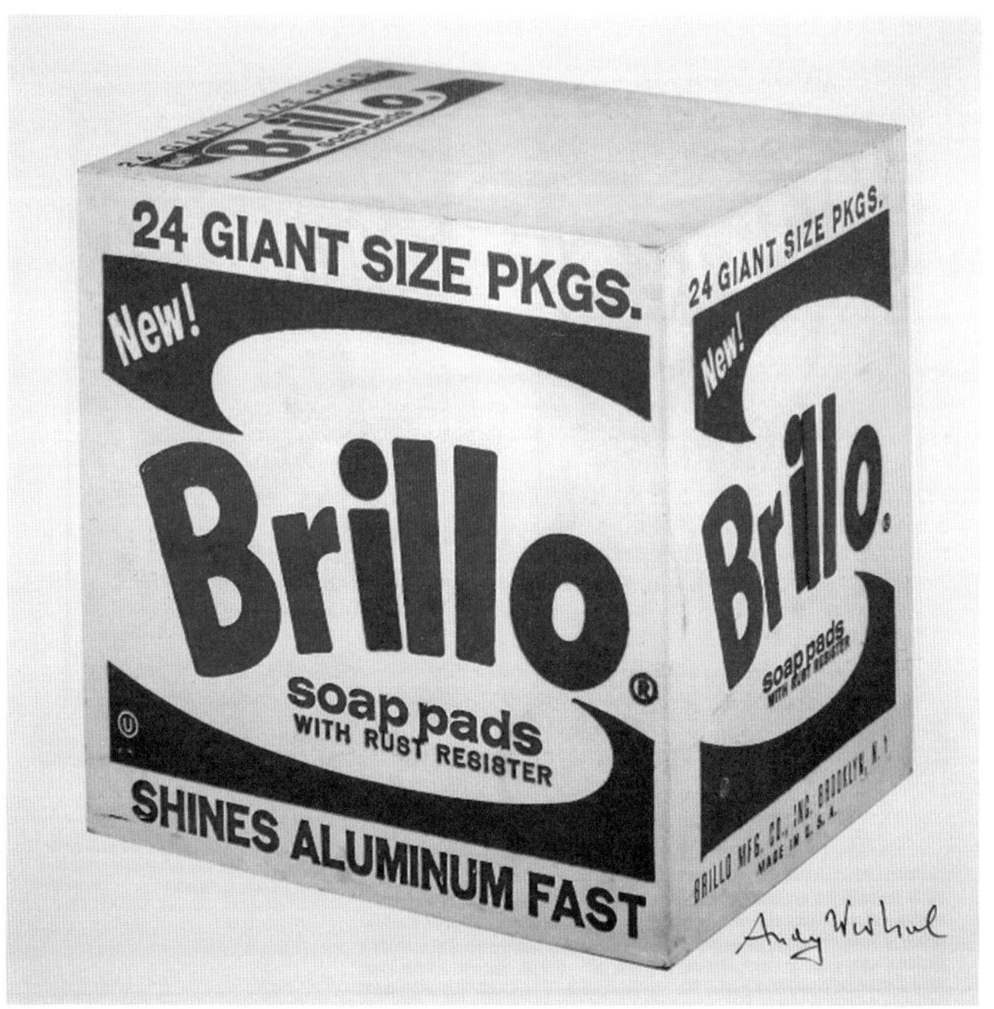

沃荷（Andy Warhol），布理洛箱子（Brillo Boxes），絹印版畫，1964。©2005 Andy Warhol PBS

在大眾商業媒體傳播的機會，影像必須讓廣大的目標閱聽人很容易辨認，這使得大眾媒體幾乎是同語反覆（tautological）的。在大眾媒體上流通的各種影像的差異性，比起像是美術館所保存、或是當代藝術所生產的影像，其範圍是非常狹隘的。這也是為何要保留美術館，以及一般的藝術機構，使得當代大眾媒體的視覺語彙，能夠被批判性地與前代的藝術遺產相互比較，進而重新發現那些開創了美學平等的藝術遠見與計畫。

今日的美術館正在被愈來愈多的藝術人士和廣大市民所懷疑和不信任。來自各方的聲音都說美術館的邊界應該被踰越、被解構、或者乾脆移除。他們呼籲容許當代藝術完整的自由，在實際生活中彰顯自己。這樣的呼籲和要求，已經相當普遍，甚至被視為當代藝術的重要特徵。這些廢棄美術館的號召，似乎依循早期前衛藝術的策略，並且以「既成結果」的方式，被當代藝術圈全心地擁抱。但表象是會騙人的。儘管乍看之下，這些呼籲的用語是如此熟悉，對於廢棄美術館的號召，其內容、意義、功能，在前衛藝術的時期之後，已經歷經了基本的改變。由於19世紀和20世紀初盛行的品味是被美術館所定義和體現的，在這種情形下，對抗美術館等同於對抗標準化的藝術創作——也成為新的、開創性的藝術發源的基礎。但是，在我們的時代裡，美術館已經無可爭議地被剝奪其正統的角色。大眾對於藝術的觀念汲取自廣告、MTV、電視遊戲和好萊塢大片。在品味由當代媒體生產的背景下，號召大家摒棄並拆除做為一個機構的美術館，其意義與前衛時代完全不同。當人們說到「真實生活」，通常他們指的是全球媒體市場。這表示：對美術館的抗議，不再是以美學平等為名、或者對於正統品味的抗爭；而是相反地，意圖穩定和確立目前盛行的品味。

藝術機構，仍舊被媒體定位成一個關於選擇的機構，在這裡專家、內部人士，以及少數的發起人，判斷何者可視為藝術、何者可視為「好的」藝術。這個選擇的過程，被廣泛的大眾認為是基於高深莫測、難以理解的條件，因而在最終評價上被認為是無關緊要的。因此人們不禁懷疑，為何要有人去決定何者為藝術，何者不是藝術。為什麼我們不能替自己選擇我們想要承認或欣賞的藝術，並且不要經過中間機構，不要來自策展人與藝評家的建議。為何藝術要拒絕尋求開放市場的正當性，就像其他的產品一樣？從大眾媒體的角度來看，傳統美術館的訴求似乎是過時、脫節、言不由衷、甚至有些怪異。當代藝術本身也一次又一次顯示了渴望追隨大眾媒體時代的誘惑，自願放棄美術館，以追求在媒體頻道散播。當然這是非常可以理解的，許多藝術家已經在更寬廣的大眾溝通與政治裡，參與了媒體──也就是說，參與了「實際的生活」，超越了美術館的邊界。過去的藝術家只能乞求國家或私人的贊助，有了這種開放性，就容許藝術家面對並吸引更多閱聽大眾；這也是一個有尊嚴的賺錢方式。它給了藝術家一個新的力量感、社會關係和公共的現身，而不是強迫藝術家以媒體的窮親戚的身分，勉強維持卑微的存在。所以號召要衝破美術館的束縛，等同於號召大家將藝術包裝並商業化，適應於今日大眾媒體所生產的美學標準。放棄「美術館化」的過去，現在也被當作基進的開放性來喝采。但是，將藝術系統的封閉空間向廣大的世界開放，反而造成了對於什麼是當代，什麼是當下的盲目。全球媒體市場特別缺乏歷史記憶，而那樣的歷史記憶卻是讓觀者得以比較過去與現在，以此決定現在何者是真正創新、真正當代的。媒體市場的產品範圍不斷被新的商品替代，要比較今天所提供的商品與過去有的商品，變得不可能。結果是，新的與現在的，我們是用所謂的流行來稱呼。但什麼是流行，本身並非不證自明的，或是沒有爭議的。要同意我們活在被流行所主宰的大眾媒體時代是很容易，但如果被問到當前的時尚是什麼，我們卻突然變得很迷惑。誰能夠真的說，每一個當下的流行是什麼？例如，如果某樣東西似乎在柏林變得流行，我們可以很快指出，如果以目前在東京或洛杉磯的流行來衡量，這個潮流早已退流行。然而誰又能保證，相同柏林的流行，會不會隨後也在東京或洛杉磯街頭流行開來？要評估市場，我們會不假思索地聽從市場大師的評論，所謂國際流行專家的盲目擺布。單獨的消費者無法去檢驗評論的真實與否，因為眾所皆知，全球市場太大，不是個人可以揣摩的。因此，在媒體市場所關心之處，我們同時感受到新東西不斷地轟炸，與相同東西不斷回返。有關藝術了無新意的抱怨，與藝術不斷標新立異的反面控訴，其實有著一樣的源頭。只要媒體是唯一的參照點，觀察者就缺少任何可以比較的脈絡，讓他能夠有效地分辨新與舊、什麼是相同的、什麼是不同的。

事實上，只有美術館提供了觀察者分辨新舊、過去與現在的機會。因為美術館是歷史記憶的倉庫，影像與事物被保存與展示，包括那些退流行、老去與過時的事物。在這方面，只有美術館可以做有系統的歷史比較，使我們能夠用自己的眼睛看到什麼是真正的不同、新的、和當代的。順帶一提，這也適用在斷定文化差異或文化認同，這也是媒體經常轟炸我們的內容。要批判性的挑戰這些主張，必須要有某種形式的比較框架。如果不可能比較，異同的主張就是毫無根據而空洞的。事實上，每一個重要的藝術展覽都在美術館提供了這樣的比較，即使是沒有明確的規定，每個美術館展覽都將自己寫入了展覽史，並在藝術系統內留下紀錄。

當然，單獨策展人與藝評家所追求的比較策略，是可以逐一被評論的，但這種評論的可能，是基於之前的策展策略被留存在藝術記憶，因此可以拿出來比較衡量。也就是說，放棄或廢止美術館的主意，將會關閉掉我們對有關創新與差異進行關鍵探問的可能性，這也正是我們在當前媒體常常碰到的。這也解釋了當前策展計畫的選件標準，為何常常跟大眾媒體的主張不同。這裡的問題不在於策展人與藝術發動者有著獨特與菁英的品味、極端地不同於廣大的民眾，而是因為美術館提供了比較過去與現在的方法，使得結論經常與媒體意指的不同。如果只能依賴媒體，單獨的觀察者，不一定必要站在這樣的立場進行比較。因此最後媒體仍然採用美術館關於何者為當代的判斷，也就不意外了，因為他們本身沒有辦法進行這樣的判斷。

今日美術館被設計成，不只要蒐藏過去，也要經由新舊的比較來產生現在。「新」在這裡並不只是不同，而是對既有歷史脈絡下的所有影像，其美學的基本平等的再確認。大眾傳播媒體不斷宣稱，要獻給觀眾不同的、開創的、挑釁的、真實和正牌的藝術。相反地，藝術體系許諾著美學的平等，破壞任何這類的宣稱。美術館是最前線與最重要的一個地方，它提醒我們過去為了平等所做的努力，我們也在此學習抵抗當代品味的獨裁。

註釋：

1. 亞歷山大・科耶夫（Alexandre Kojève），*《黑格爾導讀》*（*Introduction to the Reading of Hegel*），編者 Raymond Queneau（Ithaca: Cornell University Press, 1980）, pp. 5ff.
2. 同前註，pp. 258ff.

論新

藝術中的「新」已經不再可能，此一論述在近十年來可說是很常見，而且深具影響力。它最有趣的特點是對於這個所謂新的終結，伴隨一些幸福感、正面的興奮——顯然這種論述在當代文化環境產生某種內在的滿足。事實上，初期後現代對於歷史終結的悲傷，業已經消失了。現在，我們似乎很高興喪失了歷史、喪失了進步的理念與未來的烏托邦；也就是喪失了所有傳統上連結到新現象的概念。不再束縛於歷史的「新」，似乎是生活的偉大勝利，因為過去這些歷史論述主導著對現實的壓抑、概念的灌輸、並使得現實變得形式化。因為我們一開始都是從美術館的展覽裡去瞭解藝術史，因此從藝術史解放、或者說從「新」的歷史任務中解放——也就是從美術館所再現的藝術史裡解放——這種解放一開始被藝術界認為是擺脫美術館的大好機會。脫離美術館，意謂著將受到大眾的歡迎、不再死氣沉沉，而且展現在地位不可動搖的藝術圈、封閉的美術館高牆之外。對我而言，會對「新」藝術死亡感到興奮的原因，源自於藝術走入生活的期待——而不是來自於歷史因素的考量，更不是新與舊的衝突。

藝術家與理論家都很高興能從歷史的包袱裡解脫，不再需要推陳出新，不再固守創新的歷史準則。取而代之的是，這些藝術家與理論家想要從政治與文化上參與社會現實；他們想要反省自己的文化認同、表達個人的願望等。更重要的是，對比於美術館與藝術市場所代表的死氣沉沉的歷史組合，他們想要展現自己是真實（real）而生氣蓬勃的（alive）。這當然是完全合情合理的願望。但是，要滿足這個願望，去創造一個真正鮮活的藝術，我們必須先澄清以下問題：在何時與何種條件下，藝術會最顯得生氣蓬勃？現代性裡面根深柢固的傳統就是打破歷史、打破美術館、打破圖書館，也就是以真實生活為名打破所有封存的檔案。圖書館與美術館，對於現代作家與藝術家來說，是強烈恨意的最佳目標。從盧梭對於著名的古代亞歷山卓圖書館被毀壞的讚賞，到哥德的浮士德為了逃離圖書館（以及閱讀其中書籍的義務）不惜與惡魔簽約。在現代藝術家與理論家的文字當中，美術館被重複地形容為藝術的墳場，而美術館的策展人被形容為掘墓者。從這個仇恨圖書館與美術館的傳統，我們可以知道美術館與其伴隨的藝術史之死，表示了真實而鮮活藝術的再生，藝術將轉向真正的現實、真正的生活，轉向偉大的「他者」：如果美術館死了，藝術將永生不滅。我們突然變得自由，彷彿我們逃離了某種「埃及的奴役」（Egyptian bondage）（譯註1），準備前往許諾之地過真實生活。這些都很容易理解，雖然沒有任何理由交代，*為何*歷史的束縛剛好要在這裡結束。

此刻我感興趣的問題是另外一個：為何藝術想要生氣蓬勃（alive），而不是死氣沉沉？所謂藝術的生氣蓬勃是什麼？或是看起來是生氣蓬勃的？我會嘗試說明，正是美術館收藏的內在邏輯，迫使藝術家必須走進現實——走進生活，並創作看起來像是生氣蓬勃的藝術。接下來我也會嘗試證明「生氣蓬勃的狀態」的意義；事實上，不多不少恰好就是新的狀態。

在我看來，諸多歷史記憶的討論與其呈現，經常忽略了現實與博物館之間互補的關係。博物館並不是次於「真實」歷史，也不只是對於「真的」發生在博物館圍牆外的事物、基於歷史發展的自主原則，所做的反省與記錄。恰好相反：「現實」本身在與博物館的關係中，是比較低下

譯註1：指的是以色列人由摩西帶領離開埃及的出埃及記。

的──「真實」只能夠建立在與博物館收藏的比較之下。任何博物館（美術館）收藏的改變，都帶來了我們對於現實本身的感知的改變──畢竟，現實可以被定義在所有尚未被收藏的事物所屬脈絡中。所以歷史不能被誤認為是發生在博物館牆外、完全自主的進程。我們對於現實的想像，仰賴於我們的博物館的知識。

博物館明白地顯示了其自身與現實之間的相互關係。現代美術館出現之後的現代藝術家，儘管反抗與排斥美術館，他們知道作品主要是為了美術館的收藏而做──至少當他們在所謂高級藝術的脈絡中工作的時候。這些藝術家從一開始就知道他們會被收藏──他們實際上也想被收藏。恐龍當初並不知道自己會被展示在自然歷史博物館裡面，而藝術家不同，他們知道自己最終是要被藝術歷史博物館（美術館）所展示。恐龍的行為──至少在某種程度上，並不會因為未來要在博物館展示，而有所改變。但是現代藝術家的行為，是會因為可能在美術館展出，而有重大的影響。顯然博物館（美術館）只接受來自真實生活，也就是其收藏之外的事物，這解釋了為何藝術家想要讓自己的藝術看起來真實而且生氣蓬勃。

已經在博物館（美術館）展出的事物，會自動被認為是過去的、已經死去的。所以如果我們在博物館（美術館）之外碰到已經在博物館（美術館）看過的形式、姿態與方法，我們不會認為看見的是真實或生氣蓬勃的，而是對於死掉的過去之死氣沉沉地複製。所以當藝術家說（大部分都說過），他或她想要掙脫美術館、進入生活本身、變得真實、創作真正活生生的藝術，這只能意謂著這個藝術家想要被收藏。因為唯一可能被收藏的作品是超越美術館、進入生活、製造一些與既有收藏不一樣的東西。再次重申：只有新，能被美術館訓練的眼光確認為真實的、現在的、與生氣蓬勃的。如果妳重複已經被收藏的藝術，妳的藝術只能被美術館視為純粹的*媚俗*而被拒絕。那些虛擬的恐龍，只是已經死掉、已經「博物館圖像化」（museographed）的恐龍的複製，只可以展示在「侏儸紀公園」電影的脈絡中──一個消遣、娛樂的場所──但不是在博物館。博物館（美術館）在這方面與教會很像：你必須先充滿罪惡，才能成聖──否則你只是一個平凡，正直的人，沒有在上帝的記憶庫裡面獲得一席之地的機會。因此很矛盾地，當你愈是試圖要掙脫美術館的束縛而得到自由，你就愈以最基進的方式受制於美術館收藏邏輯，反之亦然。

當然，這個對於新、真實、生活的解釋，違反了某些早期前衛藝術在許多文章裡提到的根深柢固的信念──要開啟進入生活之路，必須通過毀掉美術館，也就是使用基進、狂熱的方式來消除過去，因為美術館阻擋在我們與當下之間。對於新的這種見解，可以從馬列維奇（Kazimir Malevich）1919年〈論美術館〉（On the Museum）裡簡短而重要的文字，得到強而有力的說明。當時新蘇維埃政府害怕舊的俄羅斯美術館以及其中的藝術收藏，會因為內戰與國家機構和經濟的瓦解而毀壞，共產黨努力要保存這些收藏。在他的文章裡，馬列維奇抗議蘇維埃政權保護美術館的政策，呼籲國家不要站在藝術收藏品的角度介入，因為藝術收藏品的破壞可以打開一條通往真實、活生生的藝術的道路。他寫道：

> 生命知道它在做什麼，如果它誓言要摧毀，我們不應該阻撓，因為阻擋了它，也就阻礙了我們蘊育新生命到來的方式。燒掉一具屍體，我們可以得到一克的粉末：因此成千的墳墓可以放入一個化學家的架

> 上。我們可以對保守派做的讓步就是建立一間藥房：將所有死去的過去時代燒掉的灰燼放在架上。

之後，馬列維奇給了一個實際的例子讓我們了解他的意思：

> （這間藥房的）目的是，如果人們想要檢視魯本斯（Peter Paul Rubens）及其所有藝術的粉末——大量的想法將自人們身上出現，魯本斯將會比實際的展覽，更加生氣蓬勃（也更不佔空間）（註1）。

馬列維奇以魯本斯舉例並不意外；許多他的早期宣言中，提到在這個年代裡不可能再去畫「維納斯的肥臀」。對於他的名作〈黑色的方塊〉（Black Square）——後來成為當代藝術裡的新的最重要代表，他也說了「賽姬甜美的微笑不可能從我的黑色方塊裡浮現」，以及——黑色方塊「絕對不會被當成做愛的床（墊）」（註2）（譯註2）。馬列維奇對於單調的做愛儀式，至少跟單調的美術館藏品一樣討厭。在他的宣言背後，最重要的是他相信新的、原創的、革新的藝術，是因襲過去的美術館收藏所無法接受的。事實上在馬列維奇的時代，實情剛好相反，自從18世紀末美術館成為現代機構以來，一直是相反的。

只有當過去未被收藏，美術館沒有保存過去，才有可能基於道義責任去忠於舊的、遵循傳統、去抵抗時間的破壞。沒有美術館的文化是「冰冷的文化」，以李維史陀（Claude Lévi-Strauss）的定義來說。這些文化試圖藉由不斷重製過去，保持其文化認同不受侵犯。他們這樣做是因為他們感受到了遺忘、完全失去歷史記憶的威脅。但是如果過去有被收藏與保存

譯註2：「維納斯的肥臀」是魯本斯畫作裡經常出現的圖像。賽姬為希臘神話裡，邱比特的愛人，兩者皆為魯本斯的常見主題。

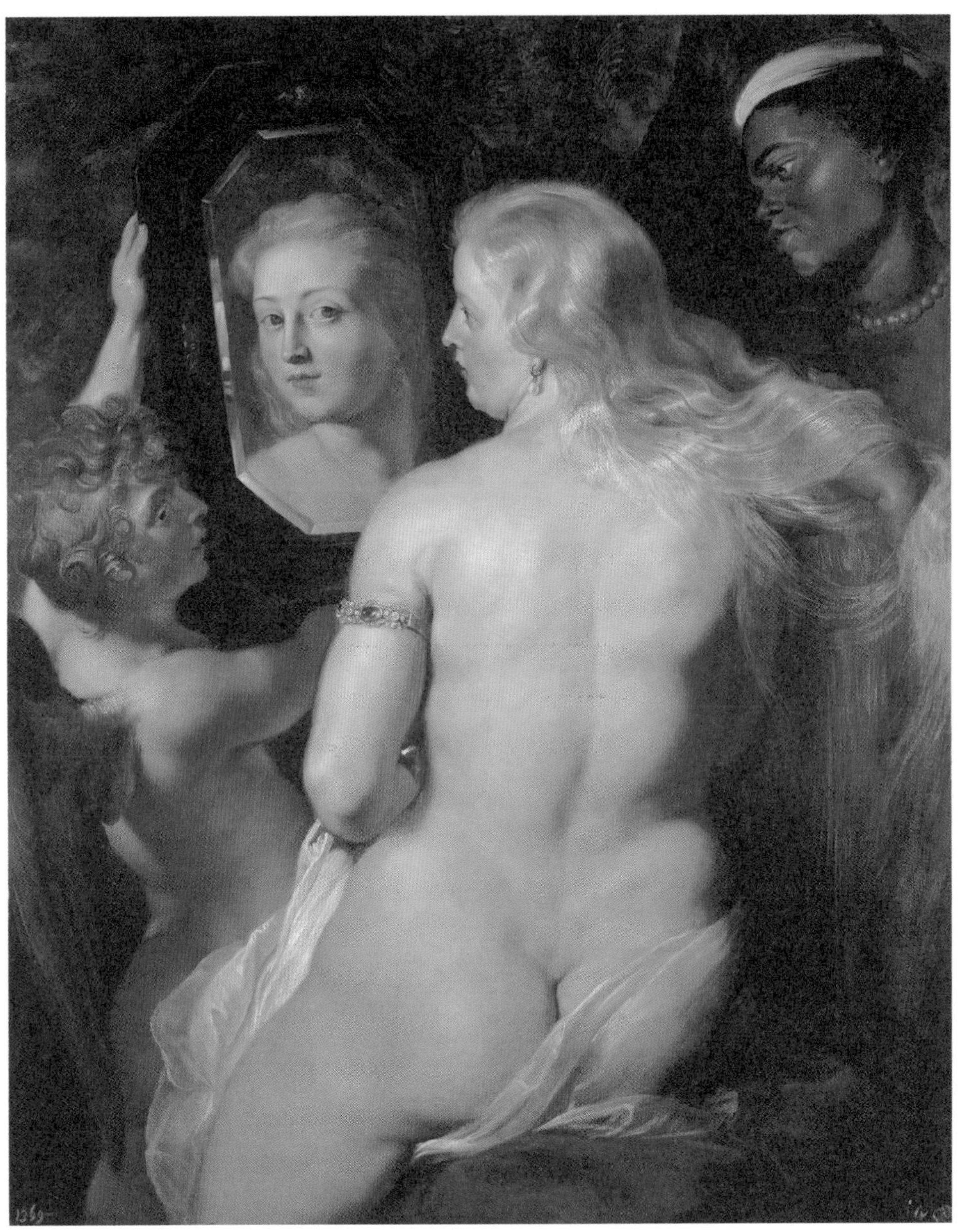

魯本斯（Rubens），鏡中的維納斯（Venus at the Mirror），油彩畫布，1615，Liechtenstein Museum藏。

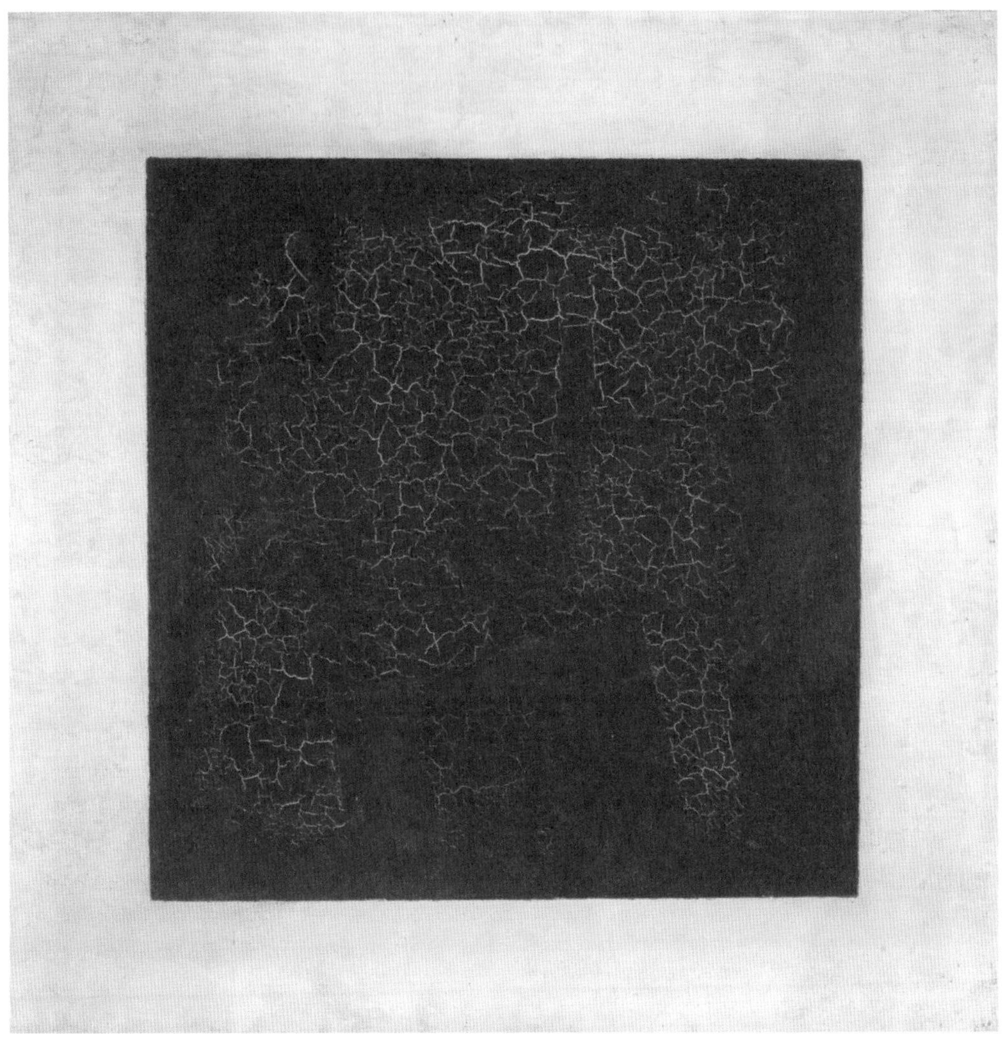

馬列維奇（Kazimir Malevich），黑色方塊（Black Square），油彩畫布，79.5×79.5cm，1915，莫斯科Tretyakov Gallery藏。

在美術館，複製舊風格、形式、習俗、與傳統，就變得沒有必要。甚至，重複過去與傳統變得不被社會所允許，或者至少是不被鼓勵的做法。現代藝術最普遍的公式不是「現在我可以自由創作新東西」，而是，「現在已經不再可能去做舊東西了」。就像馬列維奇所說，變得不可能去畫「維納斯的肥臀」了。但是這樣的不可能，是因為美術館的存在。如果魯本斯的作品像馬列維奇提議地被燒掉，將會開放了藝術家再次去畫「維納斯的肥臀」。前衛策略並不是從開放更大的自由而開始的，而是從新的禁忌——「美術館禁忌」，禁止任何舊的重複，因為舊的已不再消失，而是一直在展示。

美術館並不主宰新的樣貌，它只告訴我們新不該長什麼樣。美術館的功能就像蘇格拉底的惡魔，只告訴蘇格拉底不能做的事，卻從不告訴他必須做的事。我們可以命名這個惡魔的聲音或其存在，為「內在的策展人」。每一個現代藝術家都有一個內在的策展人，告訴他哪些不能做，哪些不再被收藏。美術館提供了一個清晰的定義，關於何謂真實、生氣蓬勃、屬於當下的藝術——它不能看起來是已經「博物館圖像化」（museographed）的、已經收藏的藝術。在場（presence）並不只是以不缺席來定義。要*成為*在場的（present），藝術*必須看起來*是當下的。這意謂著它不能看起來是舊的、過去的死藝術，如同展示在美術館的那一些。

我們甚至可以說，在現代美術館的條件下，新生產的藝術之「新」不是建立在事後、在與舊藝術的比較之後。而是，這個比較發生在新藝術作品誕生之前——也可以說這比較無形中產生了這個新藝術作品。現代藝術作品，在創作之前就已經被收藏了。前衛藝術是少數菁英思想下的藝術，其理由並不是，如布迪厄（Pierre Bourdieu）所說，因為它表達了特定資產階級的品味。前衛藝術根本沒有品味──沒有大眾品味、個人品味、甚至是藝術家自己的品味都沒有。前衛藝術是菁英主義的，僅僅是因為它的起源受到限制，而一般大眾並未受到這種限制。對一般大眾而言，所有事物──或者至少大部分的事物，都可以是新的，因為他們並不知道是否這些事物已經收藏在博物館（美術館）。這個觀察打開了一條道路，達成對於新的更進一步了解，「新」與「*他者*」（other）的核心差別、或「新」與「差異」（different）的核心差別。被稱為新，通常被理解為「差異」、加上最近製作，兩者的組合。我們稱一輛車為新車，是因為這輛車與其他車不同、加上它是汽車工業最近、最後製造出來的。但是齊克果（Søren Kierkegaard）在他的《哲學片簡》（Philosophische Brocken）裡指出──新，與差異基本上是不同的。齊克果嚴格地反對將新的概念混淆為差異的概念。他的主要論點在於，要辨認出特定物品的不同，我們必須首先要具有辨認與識別其特定差異為「差異」能力。所以差異不可能是新的──因為如果他真的是新的，它不可能被當成差異而被辨認。辨認永遠意謂著回憶。但是一個被辨認出來的、回憶起來的差異，很明顯地並非新的差異（註3）。所以照齊克果所說，沒有所謂新車這回事。就算最近設計製造的車，其差異與以前製造的車並非新，因為觀察者已經能夠辨認其中的差異了。因此我們可以理解有關於新的概念，為何在近幾十年來受到壓抑，雖然新是使得藝術實踐能夠維繫其重要性的概念。這樣的壓抑是受到近來佔文化理論主導地位的結構主義與後結構主義者，關於「差異」與「他性」（Otherness）的思想所影響的結果。但是對齊克果來說，新是沒有差異的差異，或是超越差異的差異——一個我們無法辨認的差異，因為它與任何已經存在的結構符碼都無關。齊克果以耶穌基督的形象，做為這個差異的例子。的確，齊克果說明耶穌基督的形象，最初看起來跟當時的任何平常人沒有兩樣。也就是說，與基督同時代的客觀觀察者，碰到基督的形象時，無法分辨基督與常人之間任何可見的、確定的差異；一個足以讓他識別基督並不僅僅是一個人，也是上帝之子的差異。因此對齊克果來說，基督教是基於無法辨識基督為上帝之子——無法辨識基督（與常人）的差異。再來，這表示基督是*真正*新的，不只是有差異的——基督教正是一種沒有差異的差異、*超越*差異的差異之體現。因此，對齊克果而言，新要現身的唯一可能媒介，就是平凡的、「沒差異的」、一致的——不是「他者」（Other），而是「相同」（Same）。此時的問題在於，要如何處理這個超越差異的差異。新要如何顯現它自己。

仔細閱讀齊克果對於耶穌基督形象的描述，會驚人地發覺它與我們現在所說的「現成物」是如此類似。對齊克果而言，神與人的差異不能以客觀、視覺的方法來描述。我們將基督的形象、在沒有認出基督的神聖性的情形下、放在神聖的背景之中——這也正是使得基督成為真正的新的原因。同樣的說法也適用在杜象的現成物。我們也在處理一個超越差異的差異——現在被理解為藝術作品與尋常、世俗物品的差異。因此我們可以說，杜象的小便池就像是物品中的基督，而現成物就像藝術世界裡的基督教。基督教將人的形象，不做任何改變，放在異教神祇的神殿當中做為信仰。美術館——一個藝術空間或是整個藝術系統的藝術空間，也成為一個超越差異的差異、在藝術作品與尋常物之間的差異，能夠被產生與展出之處。正如我先前提到的，一個新的藝術作品，不能重複舊的、傳統的、已經收藏的藝術。而在今天，一個真正新的藝術作品，甚至不能重複舊有的差異、存在藝術物件與尋常物品的差異。重複這樣的差異，只能創作出不同的藝術作品，而不是新的藝術作品。看起來真正新而且生氣蓬勃的藝術作品，從某種角度來說，必須要像其他的尋常、世俗的東西，或是其他大眾文化的產品。只有這樣的新藝術作品，才能指涉美術館牆外的世界。對於新的體驗，端看其是否造成超出邊界的無限效果──是否打開了美術館之外的現實的無限視野。這個無限的效果必需在美術館之內創造，或在美術館之內展示：在現實本身的背景中，我們只能經驗有限的現實，因為我們自己是有限的。這小小的、受到控制的美術館，容許觀賞者想像美術館外的世界是如此瑰麗、無窮盡、狂喜的。事實上，這正是美術館的主要功能；讓我們想像美術館外的世界有無窮盡的可能。新的藝術作品，以象徵的方式在美術館裡打開了一扇窗，迎向外在的無限視野。但是，新的藝術作品只能在一個相對短暫的時間內滿足這個功能，直到它不再新、只有差異。隨著時間演進，他們跟尋常物品的差距變得不再明顯。那時就需要用新的新，來取代舊的新，才能回復對於無限真實的浪漫感受。

從這個角度來看，美術館比較不像是藝術史的展覽場所，而比較像是「今天」的製造場所──一個製造今天的新藝術並展示的場所。由此觀之，美術館在歷史上首次創造了「現存」的效果，而且看起來生氣蓬勃的。只有從美術館的角度來看，生活才是生氣蓬勃的，因為只有在美術館，我們才能創造新的差異──超越差異的差異，此時此刻正在生成的差異。在現實當中，不可能創造新差異，因為現實中只會找到舊差異——認得出來的差異。要創造新差異，需要一個文化認可與符碼化的「非現實」（nonreality）。其實生與死的差異，與上帝跟普通人的差異、或者是藝術品與尋常事物的差異，是相同等級的——它是超越差異的差異，只能在美術館裡體驗，也就是社會所認為是「非真實」（nonreal）的場所。再次重申，只有當我們從封存的美術館或圖書館去看，今日的生活才會是「看起來」生氣蓬勃、並且「實際上」生氣蓬勃。在現實的本身，我們只會遇到死去的差異——就像新車與舊車之間的差異。

不久之前，大家還普遍認為現成物的手法，加上照相與錄像藝術的普及，會侵蝕並最終消滅建立在現代性之上的美術館。彷彿美術館收藏的這個封閉空間，面臨著被大量製造的現成品、照片、媒體影像所淹沒，危機已迫在眉睫，美術館終將解散。這樣的說法，更是基於美術館的特殊概念——美術館收藏，享受著獨特的社會特權身分，因為它與平常、世俗的生活物品是不同的。如果美術館的確是這些獨特美好的事物的避風港，那麼當這些宣稱被證明是一種欺騙，美術館也將面臨某種終結。正是因為這些現成物、照片、影像藝術，提供了清楚的證明，讓過去關於博物館學與藝術史的說法只是一個幻象，影像的製造不是神祕的過程，也不需要藝術家的天賦。

這正是克林普（Douglas Crimp）在他著名的論文〈論美術館的廢墟〉（On the Museum's Ruins）裡面所宣稱的[註4]，其中參考了班雅明（Walter Benjamin）的說法：「經由重製的技術，後現代藝術省略了靈光。」有關作品創造主體的想像，讓位給了權充、挪用、摘錄、累積、重複既存影像的手法。原創的概念、真蹟、在場，這些正常美術館的論述中的重要元素，逐漸地被破壞。這些藝術創作的新技術，消解了美術館的概念框架──那些建構在主體的、個人創造力的虛構想像，因為複製的做法帶來了混亂，最終導致美術館的衰敗。還可以補充，美術館的概念架構是虛幻的：這概念認為美術館是歷史的再現、表現了世俗的創意主體性；而事實上美術館是不同調的人造物之大混合，如同克林普引用傅科（Michel Foucault）所說的。因此克林普跟許多與他同時代的作者一樣，認為對於藝術的浪漫主義概念的批判，就是對於藝術機構的批判，包括那些美術館機構，聲稱自己的正當性建構在這誇大不實、又不再流行的藝術概念上。

的確傳統美術史論述，著重在對著名傑作的稱頌，從獨特性與差異性的修辭中，替藝術建立其正當性。這些論述是否真的能為美術館邏輯下收藏的藝術品，提供合法的地位？是否這些批判性的分析也可以拿來當成對於美術館機構的批判？這些都是存疑的。同時，如果某件藝術品能夠藉由其藝術性，或因為作者的創意天賦，而獨立於所有其他物件之外，美術館不就變成是完全多餘的嗎？就算在一個完全世俗的環境裡，我們也應該能充分地欣賞大師傑作，如果這樣一個與環境無關的事物真的存在的話。

近幾十年來美術館機構的快速發展，特別是在當代美術館，藝術物品與世俗物件的可見差異也在快速消失──這是20世紀前衛藝術，特別是在1960年代後，有系統的破壞的結果。藝術品與世俗物件看起來愈相像，就愈需要將藝術的脈絡，與其世俗、日常的、非美術館的脈絡做清楚的切割。藝術品需要美術館的背景與保護，正是因為它看起來就像「尋常物件」。要使得傳統藝術品不在日常生活中、隨著時間受到物理性的破壞，美術館的安全保護當然是很重要的。可是美術館對於傳統藝術的收受可說是沒有影響、乃至負影響的——藝術品自身所造成的，與日常世俗環境的差別，反而在美術館沒這麼明顯。相反地，那些無法與日常環境有效地在視覺上區隔開來的藝術品，除非是在美術館內，否則無法被感知。前衛藝術的策略，被理解為藝術品與世俗品間視覺差異的消除，這直接導致了美術館的大量建立，這個差異也透過此機制獲得保障。

與顛覆或去除美術館機構的正當性恰恰相反，這些對藝術的概念顯著的批判，替當代藝術的機構化與「美術館實現」提供了理論的基礎。美術館許諾了尋常物件在現實裡所得不到的特性——超越差異的差異。這些物件愈是不壯觀、愈是平凡，愈需要這種許諾，這些物件愈是「不配」這樣的許諾，美術館的許諾就變得更有效而且可信。現代美術館顯示其新福音，不是藉由天才充滿靈光的獨特作品，而是那些無足輕重、卑微的、日常的、如果不在美術館牆內就很快會消失在現實裡的物件。如果美術館解體，將這些普通、日常、卑微的物件展示為新，而且生氣蓬勃的機會就永遠失去了。要成功地顯露自己「在生活中」，藝術必須變得與眾不同——特殊的、驚奇的、排他的——過去的歷史已經顯示藝術必須利用古典、神話與宗教傳統，並與平庸的日常經驗脫節。今日所成功製造（且當之無愧）的大眾文化影像，也利用外星人攻擊、神話的啟示與救贖、擁有超自然能力的英雄等。這些當然很吸引人、也有教育性。但偶爾人們也會想要思考與享受正常的、普通的、與平庸的事物。在我們的文化裡，這樣的願望只能在美術館裡被滿足。另一方面，在生活裡，能夠吸引我們讚歎的，只有在我們面前顯現非凡的。

這意謂著新還是可能的，即使在藝術史已終結、主體已終結等等的宣稱之後，美術館畢竟*仍*在那兒。美術館與其外部之間的關係主要並不是時間性的，而是空間性的。的確，創新並不發生在時間之內，而是在空間之內：在美術館藏與外在世界的物理邊界之間。不論象徵上或實際上，我們都能夠穿越這個邊界，在任何時間，於不同的點與不同的方向。這表示我們能夠──也必須，將新的概念與歷史的概念分開，也將創新的概念與線性的歷史時間分開。當藝術創新不再以線性時間來思考，而是以美術館內外的空間關係來思考，那麼後現代對於進步的概念或是現代性的烏托邦的批判，就變得無關緊要。新不來自某些隱藏的歷史生命源頭，也不來自隱藏的、被許諾的歷史目的。新的產生，只是將世俗物的收藏與不收藏的邊界做了移動；收藏主要是物理性、物質性的操作：某些東西被帶入了美術館系統，其它東西則被扔出了美術館系統，降落在垃圾堆裡。這樣的邊界移動也不斷重複造成了新的、開放性、無限的效果，使用「能指」（signifier）使得藝術對象看起來不同於過去美術館化的對象，卻相同於美術館之外流傳的大眾文化影像與事物。因此，我們就能夠繼續維持新的概念，來超越藝術史終結的宣言，以製造新的差異來超越所有歷史上已知的差異，如我之前所說過的。

美術館的物質性確保了新藝術的創作能夠超越所有歷史終結，正因為它顯示了現代理想裡面普遍而透明的美術館空間（代表著普遍藝術史的再現）是不可能實現、純然只是觀念上的。藝術的現代性發展，是在一個代表全部藝術史的世界美術館的概念規範下產生的，世界美術館創造了一個普遍的、均質的空間，讓所有的藝術作品得以比較，並決定他們在視覺上的差異。安德烈．馬爾羅（André Malraux）在他著名的觀念「想像的美術館」（Musée imaginaire）裡，精確地掌握了此種世界觀下的美術館[譯註5]。這樣的世界美術館的觀念是黑格爾式的，因為在它的理論根源裡，包含了歷史的自我意識，也就是它能夠察覺所有由歷史所決定的差異。世界美術館與藝術之間關係的邏輯，遵循著黑格爾的「絕對精神」：知識與記憶的主體，其動機是整個歷史的辯證發展，因為對於他者、對於差異、對於新的渴望──但是在歷史的終點，它必須發現並接受他者性（otherness），是由慾望自身的行動所製造出來的。在歷史的終點，主體從他者身上認識了自己的形象。所以我們可以這樣說，世界美術館被當成他者的實際起源，因為美術館的他者的定義、正是美術館的典藏者或策展人所渴望的對象；我們可以說，美術館變成了「絕對美術館」，並到達它可能的歷史終結。我們甚至可以用黑格爾的語彙來理解杜象的現成物手法：這是世界美術館的自我反思的一個行動，將美術館的歷史發展畫下句點。

因此最近的一些論述，宣稱現成物的到來是藝術的結束點、藝術的歷史終結，一點也不令人意外。當亞瑟．丹托（Arthur Danto）前一陣子提到藝術到達其歷史終點[註5]，他最喜歡用的例子是沃荷（Andy Warhol）的布理洛箱子（Brillo Boxes）。杜福（Thierry de Duve）所談論的「在杜象之後的康德」（Kant After Duchamp）也意謂在現成物終結了藝術史之後，會回歸到個人的品味[註6]。其實，黑格爾自己認為藝術的終結更早發生：在他的美學演講上，提到美術史的終結與現代國家的誕生同時；因

譯註5：馬爾羅將全世界的美術館的總合，當成一個「想像的美術館」，人們可以將所有的藝術品並列並互相比較。

為現代國家將自有的形式、法律，賦予人民的生活，使得藝術失去了它賦予形式的功能（註7）。黑格爾式的現代國家編纂了所有可見的、可經驗的差異——認識並接受它們，並在一般法律系統裡，給予他們適當的地位。透過現代法律，政治與司法辨認他者的行動下，藝術似乎失去了它的歷史功能、去顯現他者的他者性、去給予一個形式、並將它刻畫在歷史再現的系統裡。所以當法律得到了勝利，藝術就變得不可能：法律已經代表了所有既存的差異，使得藝術再現這樣的差異變得多餘。當然我們可以說，總有一些差異是法律沒有代表的，或至少是代表不足的，所以藝術還可以保留一些功能，來補足沒有被編纂的他者。但是這樣，藝術就變成服務法律的次等角色：對黑格爾來說，藝術的真實角色包括了差異最初顯現它們自己的方式與創造新形式的方式，而這些模式都在現代法律下過時了。

但是就像之前我說過的，齊克果暗示過我們，一個機構如何有著再現差異的使命，又同時可以創造差異；超越所有既存的差異。所以此時我可以更精準地寫下這個新差異是什麼——這個超越差異的差異，如同我早先提過的。這個差異不在形式，而是在時間裡；明確地說，對於個別事物的期望壽命的差異，也是對於其歷史任務的差異。回顧一下齊克果所說的「新差異」：對他而言，基督與當時常人的差異並不在形式上：形式上的差異可以用藝術與法律來再現；基督與常人間無法查覺的差異，在於常人短暫的生命，與永恆神聖存在的差異。當我將某件尋常物當成來自美術館外的現成物，放入美術館的內部空間裡，我並沒有改變此物的形式，但的確改變了此物的期望壽命（life expectancy），並賦予它一個特定的歷史日期。比起它在現實裡做為一個普通的東西，在美術館裡，這藝術品活得更久，保留它原本的形式更久。所以尋常物件，比起它在現實世界，在美術館裡看起來更「生氣蓬勃」，更「真實」。在現實裡當我們看到尋常物件，我們會立刻理解並預料得到它的死亡──就在它破損或被丟棄時。有限的期望壽命，正是尋常生命的定義。所以當我改變了尋常物件的期望壽命，某方面來說，我是在沒有改變任何事物之下，改變了一切。

在美術館物件與實際物品間，其期望壽命無法查覺的差異，將我們的想像從物件的外表形象，轉移到了維護、修復，以及所有的物質支撐的結構；這些美術館的內部核心元素。期望壽命的相對問題，也使得我們注意到造成這些物件長壽、收藏這些物件進入美術館，其背後的政治與社會的因素。同時，美術館裡有關行為規則與禁忌的系統，使得對於館藏物件的物質支撐與保護是看不見、無法體驗的。這個不可見性，是無法化約減少的基本組成。我們都知道，現代藝術嘗試各種努力，要將作品的內在與物質層面透明化。可是對於美術館的觀眾而言，我們還是只能看見作品的表面：參觀美術館的條件使得某些在表面之下的東西永遠的封閉起來。做為觀眾，我們必須臣服於限制之下，這些限制就是為了要讓物件能「永遠」展示下去，而禁止接觸，保障材料實體不受損。這就是一個有趣的「內部的外部」。藝術品的物質支撐既是「在美術館內」，但同時是看不見的，也是不能被看見的。這些物質支撐，或是媒介承載，與整個美術館保存系統一樣，必須維持模糊、看不見、對美術館觀眾隱藏起來。我們可以說，在美術館牆內，我們面臨著更極端的永遠無法接觸，比起美術館牆外的無限世界更加嚴峻。

但如果美術館化的藝術作品，其物質支撐是不可被看見的，那當然這

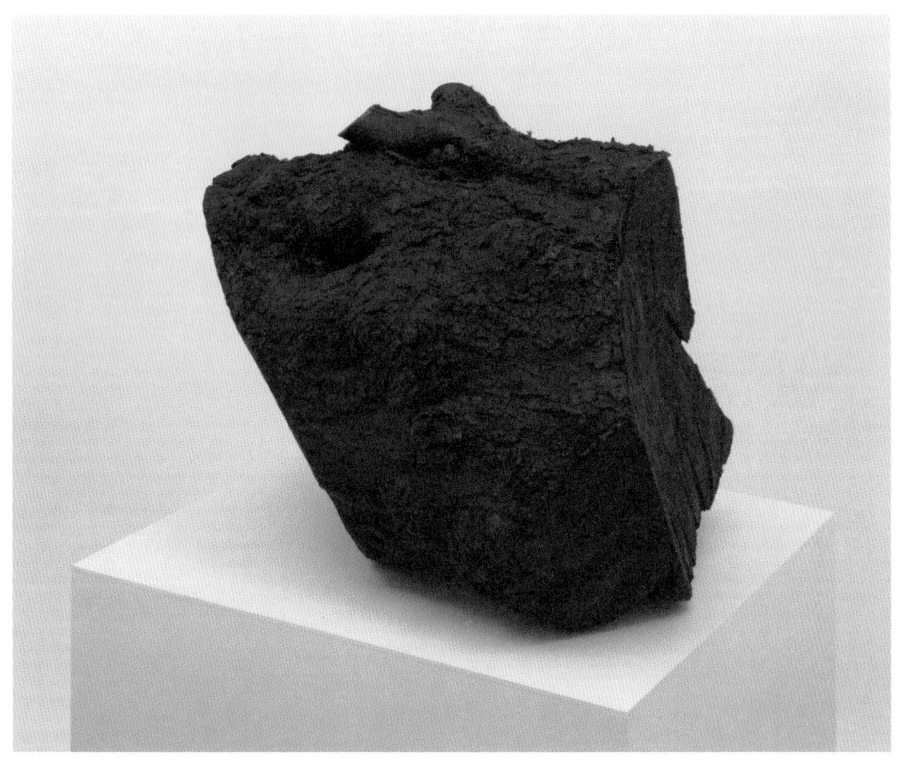

彼德．費奇理（Peter Fischli），無題（樹根）（Untitled "Small Root"），聚氨酯，2005。©Peter Fischli and the estate of David Weiss, courtesy Matthew Marks Gallery, New York.

種模糊，隱藏，不可見性也可以做為藝術的主題。當代藝術實行這種策略的範例，可以舉兩位瑞士藝術家，彼德．費奇理（Peter Fischli）與大衛．魏斯（David Weiss）。為了說明目前的主題，我簡單地描述：費奇理與魏斯展覽的物件看起來非常像是現成物──我們在每天日常生活中到處可見的物件（註8）。事實上，這些物件不是真的現成物，而是一種模擬：他們用聚氨酯──一種輕量的塑膠材料，所雕刻出來的；但是他們雕刻地如此精細（細緻的瑞士精密），使得當你在美術館的展覽裡看見時，難以分辨出所做的物件與現成物有何不同。但如果說，妳在費奇理與魏斯的工作室看見它們，妳可以將它們拿在手上，掂掂它們的重量；而這種行為在美術館是不可能的，因為妳不許去碰觸展品。這樣做立刻會觸動警鈴，引來美術館人員，然後是警察的到來。從這個角度我們可以說，最後是警察，保證了藝術與非藝術之間的對立──警察還不曉得藝術史已經結束了。

費奇理與魏斯所顯示的，當現成物在美術館空間展示其形式時，也同時模糊或隱藏了它的物質性。而且，物質支撐的模糊與不可見性，如同費奇理與魏斯的作品在美術館所展示的，明確地喚起了「真實」與「擬仿」（simulated）之間、不可見的差異。觀眾的確在展品描述中讀到費奇理與魏斯的作品不是「真實」的，而是「擬仿」現成物的。而同時觀眾無法驗證這個說法是否為真，因為它牽涉到隱藏的內核，展覽品的物質支撐──而非其可見的形式。這表示來自實物與擬仿之間衍生的新差異，無法用既存的物件之間的視覺形式差異來分辨。物質支撐無法用單一藝術品來顯現──雖然許多過去的前衛藝術家與理論家試圖要將它顯現出來。其實，這個差異只能用這種模糊、無法表現的方式，在美術館裡當做主題來明白表示。藉由現成物的擬仿技術，費奇理與魏斯讓我們注意到了物質支撐，而沒有顯露它、沒有讓我們看見它、沒有將它再現。「真實」與「擬仿」之間的差異無法被「認識」，只能被製造，因為這個世界裡的所有東西都可以同時被視為是「真實」與「擬仿」的。我們藉由特定的物件或影像，讓人們去懷疑那並非「真實」，而只是「擬仿」，如此就能製造出真實與擬仿之間的差異。而且將特定的普通物件放進美術館的環境中，正表達了將其媒介的載體、其物質支撐、其存在的物質條件，放在永恆的懷疑當中。費奇理與魏斯的創作，展現出美術館本身有著模糊的無限性——它是一個無限的懷疑、無限的蹊蹺，所有的展品都可能是擬仿的、假貨、它們的物質核心可能與它的外在形式所提示的不同。這也表示我們不可能將「完整可見的現實」轉換到美術館——就算用想像的也做不到。也不可能滿足尼采（Nietzschean）所夢想的全面美學化的世界，去滿足現實等同於美術館的世界。美術館製造出了它自己的模糊性、不可見性與差異性；它從內部將自己的外在隱藏起來。而且美術館只能創造一個懷疑、不確定的氛圍，對於美術館展覽的藝術作品、其隱藏的物質支撐的一種憂慮，雖然保證了藏品的壽命，卻同時威脅著它們的真實性。

這個對於美術館內收藏品的人造壽命的許諾，*永遠只是*擬仿的；這個壽命只能藉由技術操弄，隱藏展覽物的物質核心，以確保其耐久性：每一個保存手段都是一種技術操弄，也一定是一種擬仿。再說，藝術品的人造壽命只是相對的。總有一天藝術作品會死，當它破碎、消融、瓦解的時候；不一定是一種假設，而是物質層面的必然。在黑格爾的世界美術館的想像裡，在上帝記憶中的永恆的靈魂，取代了永恆的肉體。但所謂永恆的肉體，當然只是一種想像。美術館本身也是短暫性的——即使收藏在美術館的藝術品可以免除日常存在與一般交換所造成的危害，而美術館又以保存為目標。但保存不可能成功；就算成功也是暫時的。藝術品經常被戰爭、災難、意外、時間給摧毀。藝術品做為物質性的東西，其物質的命運、其不能復原的時間性，給所有可能的藝術史一個限制；而這個侷限，恰恰是歷史終結的相反。在純粹物質層面，藝術脈絡的永久改變是我們無法完全掌控、思考、或預測的，所以這種物質的改變總是讓我們很意外。歷史的自我反省，則依賴於美術館物件的隱藏的、不能思考的物質性。但正因為藝術的物質層面是無法復原、缺乏反思的，藝術史必須被重新檢視，重新考量，一直不斷更新書寫。就算是單獨的藝術品的物質存在，在某段時間的保存是可以保證的，它做為一個藝術品的狀態，總是依賴著它在美術館的總體收藏脈絡下所代表的位置。但是要維持這樣的脈絡一段很長的時間，是非常困難，事實上是不可能的。這也許是美術館真正的兩難：美術館收藏，意在保存藝術品，但收藏本身卻是非常不穩定、不斷的改變與流動。收藏只有在當時是傑出的──就算它本身意圖要超越時間。美術館展出永遠在流動：它不只是成長與演進，它也以各種不同方式在改變自己。結果，區分新舊的框架，歸屬物件為藝術品的狀態，都一直在改變。像麥克・畢德羅（Mike Bidlo）（譯註6）或雪莉・列文（Shirley Levine）（譯註7）這類藝術家所演示的，藉由挪用的技術，改變了藝術作品的物質支撐，也可能轉移特定藝術形式的歷史歸屬。複製或重複有名的藝術作品，將整個歷史記憶秩序都搞亂了。對一般的觀眾而言，要分辨畢卡索的原作，與麥克・畢德羅的挪用之作是不可能的。所以這裡與杜象的現成物、費奇理與魏斯擬仿現成物一樣，我們面對的是不可見的差異，一個新生產的差異──畢德羅創造了畢卡索原作與畢德羅複製作之間的差異。這個差異只有在美術館才能搬上舞台──依照某種歷史再現的秩序。

譯註6：畢德羅著名的畫做為精確複製波洛克與畢卡索的畫。
譯註7：列文著名的作品為翻拍 Walker Evans 的照片。

用這個方式，將已經存在的藝術作品放在新的背景下，這種展示的轉變就能夠讓它的差異被感知，而不用改變任何藝術品的視覺形式。近年來，美術館已經從永久收藏的場所，逐漸轉變成一個劇院式的大尺度巡迴展覽，由國際的策展人所組織，並由單獨的藝術家創作大型的裝置。每一個這樣的大型展覽或裝置，都是為了歷史記憶的新秩序而設計，或是藉重建歷史來提出新的收藏標準。這些巡迴展覽與裝置，是暫時的美術館，而且並不諱言其暫時性。傳統的現代主義者，與當代的藝術策略，其中的差異相對來說，是容易描述的。在現代主義的傳統裡，藝術內容被當作是穩定的——這是在理想化的世界美術館之下。創新包括了將新的形式，新的東西，放進這個穩定的環境中。而現在，環境被視為是改變中、而且不穩定的。所以當代藝術的策略，包含了創作一個特殊的情境，使得特定的事物形式看起來是他者、新、而且有趣的——就算這個形式已經被收藏過了。傳統藝術運作在形式的層面。當代藝術則運作在情境、框架、背景、或是新的理論詮釋的層面。但是目標是一致的：創造形式與歷史背景之間的反差，製造一個看起來是他者、新的形式。

所以費奇理與魏斯現在才可以展示對於當代觀眾看來非常熟悉的現成物。如我之前說的，它們跟標準的現成物的差異不可見，因為作品的內部物質不可見。它只能被告知：我們必須聽過它的故事，聽過製造這些類現成物的歷史，才能掌握其差異，或是更精確地說，才能想像其差異。其實，費奇理與魏斯的作品根本不需要真的被「做」出來；他們只要將故事告訴我們，讓我們在觀賞這些「模型」時使用不同的角度。不斷改變的美術館展示，驅使我們去想像赫拉克萊塔斯的河流（Heraclitean Flux）[譯註8]，摧毀所有的本質、破壞了所有的歷史規律和分類，最終從內部摧毀了所有的收藏。但只有在美術館內部，在收藏品裡，赫拉克萊塔斯的預言才有可能，因為只有當館藏的規律、特性、分類都建立到一定程度，我們才能夠將它們可能會毀壞，想像成某種崇高的東西。在「現實」本身裡，這樣崇高的想像是不可能的，因為在現實我們感受到的差異，並不是歷史規律下的差異。而且，藉由展覽中持續性的改變，美術館可以表現其隱藏的、模糊的物質性——卻不揭露出來。

在美術館裡，我們可以看到愈來愈多的敘述性藝術形式，像是錄像、電影裝置，它們的成功並非偶然。錄像裝置將「美好的黑夜」帶入了美術館——這可能是錄像最重要的功能。美術館空間失去了「機制的」光照，這對傳統的美術館運作而言，是觀者、收藏家與策展人的象徵性資產。美術館變得模糊、黑暗，必須依賴錄像影像所發射出來的光，也就是藏在藝術品的內核，來自電力與電腦科技形式內部的光。藝術品不再像早期那樣，展覽在美術館，被照亮、被檢視、被美術館所評判；這個技術製造的影像帶來的自己的光，照亮美術館的陰暗——而且只有在特定的一段時間。很有趣的一點是，如果觀眾試圖在錄像裝置還在動作的時候，侵入錄像的內在、物質的核心，他將會被電擊，而這比警察的介入還有效率。在希臘神殿有類似的狀況，當不受歡迎的入侵者進入了禁忌的、神殿的內部，它應該要被宙斯的閃電所擊中。

更有甚者，錄像不只控制了光，也控制了觀眾路過藝術品所需要的沉

譯註8：Heraclitean flux，指希臘哲學家赫拉克萊塔斯的名言：我們腳踩的河流每次都不一樣。

思時間。在古典的美術館，觀眾幾乎可以完全掌控沉思的時間長短。他或她也可以在任何時間中斷沉思，再回來，或再次離去。圖畫會待在原處，不會嘗試逃離觀者的注視。但是對於動態的圖像來說，就不是這麼回事了──它們避開了觀者的控制。當我們離開一個錄像，通常就錯失了一些東西。美術館從它早期被視為一個擁有完整視界的地方、變成一個無法補償失去沉思機會的處所──我們無法回到相同的地方，去看之前看到的一樣的東西。在所謂的實際生活中更是如此，一般的參觀展覽，觀眾在大部分的情況下無法親自看完所有展出的錄像，因為錄像的時間總長度，超過參觀的時間。因此，錄像與電影裝置降臨美術館，顯露了時間的有限性，也揭示了我們與光源的距離，這在大眾文化裡的錄像與影片流通是隱而不見的。或更進一步：影片對於觀眾而言變得不確定、不可見、模糊的，因為它被擺在美術館──因為影片的長度依照規則是比參觀美術館的平均時間還要長。將美術館取代普通的影片劇院，造成的結果就是產生了影片感知的新差異。

總結我想要陳述的重點：現代的美術館能夠在收藏與非收藏品之間，提供新的差異。這個差異是新的，因為它並不是過去已經存在的視覺差異的再現。美術館化的物件選擇，只有在不僅僅是承認且強調既存差異，也同時將自己變成沒有根據的、無法解釋的，以及不合法（的狀態下），才會變得有趣且有意義。這樣的選擇，為觀眾打開了一個無限世界的視野。尤有甚者：藉由引入新的差異，美術館將觀眾的注視，從事物的視覺形式，導引到隱藏其後的物質支撐，與他們的預期壽命。這裡的新功能並不是他者的再現，也不是對於模糊的進一步澄清；真實與擬仿間的差異仍舊是模稜兩可的，物件的壽命一直受到威脅，對於物件的內在本質的懷疑也無法克服。或是換句話說：美術館提供了將崇高引進庸俗的可能。在《聖經》裡，我們可以找到這句著名的話：太陽底下沒有新鮮事。這當然是真的。但是在美術館內沒有太陽。這也是為何美術館在過去與未來，都是創新的唯一可能的場所。

註釋：

1. 馬列維奇（Kazimir Malevich），*〈論美術館〉（On the Museum）*，見Kazimir Malevich, *Essays on Art*, vol. 1（New York: George Wittenborn, 1971）, pp. 68-72。
2. 馬列維奇，*〈馬列維奇致賓諾伊斯的一封信〉（A Letter from Malevich to Benois）*，見*Essays on Art*, vol. 1, p. 48.
3. 梭倫．齊克果（Søren Kierkegaard），*《哲學片簡》（Philosophische Bracken）*，Dusseldorf/Cologne: Eugen Diederichs Verlag, 1960, pp. 34ff。英譯本附導讀與註釋，Howard V. Hong and Edna H. Hong 編譯，Philosophical Fragments（Princeton: Princeton University Press, 1998）.
4. 道格拉斯．克林普（Douglas Crimp），*〈論美術館的廢墟〉（On the Museum's Ruins）*，Cambridge, Mass.: MIT Press, 1993, p. 58.
5. 亞瑟．丹托（Arthur Danto），*〈在藝術終結之後：當代藝術與歷史藩籬〉（After the End of Art: Contemporary Art and the Pale of History）*，Princeton: Princeton University Press, 1997, pp. 13ff.
6. 提耶理．狄．杜福（Thierry de Duve），*〈杜象之後的康德〉（Kant after Duchamp）*，Cambridge, Mass.: MIT Press, 1998, pp. 132ff.
7. 黑格爾（Georg Wilhelm Friedrich Hegel），*《美學講演錄》第一冊（Vorlesungen über die Ästhetik, vol. 1）*，Frankfurt: Suhrkamp Verlag, 1970, p. 25:「從上述各方面來說，藝術，就其最高目的來看，一直是已經過去的事了。」（In allen diesen Beziehungen ist und bleibt die Kunst nach der Seite ihrer hochsten Bestimmung fur uns ein Vergangenes）
8. 見波里斯．葛羅伊斯（Boris Groys），*〈費奇理／魏斯的擬仿與現成物〉（Simulated Readymades by Fischli/Weiss）*，Parkett, no. 40/41，（1994）: 25-39.

論策展

策展人的工作，包含了將藝術品放置在展覽空間中。藝術家與策展人之間的分野是藝術家仍然擁有將尚未提升到藝術品地位的物件拿去展覽的特權。因為被放置在展覽空間裡，這些物件獲得了藝術品的地位。杜象展覽了小便池，因此他不是策展人，而是藝術家；因為他決定將小便池在展覽的框架之下展出，使得小便池變成了藝術品。策展人就沒有機會這樣做。策展人當然可以展出小便池，但只能是杜象的小便池──也就是說，已經獲得藝術品地位的小便池。策展人當然可以展出一件未簽名、不具藝術地位的小便池，但這件東西只會被認為是某時期的歐洲設計的範例、或做為某個展出藝術品的閱讀脈絡、或是履行一些其他附屬功能。這個小便池不會獲得藝術地位──而且展覽結束後，它不會回到美術館，而是回到它原來的地方。策展人可以展覽，但他無法藉由展覽的行為，而發揮神奇的能力將非藝術品轉化成藝術品。基於目前的文化習慣，這種能力只屬於藝術家。

這種情況並非向來如此。一開始，藝術會成為藝術，是由策展人決定，而非藝術家。第一個美術館的出現是在19世紀初，並且因為革命、戰爭、帝國的征服、對非歐洲文化的掠奪，而在整個19世紀發展起來。各種「美麗」的功能性物件──之前可能用在各種不同的宗教儀式、裝點掌權者的屋內裝飾、展現個人財力──都被收集起來並以藝術品來展示，物件的功能被去除，變成了純粹沉思的自主物件。藉由聖像破壞的行動，將傳統的宗教或權力的聖像，降格成為單純的藝術品，策展人藉此「創造」了藝術並管理著美術館。藝術在一開始「只是」藝術。這樣的認知是根源於歐洲啟蒙主義的傳統，認為所有的宗教聖像都是庸俗、世俗之物──而藝術是單純的美感物件，只當作藝術品。問題因此變成，為何策展人失去了他藉由展覽行為，創造藝術的權力？為何這個權力會轉移給了藝術家呢？

答案很明顯：不像過去的策展人，杜象展出小便池的時候並沒有貶抑神聖的聖像；反而將一個大量製造的物件升級成了藝術品。因此展覽在象徵經濟的角色，就改變了。神聖的物件過去是被貶抑成藝術；而在今天，庸俗的物件被相對地提升成為藝術。原本的聖像破壞，轉變成為聖像崇拜。這個象徵經濟的轉變，在19世紀的策展人與藝評家那裡就已經展開了。

每個展覽都在說一個故事，引導觀者以一個特定的順序來通過展覽；展覽的空間一直是個敘事性的空間。傳統美術館，訴說的是藝術的起源，與隨後的成功。個別的藝術作品提供編年故事所需的編年紀錄——作品因此失去了它們舊有的宗教或代表性的意義，並得到新的意義。一旦美術館變成一個新的崇拜場所，藝術家開始特別為美術館而工作：具有歷史意義的物件，便不再需要被貶抑就可以成為藝術。取而代之的，是全新、庸俗的物件，以其宣稱具現的藝術價值，等著被追認為藝術品。這些物件沒有先前的歷史；他們從不曾被宗教或權力承認過。它們最多只能被認為是「單純、日常生活的」符號，有著未定的價值。因此它們被記載入了藝術史，是一種物件的提升、而非貶值。美術館從一個啟蒙主義所啟發的聖像破壞之地，變成了一個浪漫主義的聖像狂熱之處。將物件展示成藝術不再意謂著褻瀆，而是奉獻。當杜象揭穿了聖像狂熱的機制，將尋常物件藉由「藝術品」這樣的標籤而神聖化，他只是把握了這個轉變做為其最後結論。

多年來現代藝術家開始宣稱藝術的完全自主──不僅要擺脫它神聖的前歷史，也同時要擺脫藝術史，因為每次將某個圖像放進故事裡，每當它被分派到插圖的特定敘述裡，就算這個故事是圖像的勝利、它的蛻變、或是它的榮耀，仍舊是一種聖像破壞。根據現代藝術的傳統，圖像必須為自己發聲；它必須立刻以自己的價值說服站在它前面安靜沉思的觀眾。作品展出的條件應該精簡到只剩白色的牆壁與好的燈光。理論與敘事的話語會造成分心，應該停止。即使是肯定的話語和較佳的展示方式，都被視為對藝術品本身訊息的扭曲。這裡的結論是：就算是在杜象之後，將任何物件做為藝術品展出的行動仍然是矛盾的，這行動既是聖像狂熱的，又是聖像破壞的。

策展人不可避免地要將藝術作品放置在某處、設定它的脈絡、並加以敘事化──因而不可避免地導致藝術作品的相對化。為此，現代藝術家開始譴責策展人，因為策展人的形象被視為是黑暗、危險、聖像破壞的展覽實踐的一面，藉由展出成為創造藝術的藝術家的破壞性分身：美術館經常被比喻為墓地，而策展人就是殯儀師。有了這些「偽裝成體制批判」的侮辱，藝術家贏得了一般民眾的支持，因為一般民眾不知道所有的藝術史，他們甚至不想聽到它。民眾期望直接面對個別的藝術作品，他們寧願暴露在毫無中介的影響之下。一般民眾堅決相信個人作品的自主意義理應表現在他們眼前的。策展人的每一個中介都是可疑的：這種中介被看作是站在藝術品和觀眾之間，陰險的意圖操縱觀眾的感知、剝奪公眾的權利。這是為什麼對一般民眾而言，藝術品市場比任何博物館更有樂趣。市場上流通的藝術品被挑選出來、脫離了脈絡、未被策展——所以它們顯然有一個無攙雜干擾的機會供它展示其內在價值。因此，藝術市場是馬克思稱為商品拜物主義的一個極端的例子，意謂著一個物件內在價值的信念，意即相信價值是其內在的素質之一。現代藝術就這樣開始了策展人退化和窘迫的時刻。而策展人卻藉由成功的內化，將其退化處理得相當好。

即使在今天，我們聽到許多策展人表示，他們的工作就是朝著一個單一的目標：讓每個藝術品以最有利的光線來展出。或者換種方式說，最好的策展就是不策展、無策展。解決方案似乎是讓藝術品聽其自然、不加干涉，並使得觀眾可以直接面對它。然而，即使是著名的白色立方空間，要達成這個目的也是力有未逮。觀眾經常被告知要從作品的空間環境完全抽離自己，並將自己沉浸在完全否定自我和否定世界的沉思當中。唯有在超越任何形式的策展條件下去面對藝術品，才是真實而真正可行的方式。然而，一個不爭的事實是，沒有藝術品的展出，就無法進行這樣的沉思。阿岡本（Giorgio Agamben）寫道：「圖像是一個存在，其本質是顯現，可見性，或表象。」[註1]但藝術作品的本質在此定義下，不足以保證一個具體的藝術作品的可見性。一個藝術作品事實上無法憑藉自身的定義來展示自己，並迫使觀眾進入沉思；它缺乏必要的活力、能量、和生命力。藝術品看起來真的病懨懨且變得無助——觀眾必須被領至藝術作品前，如同醫院工作人員帶領訪問者參見一個臥床不起的病人。事實上，這不是巧合，「策展人」（curator）的語源就是來自「治療」（cure）。策展就是治療。策展的過程就是治癒圖像的無力感，圖像對於自我展示的無能為力。藝術品需要外部的協助，它需要一個展覽與一個策展人使它被見到。

展覽正是它的藥，讓生病的圖像顯得健康——使圖像在最好的光線下真正地出現。在這方面，因為聖像狂熱也是依賴健康而強壯的圖像，在某種程度上策展實踐成為聖像狂熱的僕人。

但是同時，策展實踐的醫療技巧也不可能完全隱瞞觀眾，因此也破壞了聖像崇拜。在這方面，策展仍在無意間是聖像破壞的，即使它是計畫性的聖像愛好者。事實上，策展行為像是一個補充、一種「療法」（pharmacon）（以德西達的用法）[註2]，它甚至使圖像生病來治療圖像。如同藝術品一般，策展逃脫不了同時是聖像崇拜和聖像破壞。然而，這種說法指出了一個問題：哪一個才是正確的策展實踐？由於策展實踐永遠無法完全掩飾自己，策展的主要目標必須通過實踐明確的可見性，使自身變成可見的。正是變成可見的意志，構成和推動了藝術。因為策展實踐發生在藝術的環境中，它無法逃避可見性的邏輯。

策展要實現其可見性，必須同時動用其聖像破壞的潛能。當代的聖像破壞，當然能夠而且應該主要針對藝術本身，而不是宗教聖像。將藝術品放置在一個受控的環境中，在其他精心挑選的物件脈絡下，特別將它放入一個特定的敘事裡，策展人製造了一個聖像破壞的行動。如果這種姿態是充分明確的，策展返回其長久以來的起點，抵擋藝術步向宗教藝術，成為藝術無神論的一種表現。藝術的拜物化發生在美術館以外的地方，也就是說發生在傳統上策展人行使權力的區域之外。藝術品現在已經成為聖像，但不是因為在美術館展示的結果，而是因為它們在藝術市場、在大眾媒體上流通的結果。在這種情況下，對藝術作品進行策展標誌其歷史回歸，自主藝術品的轉型回歸到一個圖示（illustration）；一個價值並不在本身，而是外在的、藉歷史敘事附加在它身上的圖示。

帕慕克（Orhan Pamuk）的小說《我的名字叫紅》（My Name Is Red）敘述一群藝術家在一個聖像破壞的文化，即16世紀的伊斯蘭土耳其，尋找一個能讓藝術生存的地方。這些藝術家是插畫家，被當權者委託以精美的細密繪圖來裝飾書籍，隨後這些書被放置在政府或私人的收藏裡。這些藝術家不僅被激進伊斯蘭教徒（聖像破壞者）因為禁止所有圖像而加以迫害；他們也與西方文藝復興時期、公開申明自己的聖像崇拜的畫家競爭，主要是威尼斯人。然而小說中的主人翁們並不能贊同這種聖像崇拜，因為他們不相信圖像的自主性。因此，他們試圖找到一種方法來採取一貫誠實的聖像破壞立場，而不放棄藝術的領域。一位土耳其蘇丹（譯註2）指點他們可行的方式，其藝術理論也是當代策展實踐的好建議：

> 一個不附屬於故事的插圖，最終會變成一個虛假的偶像。因為我們不可能相信一個缺席的故事，自然就會開始相信插圖本身。這與先人在卡巴聖堂（Kaaba）的偶像崇拜沒有什麼差別，這種偶像崇拜後來被我們的先知摧毀了，願和平與祝福與他同在，上天保佑，如果我相信這些異教徒，認為先知耶穌是主神本人，…… 我才可能去接受描繪人類的全部細節，並展出這樣的圖像。你也明白，最終我們將會不假思索地開始崇拜任何掛在牆上的圖片，難道不是嗎（註3）？

在歐美基督教以及20世紀的現代藝術裡，都可以很自然地找到聖像破壞的潮流與傾向。的確，大多數的現代藝術正是由聖像破壞所創造出來

譯註2：某些回教國家統治者的稱號。

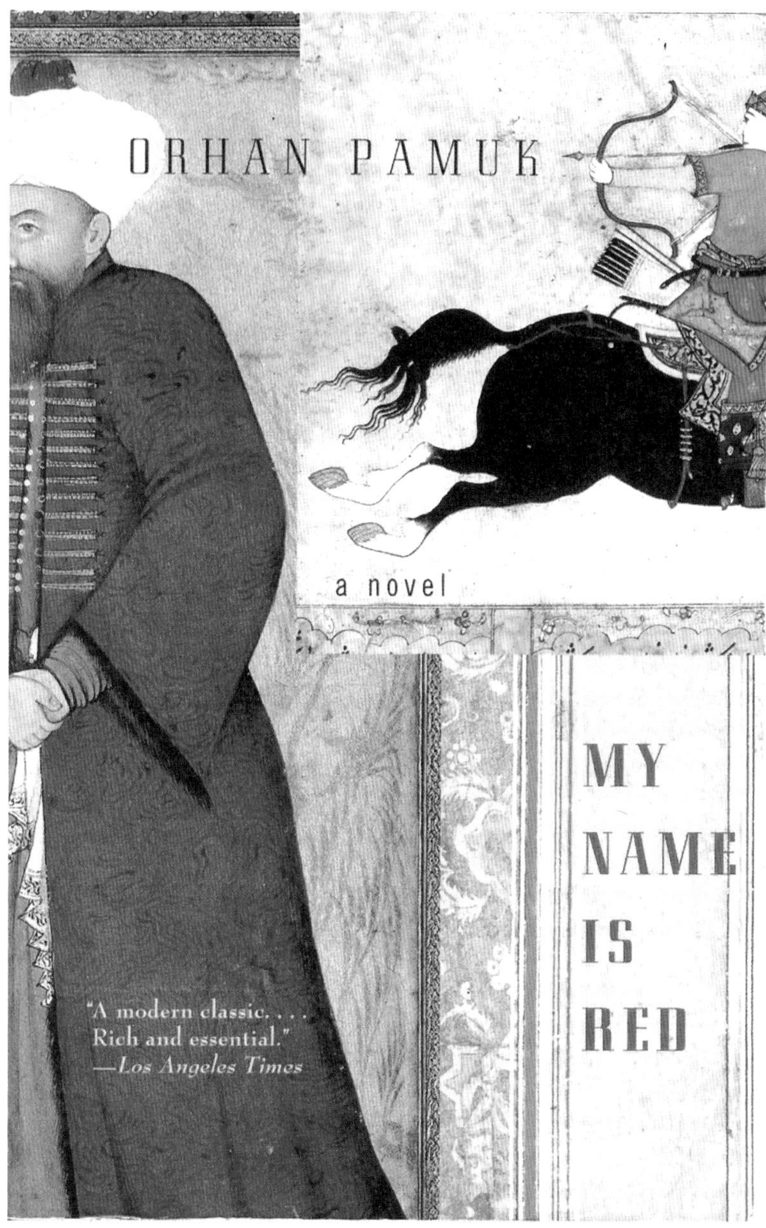

帕慕克（Orhan Pamuk），小說《我的名字叫紅》（My Name Is Red），英文版封面，1998。

的。事實上，前衛藝術上演了一齣圖像的殉難記，取代殉道的基督形象。前衛藝術讓傳統繪畫經歷各種酷刑，讓人想起在中世紀的畫作所描繪的聖徒酷刑。在象徵和字面意義上，圖像被鋸開、被切斷、弄得支離破碎、被鑽孔、穿破、拖過污泥，並任由它接受大眾的憐憫與嘲笑。那麼歷史前衛一直採用聖像破壞的語言並非巧合：前衛藝術家會說拆除傳統、打破常規、摧毀藝術遺產，消滅舊有價值觀。聖像破壞的姿態在這裡被制定成一種藝術方法，與其說是消滅舊聖像，不如說是生產新的圖像──也可以說是新的聖像與偶像。藉由基督教傳統的長時間磨練，我們對於圖像的想像力，可以毫不猶豫從落敗的圖像中辨識出勝利的意涵，如同基督在十字架上的圖像所描繪的一樣。事實上，這裡的落敗從一開始就是一種勝利。現代藝術以聖像破壞做為一種生產方式，並藉此獲益良多。

的確，在整個現代主義時期，每當一個聖像破壞的圖像產生，並掛在牆上，或呈現展覽空間中，它就成為一個偶像。原因很清楚：現代藝術一直特別努力對抗圖像插圖式的使用，以及其敘事功能。這場鬥爭的結果說明了蘇丹的預言。現代藝術想要肅清一切外部圖像，呈現圖像的自主和自給自足，但這樣做只有更加肯定聖像崇拜的主導地位。因此聖像破壞已經臣服於聖像崇拜：圖像象徵性的受難過程，更加強這種認知。

蘇丹所提出的更微妙的聖像破壞策略──把圖像變回一個插圖，實際上更加有效。至少從馬格利特（René Magritte）那裡，我們就已經知道，當我們看著煙斗的圖像，我們凝視的不是一個真正的煙斗，而是一個再現的煙斗。煙斗這個東西並不在那兒，它是不存在的；取而代之的是被描繪成缺席的狀態。儘管有這方面的認知，我們仍然傾向於相信，當我們在看一

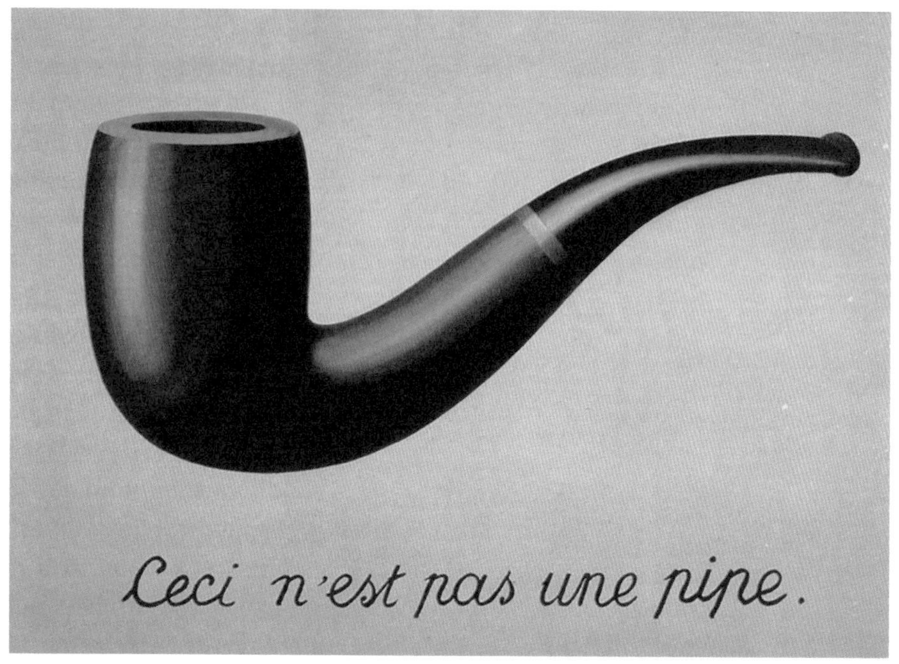

馬格利特（René Magritte），這不是一根煙斗（Ceci n'est pas une pipe），油彩畫布，1929。

件藝術品，我們直接並立即面對著藝術。我們將藝術作品認為是藝術的化身。著名的藝術與非藝術之間的區別，通常被理解為物件裡是否有藝術居住和並使它獲得生命。宗教圖像，也被認為是神居住並賦予生命的所在，這正是藝術作品成為藝術偶像的類似方法。

另一方面，實踐藝術無神論，會將藝術作品理解為不是藝術的化身，而僅僅是文件、插圖、或藝術的指示物。雖然它們可能指涉藝術，不過它們自身並不是藝術。在或多或少的程度上，許多自1960年代以來的藝術家一直奉行這樣的策略。藝術計畫、表演、和行動經常用文件記錄，並通過紀錄文件展示於展覽空間和美術館。但是這種文件紀錄，只是指涉著藝

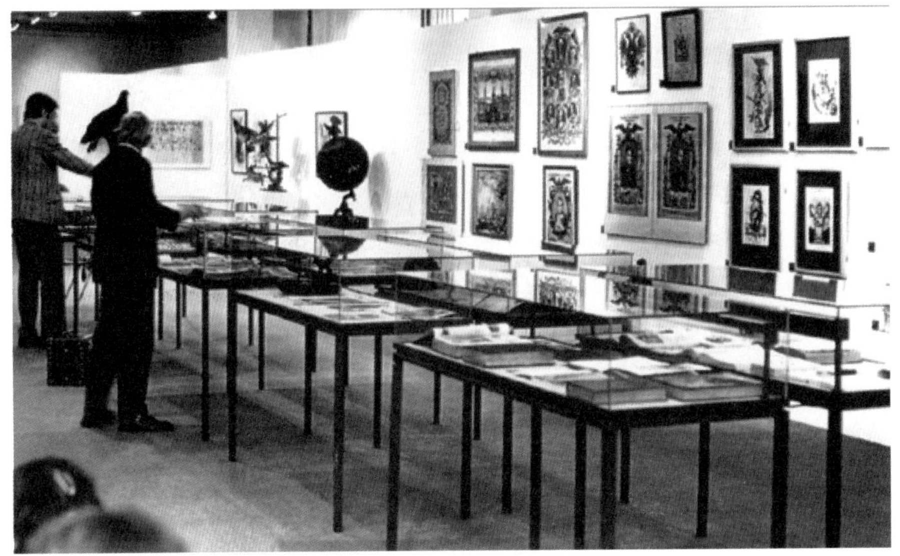

馬歇爾·布達埃爾（Marcel Broodthaers），現代美術館，老鷹部門（Musée d'Art Moderne, Departement des Aigles），空間裝置，1973。©Oxford University Press

術，本身並不是藝術。通常是這種類型的文件以藝術裝置的架構呈現，目的在敘述某個計畫或行動。傳統做法的繪畫、藝術物件、攝影、或錄像，也可以用這種裝置的架構來實現。誠然在這種情況下，藝術作品失去了他們以前做為藝術的狀態。相反地，他們變成文件紀錄，由整個裝置所敘述的故事與插圖。可以說，今天的藝術觀眾愈來愈常遇到藝術的紀錄文件，它提供了不管是藝術計畫或藝術行動、藝術品本身的訊息，這種做法僅僅確認了藝術品的缺席。

但是，即使圖示性和敘事性設法找到它們的方式進入藝術的殿堂，這絕不意謂著藝術無神論自動得到了勝利。即使藝術家失去了信仰，他或她並不會因此而失去了將純粹的東西轉化成藝術的神奇能力，正如一個天主

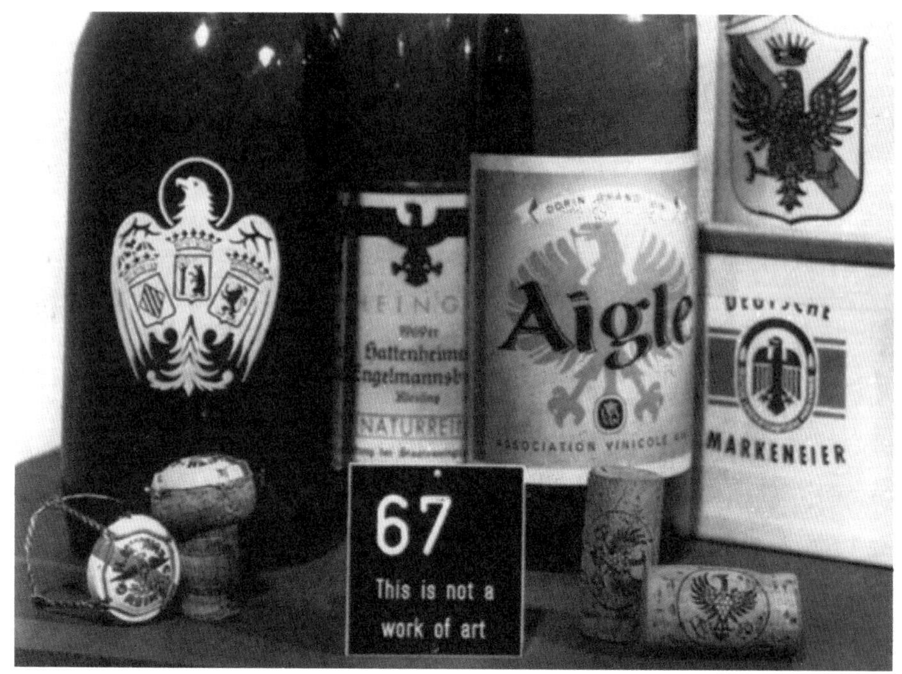

馬歇爾・布達埃爾（Marcel Broodthaers），現代美術館，老鷹部門（Musée d'Art Moderne, Departement des Aigles），空間裝置，1973。© Oxford University Press

教神父失去信仰並不會讓他主持的禮拜變得無效。同時裝置本身已經擁有得天獨厚的藝術地位：裝置已被接納為一種藝術形式，並愈來愈在當代藝術承擔主要角色。因此即使個別圖像和物件失去他們的自主地位，整個裝置還是將地位贏了回來。當馬歇爾・布達埃爾（Marcel Broodthaers）於1973年在杜塞爾多夫美術館（Kunsthalle in Düsseldorf）展出他的〈現代美術館，老鷹部門〉（Musée d'Art Moderne, Departement des Aigles），他把標籤「這不是一個藝術作品」擺在每個裝置物件的旁邊。儘管如此，整個裝置還是合法地被認為是一件藝術品。

在這裡，獨立策展人的身影愈來愈成為當代藝術的中心，並開始發揮作用。歸結至此，獨立策展人做了當代藝術家所做的一切。獨立策展人周遊世界，並舉辦可與藝術裝置相比擬的展覽——可比擬是因為這些展覽是個人的策展計畫、決定和行動的結果。在這些展覽／裝置裡，藝術品承擔了策展計畫的文件的作用。然而這樣的策展計畫並非聖像崇拜；他們並不追求榮耀圖像的自主價值。

在2003年第50屆威尼斯雙年展所展出的「烏托邦站」（Utopia Station）是一個很好的例子。這是由茉莉・尼斯比特（Molly Nesbit）、漢斯・烏立・歐比爾斯（Hans Ulrich Obrist）以及里爾克里特・提拉凡尼雅（Rikrit Tiravanija）所策畫的。該計畫的公共討論與批判著重在幾個課題，包括烏托邦的概念是否仍是恰當的、策展人提出的烏托邦願景是否真的可以被認為是烏托邦，以此類推等等。然而一個顯然是聖像破壞的策展計畫，可以在一個最古老的國際藝術展覽展出的事實，對我來說，似乎其重要性遠遠超過上述考慮。它是聖像破壞的，因為它採用藝術作品做為插圖、以做為一個尋找社會烏托邦的文件，而不強調作品的自主價值。它承襲了古典的俄羅斯前衛藝術聖像破壞基進作法，認為藝術是搜尋「新人類」和「新生活」的文件紀錄。最重要的是，「烏托邦站」是一個策展計畫，而不是一個藝術計畫。這意謂著聖像破壞的行動無法伴隨藝術價值的屬性，也不能被藝術價值的屬性所無效化。儘管如此，仍然可以假定在這種情況下，烏托邦概念是被濫用的，因為它被擺在一個菁英藝術的脈絡下被美學化了。我們也同樣可以說是藝術被濫用了：它被策展人拿去當成其烏托邦願景的插圖。因此在這兩種情況下，觀眾都不得不面對一種濫用──濫用藝術或被藝術濫用。儘管在這裡，濫用只是聖像破壞的另一個名詞。

獨立策展人是一個完全世俗化的藝術家。他是一個藝術家，因為藝術家做的一切他都做。不過他是個失去了靈光的藝術家，他已經不再有神奇的蛻變權力任他使用，他也不能賦予物件藝術的地位。他不是為了藝術的目的而使用物件──包括藝術物件，而是濫用它們，使它們變得庸俗。然而正是這個原因使得今天的藝術獨立策展人有如此大的吸引力，對於藝術如此重要。當代策展人是現代藝術家的法定繼承人，雖然他沒有繼承先人的神奇反常性。他是一個藝術家，但他也是個無神論者、徹頭徹尾的「普通人」。策展人是藝術的褻瀆，藝術的世俗化，藝術濫用的代理人。當然也可以指出，獨立策展人如同在他之前的美術館策展人，不能不依賴於藝術市場──甚至為藝術市場打下了基礎。當藝術品被美術館展覽時，或者通過其頻繁出現在各種獨立策展人舉辦的臨時展覽，藝術品的價值會被增加──因此和以前一樣主導了聖像崇拜的盛行。這聖像崇拜可以被理解和認同──或者，也可以不被理解與認同。

藝術品的市場價值並不完全符合其敘事或歷史價值。一件藝術品傳統的「美術館價值」與它在藝術市場上的價值從來沒有相同過。一個藝術作品可以討好、驚豔、激發擁有它的渴望──而這一切並沒有特定的歷史意義，也因此與美術館的敘事無關。而反過來說：很多藝術品可能看起來是難以理解的、無聊的、對一般大眾是很鬱悶的，但在美術館有其一席之地，因為它們是歷史上新的或至少是有關一個特定的時期，因此可以擔任某種藝術史的範例任務。普遍認為在美術館的藝術品是死的，可以理解為它失去了做為一個偶像的地位；異教偶像是因為「活著」而被崇敬。美術館的聖像破壞的姿態，恰恰是將活的偶像轉化成藝術史的死插圖。因此可以說傳統的美術館策展人與獨立策展人一樣，一直讓圖像受到相同的雙重濫用。一方面，在美術館的圖像被美學化並轉化成藝術；另一方面，它們被降級為藝術史的插圖，從而剝奪了它們的藝術地位。

這種圖像的雙重濫用，這個雙重的聖像破壞的姿態，是最近才變得明確的；因為獨立策展人不再敘述藝術史的經典，而是開始相互訴說自己的矛盾故事。此外，這些故事通過臨時展覽來講述（臨時展覽有自己的時間限制），並由不完整、甚至經常難以理解的文件檔案來記錄。一個已經顯示了雙重濫用的策展計畫，其展覽目錄只能產生更進一步的濫用。不過，藝術品只能藉由這個多重濫用的結果被看見。圖像不會自動呈現出清晰的存在，如同海德格（Martin Heidegger）在〈藝術作品的起源〉（The Origin of the Work of Art）裡所說的，藝術品原本的可見性被「藝術經營」（art business）所模糊了。更大程度上是因為這個濫用，使得藝術品變得可見。

註釋：

1. 喬治．阿岡本（Giorgio Agamben），*《褻瀆》（Propfanierungen）*，Frankfurt: Suhrkamp, 2005, p. 53.
2. 雅克．德西達（Jacques Derrida），*《散播》（La Dissémination）*，Paris: Editions du Seuil, 1972, pp. 108f.
3. 奧罕．帕慕克（Orhan Pamuk），*《我的名字是紅》（My Name Is Red）*，New York: Alfred Knopf, 2001, pp. 109-110.

生命政治年代的藝術：從藝術品到藝術文件

近幾十年來，藝術世界將興趣從藝術品轉移到藝術文件的趨勢愈來愈明顯了。這樣的轉移是今日藝術所經歷的一個更廣泛的轉變的特殊徵狀，正因為如此，值得詳細的分析。

傳統上將藝術品理解為在其自身內體現了藝術，並使得它立即呈現與可見。當我們去看展覽，我們通常會假定我們所看到的——不管是繪畫、雕塑、素描、照片、錄像、現成物、或是裝置，都「是」藝術。藝術品當然可以用不同的方式指涉自己以外的東西：例如，在現實中的對象、或特定的政治主題，但不能指涉藝術，因為它本身就是藝術。但關於我們在展覽或美術館會看到甚麼的這個傳統的假設，愈來愈被證實是一種誤導。在當今的藝術空間裡，我們面對的不只是藝術品，也有愈來愈多的藝術文件。藝術文件也可以繪畫、素描、照片、錄像、文字、和裝置的形式呈現：也就是說，和傳統上藝術的表現媒介與形式一樣，只是在此時，這些媒介不再表現藝術，而只是記錄了藝術。藝術文件從定義上來說本身並不是藝術；它僅僅指涉藝術，正因為如此，藝術不再存在與立即被看見這個狀況變得清晰，藝術是缺席與隱藏的。

藝術文件至少以兩個不同的方式指涉藝術。它可以用記錄劇場演出的方式來指涉表演、臨時裝置、或偶發藝術。在這種情況下人們可能會說，這些都是在一個特定的時間下呈現與可見的藝術活動；後來展示的文件也只是做為藝術活動的一種追憶。這種追憶是否真的有可能，當然是一個懸而未決的問題。自從解構主義問世以來，甚至在之前我們就已經知道，任何聲稱可以用這種直接的方式回憶過去事件的，都至少該被認為是有問題的。同時，愈來愈多的藝術文件被創作並展出，這些藝術文件並沒有宣稱自身呈現了過去的藝術事件。其中的例子包括，對日常生活複雜且多樣的干擾介入、漫長而繁複的討論與分析過程、創造不尋常的生活環境、針對各種文化與社會背景對藝術的接受程度所作的藝術性探索，以及具有政治動機的藝術行動。除了透過藝術文件，這些藝術活動沒有辦法以其它方式呈現，因為打從一開始這些活動就不會產生一個可以表現藝術自己的藝術品。因此，這種藝術不以物件的形式出現──它不是一個產品、或「創意」活動的結果。而是，這個活動就是藝術，就是藝術的實踐本身。相應地，藝術文件既不是過去藝術事件的呈現，也不是關於即將創作而成的藝術品的承諾，而是無法以任何其他形式再現的藝術活動唯一可行的參照形式。

然而，將藝術文件歸類成「單純的」藝術品，是誤解而小看了它的獨創性，其識別特徵恰恰是它記錄了藝術，而非呈現了藝術。對於那些潛心於藝術文件的製作，而不是藝術品之創作的人，藝術與生命是相同的，因為生命本質上是一個純粹的活動，沒有最終的結果。呈現任何這類目的的最終結果──例如說以一件藝術品的形式，意謂著將生命理解為一個純粹的功能過程，其生命週期在創造出最終產品的時候就被否定與熄滅──等同於死亡。傳統上，美術館被拿來和墓地相比並不是巧合：藉由將藝術呈現為生命的最終成果，美術館也將生命永遠的抹除掉了。相較之下，藝術文件標誌著在藝術空間內嘗試使用藝術的媒介去指涉生命本身，也就是以生命本來的樣子指涉純粹的活動、純粹的實踐、藝術的生命，而不是直接去呈現它。藝術成為一種生命形式，藝術品變成非藝術，僅僅是這種生命形式的紀錄。我們也可以說藝術變成了生命政治，因為它開始使用藝術手段來生產、將生命做為一個純粹的活動來記錄。事實上，藝術文件做為一種藝術形式，只能在今天生命政治時代的條件下發展；在此，生命本身已經成為技術與藝術介入的對象。通過這種方式，我們再次面臨著藝術和生命之間的關係的問題；的確，在一個全新的語境下，今日的藝術不僅僅描繪生命，或提供藝術產品，而是渴望成為生命本身。

傳統上，藝術分為純粹、沉思的「美」術（"fine" art）和應用藝術——也就是設計。藝術關注的不是現實，而是現實的影像。應用藝術則建造並構成現實自身的物件。在這方面，藝術類似於科學，它也可以劃分成理論和應用兩種版本。但是美術與科學的差異在於，科學想要將它創造的現實形像變得愈透明愈好，如此才能基於這些形象對現實做出判斷；而藝術則另闢蹊徑，它將自身的物質性、缺乏清晰度，以及曖昧含糊做為主題，因此造就了圖像的自主性，也造成這些圖像本身沒有能力充分地複製真實。藝術性的圖像——從「夢幻般的」、「非現實的」，由超現實主義一直到抽象，想要將藝術與現實之間的差距主題化。甚至通常被認為是忠實地再現真實的媒體——如攝影和電影，在藝術的語境裡也在尋求破壞任何「複製有能力忠於現實」的信念。「純粹」藝術將自己建立在能指（signifier）的層面上。「能指」所指涉的現實——也就是它的所指（signified），在傳統上被認為是屬於生命，因而從藝術的有效領域裡移除。就算應用藝術是關涉生命的，也不能說它是屬於生命的。即使我們的環境有很大程度上由應用藝術所形塑，如建築、城市規畫、產品設計、廣告、時尚等，尋找如何處理這些設計產品的最好方式還是交托在生命手上。生命本身做為純粹的活動、純粹的延續，是傳統藝術從根本上無法企及的，因為傳統藝術不管以何種形式，一直將目標放在產品或結果。

然而，在我們這個生命政治的時代，形勢正在改變，因為這類型的政治主要關注的是生命週期的本身。生命政治經常被誤認為科學和技術策略裡面的基因操作，至少是被認為有潛力重新改造個別活體。這些技術策略本身，仍然是一種設計──儘管它是針對一個活的有機體。生命政治真正的的技術成就，在於塑造生命週期；將生命塑造成為一個發生在時間內的純粹活動。從出生和終身醫療、工作時間和自由時間之間的關係一直被規範到死的前一刻，都是由醫療保健所監督、甚至所導致的結果；今天一個人的有生之年是一直被人為地塑造與人為改進的。許多作者，從傅科、阿岡本、安東尼奧．納格利（Antonio Negri）、麥可．哈德（Michael Hardt），沿著這些關於生命政治的真實境界進行書寫，在這裡政治意志和技術的力量塑造事物的事實，在今日，已經全然體現。這也就是說，如果生命不再被理解為一個自然事件、一種宿命、一種幸運，而是人為製造與形塑的時間，那麼生命就自動被政治化，因為用來塑造生命週期的技術和藝術的決定，始終也是一種政治決定。在新的生命政治條件下所製造的藝術──在人工形塑生命週期的條件之下，無法避免的會以此「人工性」當作其明確的主題。但是如今，時間、延續、與生命都不能直接展示，只能被記錄。因此現代生命政治的主要媒介是官僚與技術文件，其中包括規畫、法令、事實調查報告、統計調查，以及工作計畫。這不是巧合，當藝術想稱自己為生命，它也使用相同的媒體文件。

事實上，現代科技的一個特點是，我們不再能夠單靠視覺明確指出天然有機與人工技術生產的分別。這表現在基因改造食品，也在數不清的討論中──近來討論的特別激烈，有關於生命何處開始、何處結束的標準要如何決定。用另一個方式來說：如何區分一個技術促成的生命開始，例如人工授精，和「自然」的生命延續？或是反過來，藉由技術性的依賴手段來延長壽命、超越「自然」死亡，與自然的延續之間的區分是什麼？這些討論愈是持續下去，有關生命和死亡之間界線究竟該劃在哪裡的這個問題，能夠讓參與者都同意的機會就愈加渺茫。幾乎所有近期的科幻電影都以無法區分天然和人工做為一個主要的主題：表面上活生生的生物可能內部隱藏的是機器；相反地，表面上是機器可能內部隱藏著一個生物──例如一個外星人（註1）。一個真正的生物與其人工替代物的區別，被視為僅僅是一個想像的產物、一個假設、或者是一個懷疑，任何的觀察既不能確認這種區別，也不能反駁它。但是，如果有生命的東西可以複製和任意被取代，那麼它就失去了其銘刻於時間的獨特、不可重複性──其獨特、不可重複的生命週期，是最終讓活生生的事物成其為活生生的理由。而這恰恰是文件變得不可或缺的理由，以此製造活生生事物的生命：文件銘刻了物件在歷史裡的存在，並給予這個存在一個生命週期，以及給予這個物件這樣的生命：無論這個物件「原本」就有生命或是人造的生命，文件都獨立於其外。

生命和人工之間的區別完全只有敘事的差異。它無法被觀察，只能被敘述、被記錄：物件可以通過敘事得到一個前歷史、根源與來歷。順便一提，技術文件從來不被建構成歷史，而總是被建構成一種指令系統。這個指令系統在特定情況下生產特定的對象。相反地，藝術的文件不論是真實或虛構的，根本上是敘事體的，也因此它喚醒了無可重複的生命時光。所以人工物件也可以變得有生命、變得自然、只要藉由藝術文件來敘述其起源與「製造」的歷史。也因此藝術文件是將人工物件創造成生命體的藝術，一個來自技術實踐的生命活動：它是生命藝術，也同時是生命政治。

藝術文件的基本功能，在 雷利．史考特（Ridley Scott）的「銀翼殺手」（Blade Runner）電影裡有深刻的描述。在電影裡，「複製人」，即人造的人類，在被製造出來的一刻即被給予影像文件。這些假的家庭照片、居住環境照片等，理應是用以證明它的自然出身。儘管這些文件是虛構的，它給予了這些複製人一個主觀的生命，讓它們與「自然人」從「內在」到外在都無從分辨。因為複製人透過銘刻在生命與歷史裡的這些文件，他們能夠延續而不中斷地完整實現其個人生命。結果是，片中的英雄想要尋求一個「真實」而客觀的方法來分辨自然與人造的差別，終究是徒勞無功的，因為正如我們在電影裡看到的，要建立這種差別的分辨，我們也只能透過藝術性的文件敘事來達成。

事實上，生命可以被記錄、但不能被立即體驗這件事，並不是什麼新發現。我們甚至可以宣稱這正是生命的定義：生命可以被記錄，但不能被展示。阿岡本在其著作《神聖之人》（Homo Sacer）裡指出，「裸命」尚未能達成任何政治與文化的再現（註2）。阿岡本提出，我們可以將集中營視為裸命的文化再現，因為其囚禁者被剝奪了所有形式的政治代表權──我們唯一能說的，就是他們還活著。因此他們只能被殺死，而無法被法院判決、或透過一種宗教儀式被犧牲。阿岡本相信這種依靠法律卻又在任何法律之外的生命，正是生命本身的典範。儘管這樣對於生命定義的敘述有許

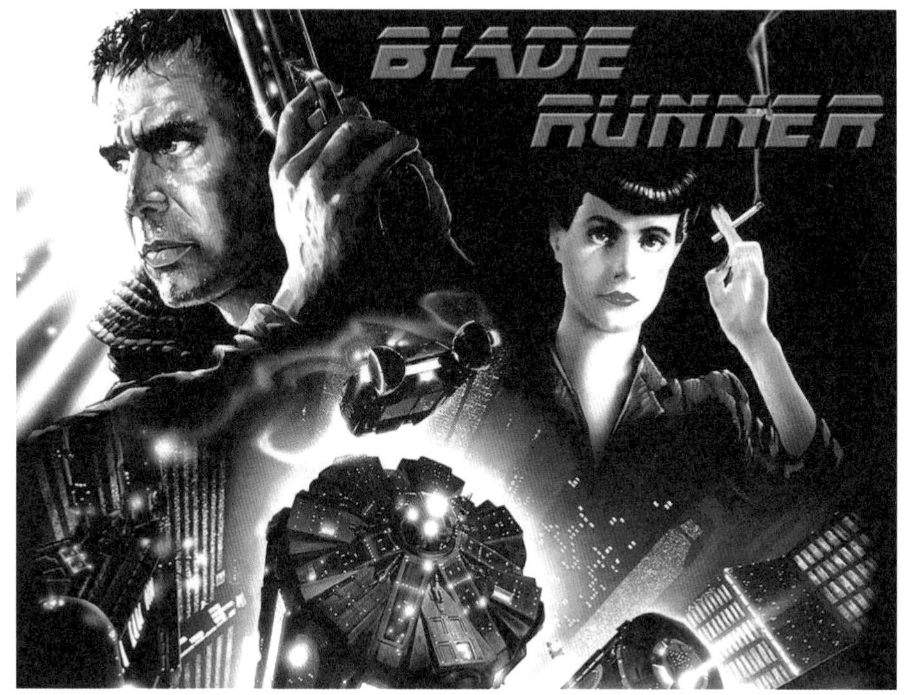

雷利．史考特（Ridley Scott），銀翼殺手（Blade Runner），電影劇照，1982。

多可議之處，我們不要忘記了集中營裡面的生命通常被認為是超出我們的觀察與想像能力之外的。集中營裡的生命可以被報導──可以被記錄──但不能供參觀展示（註3）。藉由顯示生存可以被人造物所取代、人造物也可以藉由敘事來獲得生命，藝術文件藉此描繪了生命政治的王國。下面用一些例子來說明藝術文件的不同策略。

莫斯科的集體行動團體（Kollektivnye Deystviya）在1970年代末期與1980年代初期，籌辦了一系列的行為表演，主要的構想來自藝術家安德烈．莫納思特爾斯基（Andrey Monastyrsky），表演的地點在莫斯科郊外，參加的人僅限團體成員與少數受邀的客人。這些行為表演只能通過照片與文字形式的紀錄來讓更廣大的觀眾理解（註4）。關於表演的文字並沒有更深入地形容行為表演的本身，由於參與者的經驗、想法與情緒，最後使得這些文字有著強烈的敘事與文縐縐的味道。這些極度極簡主義式的行為表演發生在一片白雪覆蓋的原野。白色的表面讓人聯想到馬列維奇絕對主義畫作中的白色背景。這已經變成蘇俄前衛主義的標誌。但同時，這白色背景的重要性，如馬列維奇所引介的，白色背景做為他的藝術作品中基進的「非客觀性」，以及突破所有自然與所有敘事的象徵，已經被完完全全地轉化了。將絕對主義的「人造」白色背景與「自然」的俄羅斯雪地畫上等號，也將馬列維奇藝術的「非客觀性」轉化成生命──更明確地說，是把絕對主義的白色，藉由敘事性的文字，套上（或是強加於）另一種系譜。馬列維奇的畫作因此失去了其藝術品的自主特性，而被重新看待成一個在俄羅斯雪地的生命經驗。

同時期的莫斯科藝術家弗蘭契斯科・殷凡特（Francisco Infante）在他的作品裡，將俄羅斯前衛藝術做了更直接的重新詮釋。在他的行為表演〈獻詞〉（Posvyashchenie）中，殷凡特直接將一件馬列維奇的絕對主義作品灑在雪上，再次地以雪地取代白色背景。一種虛構的「生存」系譜被賦予在馬列維奇的畫作上，結果是畫作從藝術史被帶領出來，走入了生命──成為「銀翼殺手」裡面的複製人。將藝術作品轉換成為生命事件的文件，開啟了一個空間，使得各種其他的系譜都可以同樣方式被發現或創造出來；歷史上有幾個很有道理的範例：例如，絕對主義畫作裡的白色背景也可以解釋為白色的紙張，當作各種官僚式的、技術性的、或藝術性的

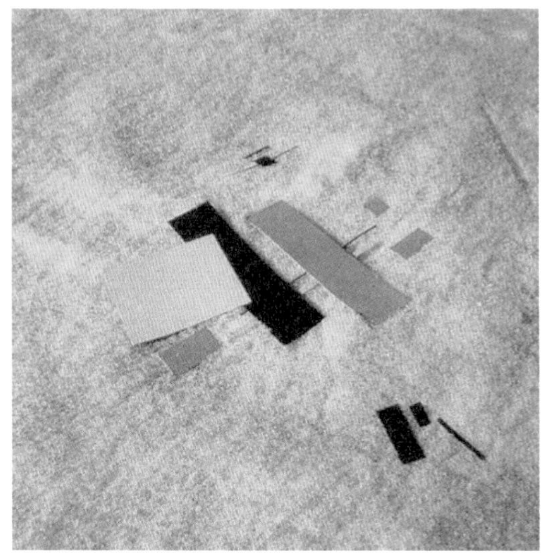

弗蘭契斯科・殷凡特（Francisco Infante），獻詞（Posvyashchenie），行為表演，1969。

文件背景。如此看來，也可以說文件是以雪地做為其背景，因此，這類敘事銘文的操作可以不斷地被延伸。

這類敘事銘文的情節也在蘇菲・卡爾的〈盲人〉（The Blind）與〈色盲〉（Blind Color）兩件裝置作品裡上演著。1986年的作品〈盲人〉，藝術家以一出生即盲的盲胞進行調查，藝術家要求他們描述對於美的概念；其中某些盲人的回答提到，他們曾經聽說過的具象藝術作品，那是來自旁人以特別令人印象深刻的方式，將真實可見的世界描述給他們。在1991年「色盲」的作品裡，蘇菲・卡爾向色盲者提問他們看到了什麼？藝術家將色盲者寫在板子上的答案，與藝術家包括馬列維奇、克萊因（Yves Klein）、里希特（Gerhard Richter）、曼佐尼（Piero Manzoni）、瑞哈特（Ad Reinhardt）等人對自己單色畫的敘述並置展出。在這些以社會學研究結果來展示的藝術文件中，藝術家卡爾將一般比較熟悉的傳統具象、擬真的藝術例子，還有咸認為人工、抽象、自主的現代畫作，歸類到一個陌生的系譜當中。對盲人而言，這些擬真、具象的畫作是完全虛構、人為建造的： 甚至可以說是自主的。相反地，現代主義的單色畫作才真正展現了盲人視覺下的描述。這才突顯出了我們對於特定藝術作品的理解程度，端賴於其做為某種生命情境的文件功能。

最後我們要提一下卡登．赫勒（Carsten Höller）於2001年在布魯塞爾原子廳（the Atomium）進行的行為表演〈包德安實驗：大規模，非宿命論的脫軌實驗〉（Baudouin/Boudewijn Experiment：A Large-Scale, Non-Fatalistic Experiment in Deviation）。藝術家將一群人封閉在原子廳的其中一個圓球內，整日與外界隔絕。赫勒經常將極端現代主義建築的極簡抽象空間，轉換成一個為生命所經驗的空間──是另外一種藉由記錄來將藝術轉化成生命的另類方法。在這件案子裡，他選擇了一個具現烏托邦夢想的空間來進行行為表演，而這個空間並不直接讓人聯想到居家的環境。這件作品主要是影射「老大哥」（Big Brother）這部商業電視秀，顯示一群人長時間被迫關在一個封閉空間的寫照。但是商業電視的記錄方式，與藝術文件的差異，在這裡變得特別清楚。正因為電視不斷重複播放關在裡面的人的影像，收看者開始懷疑是否有背後操弄，不斷的質疑播出的影像背後，那個「真實」生活發生的空間，究竟會發生什麼事。相反地，赫勒的行為表演並沒有在現場展現，而只是被記錄──特別是記錄了參加者所描述的那些沒有被看見的事情。因此在這裡，生命被理解為被敘

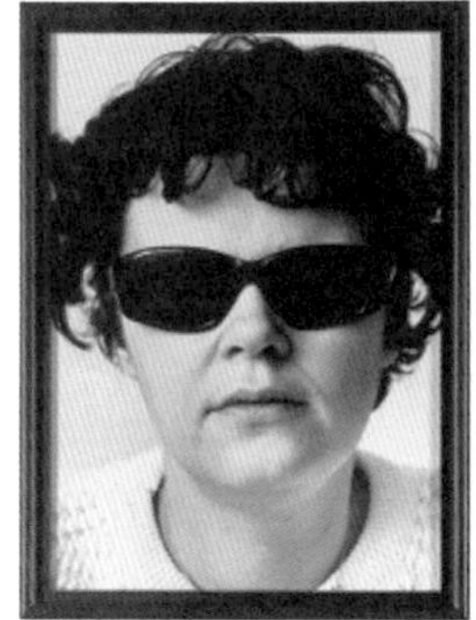

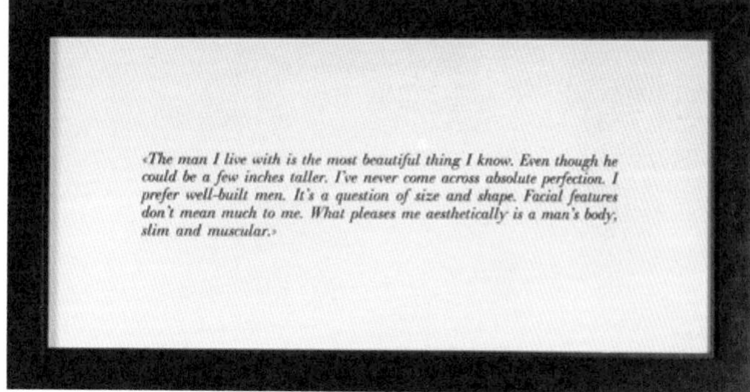

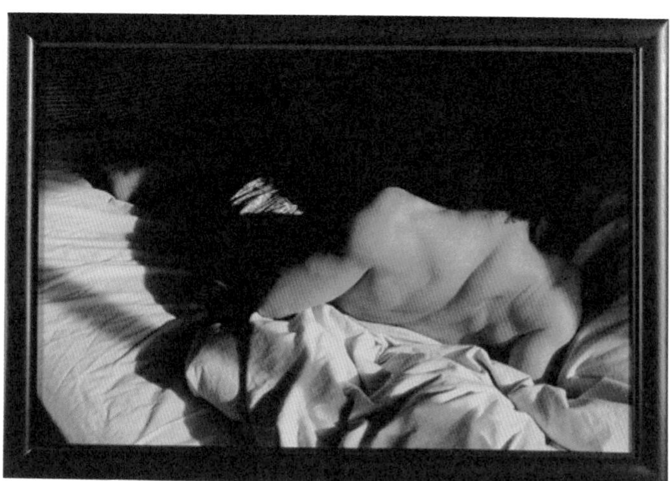

蘇非・卡爾（Sophie Calle），盲人（The Blind），1986。©Courtesy of Sophie Calle

述與被文件記錄的，而不能被看見或顯示的。這給予文件一個再現生命的能力，而直接的視覺展現是無法辦到的。

靈光的拓樸（Topology of the Aura）

以上是一些做為藝術文件的分析特別重要的例子，因為它們顯示了在藝術史上眾所周知的藝術作品，如何以一種新的方式來運用；不是做為藝術，而是做為文件。與此同時，它們還揭示了藝術文件的製作程序，以及藝術作品和藝術文件之間的差異。但是一個重要的問題仍未有解答：如果生命只由敘述來記錄，而無法展示，那麼這樣的文件在一個藝術的空間如何才能展示，而不妨礙其本質？藝術文件通常都在裝置的脈絡下被展示。然而，裝置是一種藝術形式，它的組成不僅僅是影像、文本、或其他元素，空間本身也起著決定性的作用。這個空間不是抽象的或中性的，這空間本身就是一件藝術品，也同時是生命的空間。在裝置中擺放文件，就像在特定空間中刻下銘文的行動，它不是中性的展示，它在空間中所達到的層次，就像敘事在時間中所達到的層次：一種生命的銘文。這種機制的運作方式，在班雅明對於靈光的概念裡有最好的描述。在他所引進的靈光概念裡，其目的正是要區別藝術品在生活空間裡，與其技術替代品的差異，其中技術替代品既無場所也無背景。

班雅明的論文〈機械複製年代的藝術品〉（The Work of Art in the Age of Mechanical Reproduction）主要因為提出靈光這個概念而聞名。從那時候開始，靈光的概念就成為了哲學裡的常客，特別是用在「靈光消逝」這個著名的短語裡，表達了原件在現代裡的宿命。一方面，強調「靈光消逝」是合法的，並明確符合班雅明文本的整體意向。另一方面，這引出了一個問題，靈光在可能消逝或必然消逝前，它是如何產生的。當然這裡我們所談的靈光，不是一般意義上、做為宗教或神智概念的靈光，而是班雅明所使用的特殊涵義。細讀班雅明的文本可以清楚地發現，靈光是藉著現代複製技術而產生；也就是說，靈光的出現與它的消逝是同時的。而其出現的理由，與其消逝的理由是一樣的。

在班雅明的論述中，他以完美複製的可能性開始，一種在物質上、視覺上、與經驗上都不可能分辨原件與複製的完美複製。在他的文本中，不斷的重複堅持這種完美的複製。他稱技術的複製為「最完美的複製」，能夠將實際藝術品的物質品質保持不變（註5）。如今，當時（甚至是今天）的複製技術是否能達到這樣的完美水準，使得實際分辨原件與複製品變成不可能的事情，這當然是值得存疑的。但對班雅明來說，這種完美複製或複寫在理想上的可能性，比起當時在技術上的可能性要重要的多。他所提出的問題是：原件與複製的物質區別如果消失，是否也意謂著「區別」本身的消失？

班雅明的回答是否定的。原件與複製之間物質區別的消失──或至少是有可能會消失，並不會消除另一個看不見但真實存在的區別：原件擁有靈光，而複製沒有。因此靈光的概念是必要的，因為原件與複製間分辨的標準，會因為重製技術而使得物質面的判斷標準變得無用武之地。而這意謂著，靈光的概念、與靈光本身，完全只屬於現代性。對班雅明來說，靈光是藝術品與其被發現的場所之間的關係──藝術品與其外在脈絡環境的關係。藝術品的靈魂並不在其身體之內；而是藝術品的身體是在它的靈光、它的靈魂裡被找到的。

其它有關靈魂與身體之間關係的拓樸理論，傳統上在神智學（theosophy）、靈知派（gnosis）、或類似的思想裡有其地位，不適合在這裡繼續討論下去。重要須明白的是，對班雅明來說，原件與複製的差別完全是拓樸式的──因此它完全與作品的物質本質不相關。原件有其特殊的場所──並經由這特殊場所，原件被當作特殊物件而銘刻入了歷史。相反地，複製是沒有場所、非歷史的：打從一開始它就以可能重複的形式出現。要複製某物，就是要將它從它的場所移除、將它去疆域化（deterritorialize）──複製將藝術品轉換到網絡拓樸的未定循環當中。班雅明的公式是眾所皆知的：「此時此處就算是最完美的藝術品複製也欠缺一項元素，也就是它所處位置的獨特存在（註6）。」他繼續說道：「這些原件的此時與此處，組成了本真的概念，並構成了從傳統一直到今天的觀念基礎：賦予了物件的自我與身分（註7）。」複製品缺乏本真的特性，並不是因為它與原件不同，而是因為它不具備位置，因而不能被銘刻入歷史之中。

因此對班雅明而言，技術複製並不是失去靈光的原因。失去靈光是由新的美學品味引介而來的──現代消費者的品味偏好複製品、或者是原件的複製。今日的藝術消費者喜歡可以購買的藝術──送到家門口的藝術。這樣的消費者不想離開、遠遊到另一個地方，不想為了以原件的方式來感受原件，處身在另一個背景裡。他或她想要的方式是讓原件來到面前──事實上原件的確以複製的方式辦到了。當原件與複製之間是拓樸形式上的差別，那麼拓樸形式上定義的觀賞者的活動，正定義了此差別。如果我們起身走向藝術品，那麼它就是原件。如果我們強迫藝術品走向我們，那麼它就是複製品。因此在班雅明的文本裡，暴力的面向存在於原件與複製的差異當中。其實他提到的不只是失去靈光，而是靈光的毀滅（註8）。這個毀滅靈光的暴力，並不因為靈光是不可見的，而有所減輕。相反地，班雅明認為原件在物質面的傷痕是非常不暴力的，因為原件的身體上所留下的痕跡，正使其得以銘刻於歷史。相對地，將原件去疆域化、從其所在地移開、帶到靠近觀者的地方，代表著更具破壞力的暴力行徑，因為它不留下任何的物質痕跡。

班雅明對於原件與複製的差別的新詮釋，打開了一個可能性：不只從原件製造一個複製是可能的，從複製來製造一個原件也是可能的。的確，當原件與複製之間的差異只是拓樸、結構上的，那麼我們不只可能將原件從它的場所移除、去疆域化，我們也可以為複製品重建其場所。班雅明寫下有關於世俗啟明（profane illumination）的人物形象，並指出能夠導致世俗啟明的生活形式，也同時讓我們注意到這種可能：「讀者、思想者、放浪形骸者、*漫遊者*（flâneur），就跟吸食鴉片者、夢想者、與狂喜者一樣，是先知先覺的人（註9）。」讓人驚奇的是這些世俗啟明的人物形象都是動態的──特別是*漫遊者*。*漫遊者*不需要來到他面前的事物；而是親自走到事物的面前。以此而言，*漫遊者*不會毀壞事物的靈光；他尊重它們。甚至可以說，只有透過他，靈光才能再度顯現。對於停在現代大眾媒體中、隨意流傳於拓樸之中的複製品而失去的靈光，世俗啟明者正是「失去靈光」的逆轉。而現在很明確的是，裝置藝術也可以算做是世俗啟明者，因為它將觀賞者轉變成了*漫遊者*。

藝術文件依其定義，包含了可以被重製的影像與文字，藉由裝置而得到了原件、活著的、與歷史的靈光。文件在裝置中獲得了一個場所——一個此時此處的歷史事件。因為原件與複製的差異完全是拓樸與形式上的，所有在裝置裡的文件都變成了原件。如果重製是從原件來製造複製品，那麼裝置就是從複製品來製造原件。這表示著：現代與當代藝術的命運，不可能被簡化成「失去靈光」。反而是（後）現代演出了一齣複雜的戲：從場所移出、又擺進（新）場所，去除疆域、又重新賦予疆域，移除靈光、又回復靈光。現代時期與更早時期之間的分別，僅基於現代的作品不是由它的物質本質來決定，而是由它的靈光、背景、歷史場所來決定。依此班雅明強調，原件並不代表一種永恆的價值。在現代，原件不單只是失去——它還變成可變的。否則原件的永恆價值會簡單地被取代成永恆（無）價值的非原件——這的確發生在某些藝術理論中。無論如何，永恆的複製與永恆的原件都不存在。做為原件並擁有靈光，意謂著存活。但生命並不是活在「自身之內」。而是將特定存在刻畫入生命情境——刻畫入生命週期、也刻畫入生存空間。

這也揭露了為何藝術文件可做為生命政治領域的深層原因——也一般性地揭露了現代生命政治更深的層面。一方面在現代，我們不斷用人工、技術製造、擬真物來取代真實，或將獨特物件變得可重製（其實是同樣的事情）。複製技術（cloning）成為今日生命政治的象徵並非巧合，不管複製技術是否會成真、或者永遠只是個想像，我們都恰好因為它而將生命被從其場所被移除，而這被認為是當代技術的真正威脅。對於這項威脅的反應，有人提出立法與禁令的保守防衛策略，想要預防生命從其場所被移除；雖然就算是奮力爭取也顯然是徒勞無功的。另一方面，這裡忽略的是，現代很顯然地擁有把人工與重製的東西變成有生命且獨創的策略。藝術文件和裝置藝術的實踐揭示了生命政治的另一條路徑：與其對抗現代性，不如依情況和背景發展出抵制與銘刻的戰略，這使得將人工物轉變成有生命、重複性變成獨一性，變成可能。

註釋：

1. 見波里斯・葛羅伊斯（Boris Groys）的*《揣測與媒介：媒體現象學》*（*Unter Verdacht: Eine Phanomenologie der Medien*），Munich: Carl Hanser Verlag, 2000, pp. 54ff.
2. 喬治・阿岡本（Giorgio Agamben），*《赤裸的人：主權力量與赤裸生命》*（*Homo Sacer: Sovereign Power and Bare Life*），譯者Daniel Heller-Roazen（Stanford, Calif.: Stanford University Press, 1998）, pp. 166ff。原出版書名為 Homo sacer: Il potere sovrano e la nuda vita（Turin: Giulio Einaudi Editore, 1995）
3. 參見李歐塔（Jean-François Lyotard），*《差異：語詞的爭議》*（*The Differend: Phrases in Dispute*），譯者Georges van den Abbeele（Manchester: Manchester University Press；Minneapolis: Minnesota University Press, 1988）；原出版書名為 *Le Differend*（Paris: Editions de Minuit, 1983）。
4. 見*《集體行動：前往城市的旅程》*（*Kollektivnye Deystviya: Pojezdki za gorod*），1977-1998（Moscow: Ad Marginem, 1998）。又見修伯・克拉克（Hubert Klocker）的*《姿態與物件。解放做為行動：歐洲表演藝術的一個成分》*（*Gesture and the Object. Liberation as Aktion: A European Component of Performative Art*）於 *Out of Actions: Between Performance and the Object, 1949-1979* 展覽手冊。（Los Angeles: The Museum of Contemporary Art；Vienna: Dsterreichisches Museum für Angewandte Kunst；Barcelona: Museu d' Art Contemporani de Barcelona；and Tokyo: Museum of Contemporary Art, 1998-99）, pp. 166-167.
5. 班雅明（Walter Benjamin），*《機械複製年代的藝術品》*（*The Work of Art in the Age of Mechanical Reproduction*）*in Illuminations*, 譯者 Harry Zohn（London: Fontana, 1992）, pp. 214-215. [英文譯註：此英文版本乃根據班雅明論文第二版之譯文]
6. 同前註，p. 214。
7. 班雅明，*《機械複製年代的藝術品》*（*Das Kunstwerk im Zeitalter seiner technischen Reproduzierbarkeit*）*in Gesammelte Scnriften, vol. 1*, pt. 2（Frankfurt am Main: Suhrkamp Verlag, 1974）, p. 437. [英文譯註：此翻譯乃譯者本人根據班雅明論文的第一版本，即另一個修改過的法文譯本，發表於社會研究期刊Zeitsebrzfifür Sozialforschung, vol. 5, Paris, 1936.]
8. 班雅明，*《機械複製年代的藝術品》*，p. 217。
9. 班雅明，*《反思：論文、格言、與自傳性文章》*（*Reflections: Essays, Aphorisms, Autobiographical Writings*），編者 Peter Demetz，翻譯 Edmund Jephcott（New York: Schocken Books, 1986）, p. 190；最初發表為 *"Der Sürrealismus. Die letzte Momentaufnahme der europaischen Intelligenz,"* Die Literarische Welt, 5（1929）: 5-7.

聖像破壞做為一種藝術手法：電影裡的聖像破壞策略

影片從來不曾以神聖的方式存在過。從它誕生開始，影片就一直在世俗與商業的晦暗深處打滾，一直是廉價大眾娛樂的枕邊人。即使在20世紀的極權主義政權企圖要美化電影也從未真正成功——充其量只是短暫地徵召電影滿足其意識型態宣傳的目的。箇中緣由並非影片做為一種媒介本身的特質：純粹是因為影片誕生得太晚。影片出現的時候，文化已經擺脫其神聖奉獻的潛能。所以出身於俗世的電影乍看之下似乎不適合與聖像破壞牽扯在一起。影片最多能用來展示與闡述歷史上有關於聖像破壞的場景，而不是以影片來做聖像破壞。

但仍然可以宣稱，影片在其做為一種媒介的過去裡，一直發動著對抗其他媒介的鬥爭，例如繪畫、雕塑、建築，甚至到劇場與歌劇。這些藝術都可以誇耀它們神聖的起源，即使在現今文化中它們仍能誇耀其貴族的地位，「高級」的藝術。而影片中不斷刻畫與頌揚的，正是摧毀這些高級文化的價值。因此，電影裡的聖像破壞並不是用在宗教關係、或意識型態的掙扎，而是在與其他媒介間的衝突；這不是對神聖之源的反抗，而是對其他媒介的反抗。同樣的道理，在與各種媒介對立的漫長歷史過程中，影片已經贏得代表世俗現代標誌的權利。從反面來說，影片已走入了傳統的藝術領域，它自己也反過來變成了新技術做為聖像破壞的目標，例如錄像、電腦、DVD等，影片圖像的動作已經被中途停止並被解剖。

從歷史性的觀點來看，聖像破壞的姿態從來不是用來表達對影像真實性的懷疑態度。這種懷疑態度反映的是在對諸多宗教越軌的冷靜好奇心，再加上美術館善意保護這種越軌的歷史證據——這種懷疑態度肯定不含破壞證據的意圖。褻瀆古代偶像，其作法是以其他更現代的神祇為名來施行的。聖像破壞的目的是證明這些古老的神祇已經失去了祂們的力量，因此無法捍衛祂們塵世的廟堂和圖像。因此聖像破壞者非常認真的看待神祇們所宣稱的力量，透過爭奪古老神祇的權威，並主張自己的（神祇的）力量。從這個脈絡看來，舉例來說，異教的寺廟被以基督教的名義摧毀、天主教教堂被以基督教新教義之名劫掠、接著是各種基督教教會被以理性為名的信仰所擊垮──理性被認為比舊聖經裡的神更具力量。緊接著，以某種特殊、人道主義定義的人類形象所體現的理性力量，隨後就被以國家所資助的聖戰名義──至少在中歐與東歐，以聖像破壞的手法襲擊 ，為的是擴大生產部隊，確保科技的無所不能，以及促進社會的總動員。就在最近，我們見證了對失勢的社會主義偶像隆重的拆解和去除，而這次是以更有力量而無限制的消費主義信仰之名。似乎在某個點上，技術進步的實現取決於消費，完全符合那句格言所說：需求創造了供給。所以目前，商品的品牌是我們家喻戶曉的最新神祇，直到有新興的聖像破壞之憤怒崛起，並與之對抗。

所以聖像破壞可以被稱之為創新歷史的一種機制，藉由持續不斷摧毀舊價值並引進新價值的過程，以做為對價值的重新評估。這就可以解釋為何聖像破壞的姿態似乎總是指向同一個歷史方向，至少就尼采哲學的傳統而言，力量的提升被認為是歷史的軌跡。從這個角度看來，聖像破壞就顯現為一系列的進步、不斷提升的歷史運動，清除其道路上冗餘、缺乏力量之物，不含內在的意義，不管未來會帶來什麼、一味地為它開路。這也是為何歷來聖像破壞的評論總有帶有反動的餘韻。

但是聖像破壞與歷史發展之間密切的關係，沒有必然的邏輯，因為聖像破壞所處理的不只是舊的，也包含新的：在傳教的早期，信徒會一直受到迫害、新神的象徵也一直被褻瀆，不管是第一個基督徒、革命者、馬克思主義者；甚至是嬉皮、消費與時尚的烈士們。基本上，任何這類的迫害都顯現了新的神祇的力量還不足以與舊神抗衡。在許多例子裡，也證明了這些行動的整體很有效：新的宗教運動被壓制，舊有神祇的力量又重新展現。如果願意的話，當然可以在此使用黑格爾式的論述，當作理性的詭計之證據：援引反動的力量來支持進步的步伐。但是，這種針對新運動所進行的壓制與破壞的姿態，並不被看作是一種聖像破壞，而是很典型地被視為是為新事物的殉道。確實，大部分的信仰都會培養聖像崇拜的正典。這些正典，由描繪其早期殉道故事的圖像所組成。由此觀之，可以說每個信仰的圖像意義，都要比這個信仰所受害的聖像破壞行動更早出現。預期的摧毀與實際的摧毀之間唯一的差異，在於前者最後存活下來而成為想望與頌揚的對象、而後者衰落了。其差異等同於勝利者與戰敗者的對立立場：旁觀者可以自由選擇他想要認同的一方，全憑其個人的歷史觀點。

歷史的組成方式，也是復興多於創新；大部分的創新會以復興的姿態出現，同時復興也以創新的方式展現。想要分辨聖像破壞與殉道、究竟是哪個歷史力量得到最終勝利，如果仔細觀察，你會漸漸地失去判斷的信心。不管此時彼時，都不存在「最終」的問題：歷史在沒有任何可辨總體方向的狀況下，以一連串的價值的重新評估來呈現自己。更有甚者，我們確實無從得知，一次失敗意謂著力量的下滑，或者一次勝利意謂著力量的上升。失敗與殉道都包含著勝利所欠缺的一個許諾。勝利造成了現狀的「佔用」，而失敗卻可能轉變成一個未來最終的勝利，因而能將現狀重新評價。的確因為基督之死，其聖像破壞的行動被證明為失敗，本質上因為它立刻宣稱其本意就是要讚頌受難。也因為基督教的這個傳統，聖像破壞行動所遺忘的破壞後的畫面，被半自動轉換成受難者的勝利形象，遠在後來的復活或者是歷史「真正」重估之前就已經發生。因為基督教在相當長時間的制約，我們對聖像之想像已經不需要等待失敗被承認為勝利：失敗從一開始就等同於勝利。

這樣的機制如何在後基督教的現代世界運作，可以在過去前衛藝術的例子裡很清楚地看到。我們可以說，前衛藝術只是把基督殉教的形象，以圖像之殉道的方式加以取代罷了。畢竟，前衛藝術用來虐待傳統影像本體所使用的各種酷刑，就如同我們在中世紀基督教的聖像上看到的那些施加在基督身上的酷刑一樣（註1）。這些影像在前衛藝術所受的待遇──不管是象徵性或實質上，被鋸開、切斷、砸成碎片、刺穿、釘住、拖行在泥土上、供人取笑。過去前衛藝術所用的宣言裡，重複著聖像破壞的語言，這些辭彙的運用並不是偶然。我們可以聽到像是揚棄傳統、斷絕習慣、摧毀舊藝術、剷除過時的觀念等。殘酷地虐待這些無辜的圖像，並不是因為某種可悲的衝動。也不是為了新影像的出現、介紹新的價值，而刻意搗毀與破壞以清出一條道路。反而是這些影像的殘骸與破壞本身，成為新價值的聖像。在前衛藝術的眼中，聖像破壞的行動代表著一種藝術的策略，其施行並不是為了摧毀舊的聖像，而是為了產生新的圖像；或者說，是新的聖像。

但是，以聖像破壞來做為藝術實踐的策略，是因為前衛藝術將它的角色從專注在內容，轉移到媒介上。破壞體現特殊內容的舊影像，並不是為了產生體現新內容的新影像，而是為了突顯出掩蓋在任何「靈性」訊息背後、媒介的物質性。只有當影像不再為顯現特定「有意識」的藝術訊息而服務，藝術所創作出來的東西才能夠被看見。前衛藝術的聖像破壞行動在藝術的實踐上，也可以說是希望移除漸漸老去而失去力量之物，賦予有力量之物霸權。而這並不是實踐在新的宗教、或思想內容上，而是以媒介的本身為名的力量。馬列維奇談道希望以他的藝術企及「繪畫的絕對主義」時，指的是一種純粹、唯物形式的繪畫，其優越性大於靈性，這是非常重要的（註2）。據此，前衛藝術可以說是讚頌充滿力量的藝術媒介——其物質面的勝利，超越過去長久以來一直臣服於其下、沒有介質的「靈性」。因此，破壞舊有聖像的過程，與產生新聖像的過程變成同一個——這裡的新聖像就是唯物主義。因此影像變成了純粹物質的頓悟，放棄了其做為靈性頓悟場所的角色。

然而，傳統藝術如繪畫與雕塑中從靈性轉變到物質的狀況，最終難以被廣大的觀眾所理解——兩種媒介都沒有足夠的力量。真正的轉捩點是電影的到來。關於這一點，班雅明已經指出了碎片和拼貼的做法——換句話說就是毫不保留的殉難影像，展現在電影裡就很迅速地被接受，但是在傳統的藝術媒介中就面對同樣一群觀眾的憤怒和排斥。班雅明對這個現象的解釋是，做為一個新的媒介，電影是沒有給文化絆住的：因此更換媒介，也是引進新藝術策略的理由（註3）。

更有甚者，電影也比舊媒介更有力量。原因不只是它的複製性與大眾商業的傳播系統：影片似乎與靈性位在同樣的等級，因為它同樣在時間當中移動。因此，影片的作用很類似於意識的作用方式，因而提供了意識活動的替代能力。如同吉爾．德勒茲（Gilles Deleuze）所觀察到的，影片將觀者轉化成靈性的自動機械（automata）：影片在觀者的腦袋裡展開，代替了他自己的意識流（註4）。然而，這揭示了電影的基本特徵是深深的矛盾。一方面，影片是動作的讚頌，證明它優於其他的媒介；另一方面，它讓觀眾處在一個前所未有的身體與心智的不動狀態。正是這種矛盾，決定了各種電影的策略，包含聖像破壞的策略。

的確，以一個可動的媒介而言，影片經常急於展現其優於其他媒介之處，這個媒介最大的成就在於保存不能動的文化寶藏與遺跡，而影片將這些遺跡搬上舞台，並頌揚它們的毀壞。同時，這種傾向也顯示了影片堅持典型的現代信仰，認為「活躍的生命」優於「冥想的生命」。每一種聖像崇拜最終都根植於基本的冥想方式，並且一般來說都視某些特定物品為神聖，做為遙遠的欣賞與沉思的對象。這種安排是基於禁忌，保護這些物品不被接觸、不被密切地滲透，而更重要的是，避免這些物品被整合進世俗的日常生活當中。在影片中沒有什麼是神聖的、可以或應該被保護的，一切都可以被吸收進入一般的動態流動當中。影片所展示的每件事情都被轉譯成動態，因此被世俗化了。在這方面，影片體現了與實踐哲學、生命衝動、生命的飛躍、慾望為同路；影片串連著觀念遊行，而這些觀念追隨著馬克斯與尼采的步伐，捕捉19世紀末與20世紀初歐洲人本主義的想像；換言之，就在電影做為一種媒介誕生的同一個年代。在那個年代，被動沉思依然是主流觀點，被動的沉思只能形塑觀念而非形塑現實，但是對於物質力量的強大運動的崇拜取代了這種被動沉思。在這種崇拜的行為裡，電影扮演了重要的角色。從它的誕生開始，影片就頌讚著每樣高速移動的物品：火車、汽車、飛機——還有每樣在表面之下運作之物：刀刃、炸彈、子彈。

相同地，從影片誕生的那刻開始，它就用胡鬧的喜劇電影來上演名副其實的破壞狂歡，拆除任何一動不動地停駐或空懸之物，包括傳統上被尊崇的文化瑰寶，連劇場或歌劇這些承載著舊文化精神的大眾奇觀也不放過。這些電影場景裡的破壞、殘骸、摧毀，旨在引起全面的觀眾笑聲，與巴赫汀（Mikhail Bakhtin）的狂歡理論相符，兩者都強調與確認狂歡當中殘酷、破壞性的一面（註5）。馬戲與狂歡正是早期電影所如此正面尊重對待的。巴赫汀用聖像破壞的慶典來描述狂歡，狂歡流露出歡樂的靈光，而非嚴肅的、情緒性或革命性的氣氛；狂歡帶領我們盡興地享受現狀的沒落，而非急於用新秩序的聖像來取代遭褻瀆的舊秩序聖像。巴赫汀也描述了現代歐洲文化裡的一般狂歡，如何彌補了日益衰退的傳統社會習俗裡的「真實的」狂歡。雖然巴赫汀的範例來自文學作品，他描述的狂歡藝術也同樣適用於某些影史上最著名的影像所使用的策略。

巴赫汀的狂歡理論強調影片中聖像破壞狂歡矛盾的本質。過去的狂歡是參與性的，提供機會給全民加入這個集體聖像破壞的節慶形式。一旦聖像破壞成為一種藝術手段，社群就自動被排除，而成為了觀眾。的確，在影片讚頌動態的同時，本身卻很弔詭地迫使觀眾進入新的極端靜態，傳統藝術形式所望塵莫及的靜態。觀看或閱讀展覽的時候，可以相對自由地到處走動，但是在電影院裡，觀眾被迫放逐在黑暗的角落、並緊貼在他或她的座位上。電影迷的狀態與電影本身所不齒的「冥想的生命」壯麗的拙劣模仿類似，從最基進的批評者的角度來看，戲院系統正是將「冥想的生命」具體化──可以說是不折不扣的尼采哲學，一個污濁的慾望生活的產物、萎縮的個人動機，象徵著補償性的安慰、與個人在真實生活中的不足。電影建立在新的聖像破壞行動上，這是任何電影評論的起點──聖像破壞必須反過來對付影片本身。批評觀眾的被動性，最初引發了一些使用電影做為一種手段的各種嘗試，以引發政治動員、投注行動，進而動員廣大觀眾。以謝爾蓋·愛森斯坦（Sergei Eisenstein）為例，他將美學的震撼與政治宣傳結合，目的是為了激起觀者，將他們從被動、冥想的狀態中扭轉過來。

但隨著時間推進，我們終於清楚了電影將觀者推向被動的原因，正是電影所產生的動態幻象。這樣的洞見在居伊·德博（Guy Debord）的《景觀社會》（The Society of the Spectacle）一書裡刻畫得最清楚，這本書的主題與修辭方法直到今天還不斷地在大眾文化的討論中被提及。如同電子媒體所定義的一樣，他把今日社會描繪成一個完全電影院的活動，不是沒有緣由的。對德博而言，全世界都變成了一個電影院，人與人互相孤立、人也孤立於真實生活，而最終都被詛咒進入一種終極的被動存在裡（註6）。如同他在最後一部電影「我們一起遊蕩在黑夜中，然後被烈火吞噬」（In girim imus nocte et consumimur igni, 1978）所生動描繪的，這個情況不再能被增加的速度、加強的動態、情緒的提升、美學的震撼、或是更多的政治宣傳所改善。我們所需要的是放棄電影所產生的動態幻象；唯有如此，觀者才能得到重新發現活動能力的機會。為了真正的社會運動，影片的運動必須被截停，並被導入靜止的狀態。

這標示著針對電影聖像破壞運動的開始，以及最終電影的殉道。這聖像破壞的抗爭，與其他的聖像破壞運動有同樣的根源；它代表了一種叛亂，對抗打著運動與活動之名卻是被動、冥想式的行為。但是以電影的角度來說，這抗爭的結果，乍看之下是有些矛盾。既然電影畫面其實就是動態影像，對於電影進行聖像破壞行動的即時成果，是使得電影變得呆滯且中斷電影的自然動態。電影殉道的工具，是一些不同的新技術，例如錄像、電腦、與 DVD 等。這些新技術使得在任何時刻中途綁架電影的進行成為可能，這證明了電影的動態是不真實的、非實體的，而只是單純的一種幻象，可以很容易被數位模擬。接下來，我會討論兩個主題，聖像破壞的行動──藉由電影來破壞既存的宗教與文化圖像，以及暴露出電影運動本身的幻象。

下面將說明幾個不同的電影拍攝策略，這裡選出的例子當然不能涵蓋所有聖像破壞的做法，但仍能洞察其邏輯。

路易斯・布紐爾（Luis Bunuel）的電影「安達魯之犬」（Un chien andalou, 1929）裡撕裂眼睛的影像，是同類電影聖像中最著名的。這一幕不只預告了特定影像的破壞，也預告了對冥想態度本身的壓抑。一個沉思、推理的凝視，想要將世界視為一個整體來觀察，並藉此反映本身為純粹靈性、遊魂般的實體；這個凝視在這裡，全指向了物質、生理的狀態。這將觀看的行為轉變成物質化，或者說是盲目的行為。這過程在之後被梅洛-龐蒂（Maurice Merleau-Ponty）定義成使用眼睛來觸診這個世界（註7）。這可以描述成超聖像破壞行動，這樣的安排讓它根本不可能由宗教或美學的距離產生視覺的崇拜。這影片將眼睛當成純粹的物質──

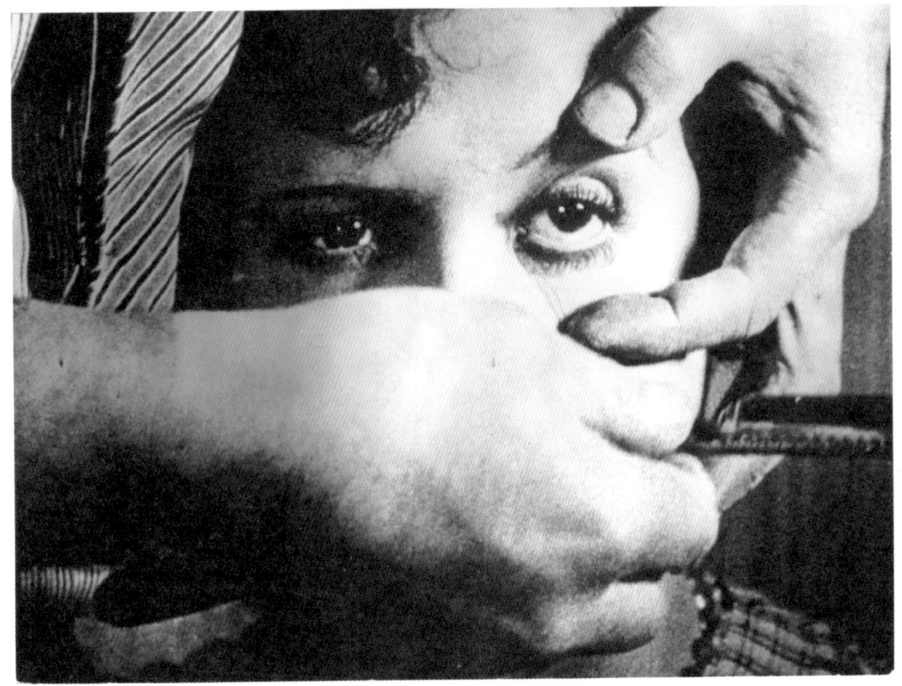

路易斯・布紐爾（Luis Bunuel），安達魯之犬（Un chien andalou），電影截圖，1929。

因此，如果沒被毀壞的話，就眼睛的物質特徵來說，是一碰到就會受到傷害，很脆弱的。這展示了物理的、物質的力量足以排除沉思冥想，這動態的影像正是唯物世界的顯現。

在西席・帝密爾（Cecil B. DeMille）1949年的電影「霸王妖姬」（Samson and Delilah）裡，參孫的形象也許有些許天真地將這個盲目、唯物的破壞力量給具象化了。在電影主要的一幕中，參孫摧毀了異教徒的神殿，連帶殺死了所有齊聚在內的偶像——藉此象徵了整個舊秩序的衰亡。但是參孫並不是新信仰的承擔者，也不具備啟發作用；他只是個瞎

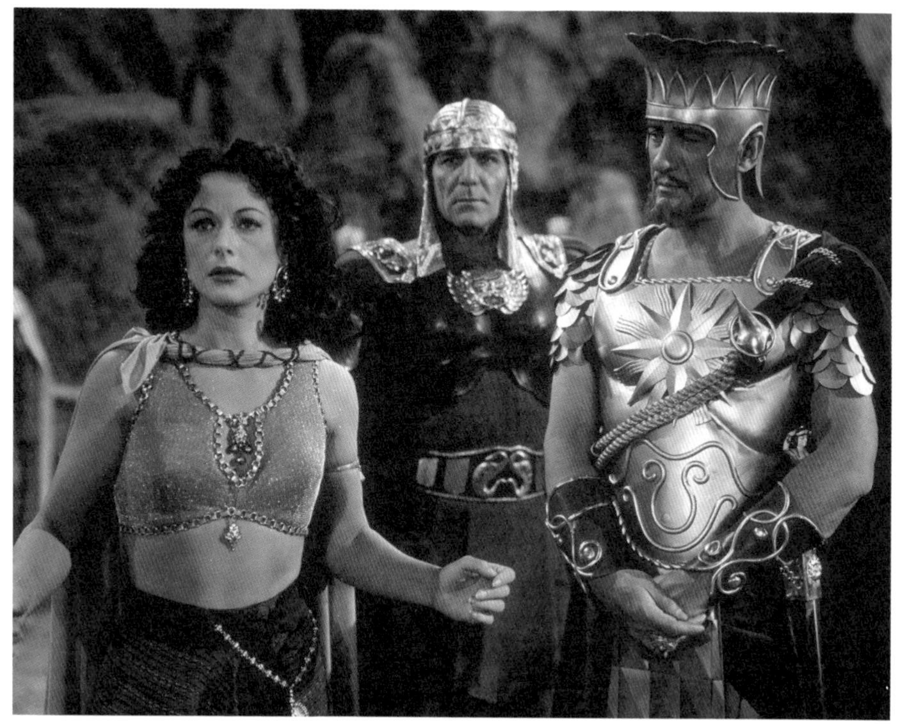

西席・帝密爾（Cecil B. DeMille），霸王妖姬（Samson and Delilah），電影截圖，1949。

眼的巨人，一個如同地震般揮舞著盲目破壞力的身軀。在愛森斯坦的影片裡我們所看到的革命性、聖像破壞的群眾，也有著相同的突發行為。在社會與政治行動的場域裡，人類大眾代表著盲目、物質的力量，隱隱地主宰著意識所理解的人類史──與馬克思歷史哲學裡的描述完全相符。歷史上，群眾的行動是去摧毀那些設計來使得個人永恆化的紀念碑──在愛森斯坦的「十月」（October）裡，就是沙皇的紀念碑。但這無名氏的破壞工作所迎來泛濫的興奮，顯露了文化裡的物質性「瘋狂」也伴隨著性虐待與偷窺的喜悅，如同愛森斯坦在他的回憶錄裡所承認的，觀看聖像破壞的

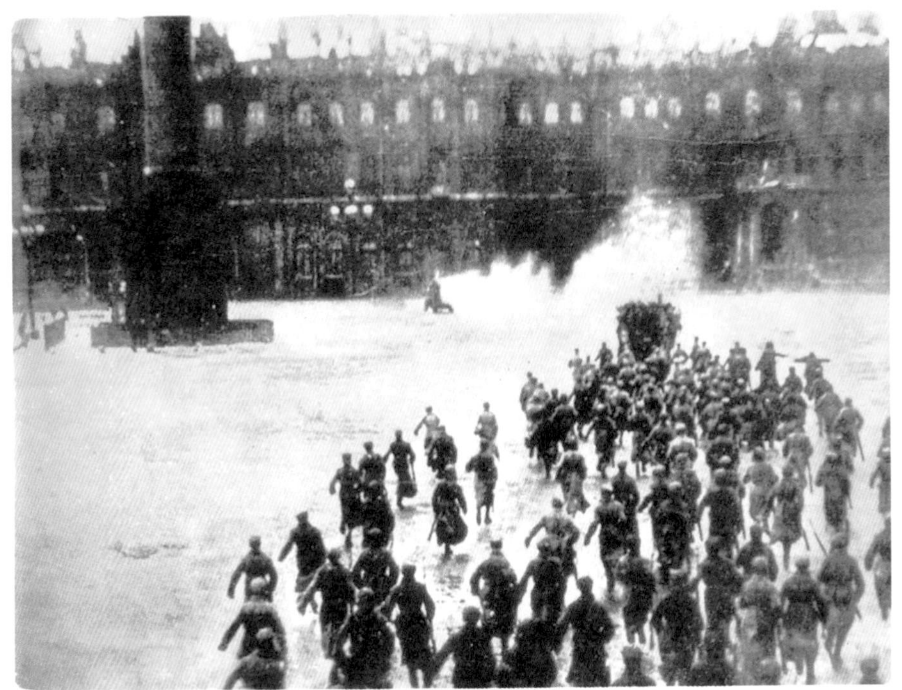

愛森斯坦（Sergei Eisenstein），十月（October），電影截圖，1927。

行動所帶來的感受（註8）。

這種聖像破壞裡色慾的、性虐待的成分，在佛列茲．朗（Fritz Lang）的「大都會」（Metropolis, 1926）電影裡著名的焚燒「假瑪利亞」（False Maria）場景，可以更被強迫地感受到。但是在這裡所爆發的盲目群眾的憤怒並不是為了革命，而是反革命的：雖然革命的煽動者像女巫一樣被焚燒，很清楚地她是代表著女性的形象。而從法國革命以降，女性形象就一直是自由、共和、與革命理想的體現。但是當她被焚燒時，這個美麗的、令人著迷的、能夠「誘惑」群眾的女性形象，只是以一個機器

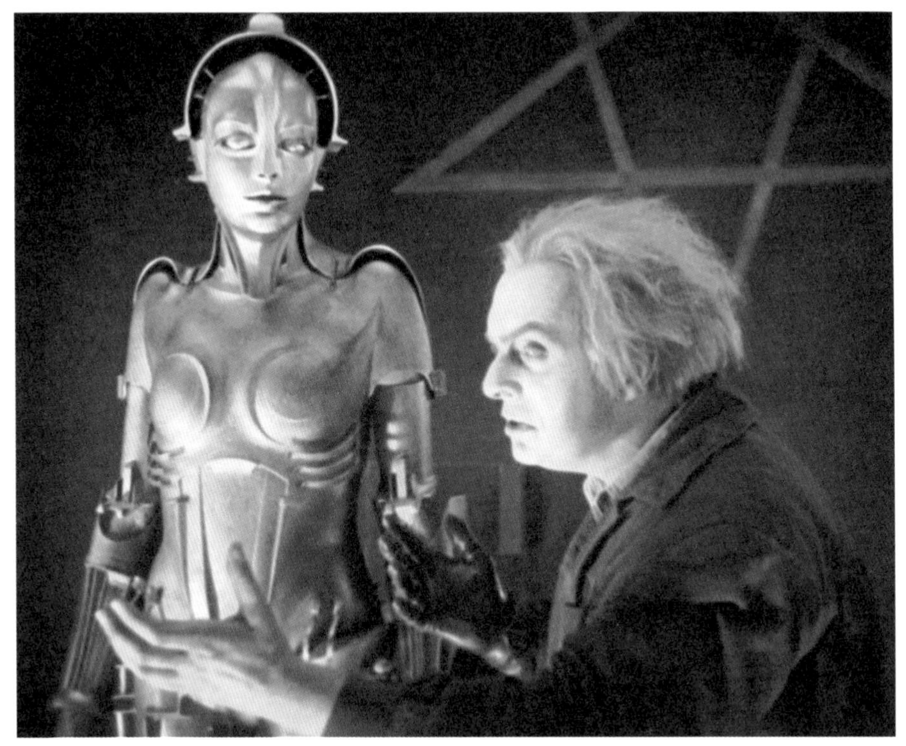

佛列茲·朗（Fritz Lang），大都會（Metropolis），電影截圖，1926。

人的形象出現。火焰摧毀了革命的女性偶像，揭開了她機械、非人類內在的真面目。這整幕帶有一種徹底的野蠻調調，特別是在一開始，我們並不知道「假瑪利亞」只是個機器，不會感到痛苦也不是一個活生生的人類。革命偶像的消滅，也替真瑪利亞的到來鋪路。而真瑪利亞的到來重建了社會的和諧，讓父與子、上層與下層階級，重新言歸於好。所以聖像破壞在這裡是為了恢復傳統基督教價值而行動，而不是為了社會革命的新信仰而服務。但就電影的內涵來說，佛列茲·朗所刻畫的聖像破壞的群眾們，與

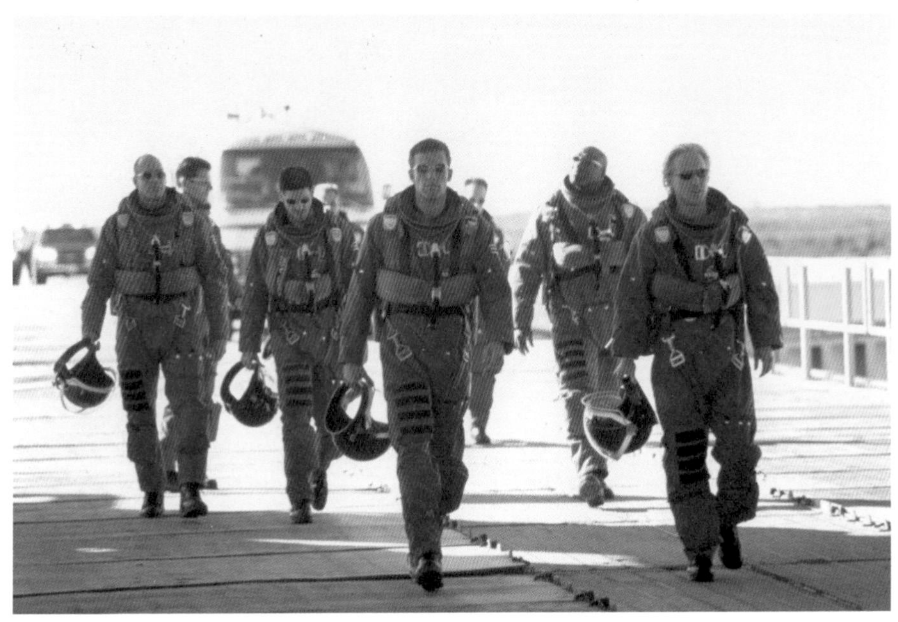

麥可・貝（Michael Bay），世界末日（Armageddon），電影截圖，1998。

愛森斯坦的有異曲同工之妙：兩者的群眾都以基本的物質力量運作著。

這些早期的影片與無數近期的影片有著直接的關連，在近期的影片中，地球本身做為最新的全球化信仰的象徵，被來自外太空的力量所消滅。在麥可・貝（Michael Bay）的「世界末日」（Armageddon, 1998）電影裡，純粹物質、基於自然定律的宇宙力量，對於我們這顆行星的重要性、與生存在上面的所有文明來說，是完全無關緊要的。像巴黎這樣的文明聖像的毀滅，主要顯示了所有人類文明與其圖像意義的無常。在羅蘭・艾姆立克（Roland Emmerich）的「ID4星際終結者」（Independence Day, 1996）裡，外星人也許被描繪成有智慧的文明生物，但是他們行

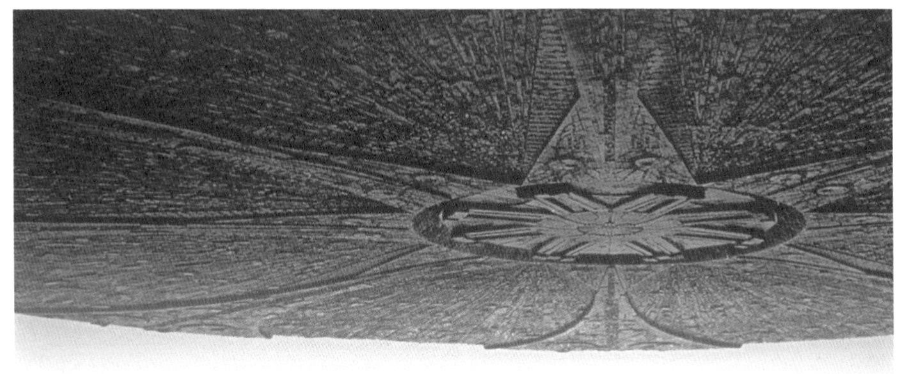

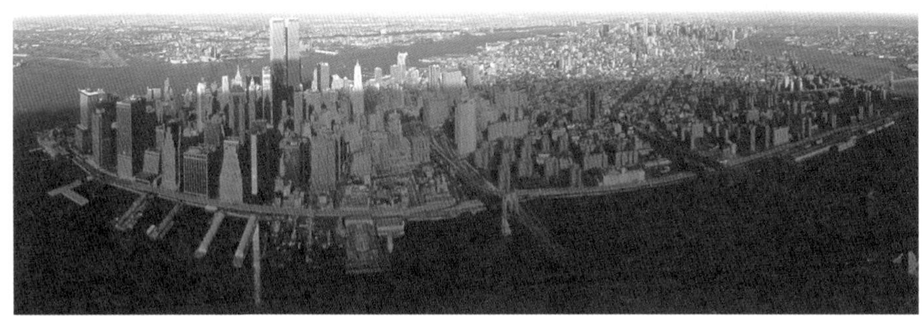

羅蘭·艾姆立克（Roland Emmerich），ID4星際終結者（Independence Day），電影截圖，1996。

為的內在驅力強迫他們去消滅所有其他的不同物種。在電影的主要場景裡，紐約被完全殲滅。觀眾可以很容易發覺艾姆立克是在對史帝芬·史匹柏（Steven Spielberg）的「第三類接觸」（Close Encounters of the Third Kind）裡著名的場景做非直接的批判。同樣也是外星人到來的場景，史匹柏自動地將外星人的高度智慧聯想到熱愛和平的天性；而在「ID4星際終結者」裡，外星人的卓越智慧是伴隨著無窮的胃口與完全的邪惡。在這裡，「他者」所展現的不是夥伴，而是致命的威脅。

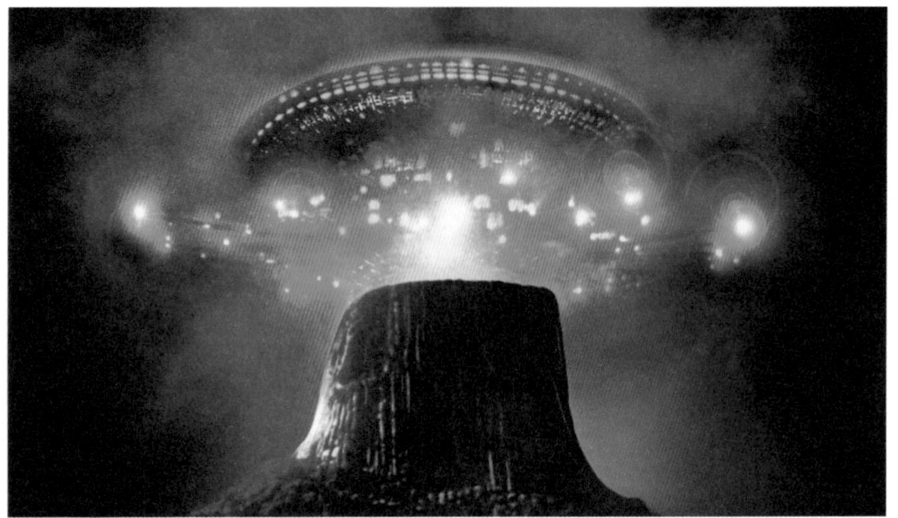

史蒂芬・史匹柏（Steven Spielberg），第三類接觸（Close Encounters of the Third Kind），電影截圖，1977。

這種反常在提姆・波頓（Tim Burton）的影片裡有更清晰而一致的表現。在「星戰毀滅者」（Mars Attacks!, 1996）電影裡，火星人首領釋放出他的破壞大軍，並且以完全聖像破壞的行動射殺了容易上當、又被灌輸人道主義的地球人所放出來、象徵著歡迎之意的鴿子。對人類而言，這種聖像破壞的行動宣告了生理上的滅亡、而非新的啟蒙。不只是對付鴿子的暴力，相同的威脅也表達在對影像的暴力上。如同波頓的反英雄電影「蝙蝠俠」（Batman, 1989）中，飾演小丑的是一個前衛、聖像破壞的藝術家，他的癖好是破壞美術館裡的經典畫作，以抽象表現主義的畫風將經典畫作覆蓋掉。更有甚者，整幕做畫過程是用歡樂的音樂影帶片段的方式拍攝，一個藝術聖像破壞的「場面調度」，與巴赫汀描述的狂歡節有密切的關連。所以這部電影並非提供聖像破壞的文化意義，又藉由刻畫成狂歡的

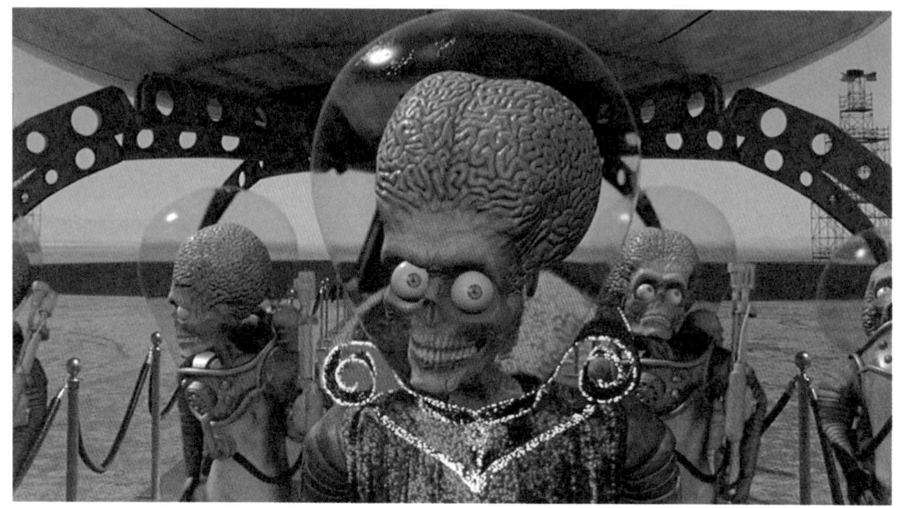

提姆．波頓（Tim Burton），星戰毀滅者（Mars Attacks!），電影截圖，1996。

傳統來抵銷它；這場景裡面的狂歡節氛圍只為了以基進手法強調其邪惡。

崔西．墨菲（Tracey Moffatt）的短片「藝術家」（Artist, 1999）引用了一些多少有點知名的劇情片，這些劇情片都在述說關於藝術家的故事。每個故事都以一位藝術家希望能創作一件傑作開場；接下來是藝術家得意地展示完成的作品，最後以作品被絕望、落空的藝術家本人所毀棄為結束。在這部拼貼電影的結尾，墨菲以適當的影像安排了一場名符其實的藝術性破壞的狂歡。不同風格的畫作與雕塑被輾碎、焚燒、砸爛、或是炸掉。因此這部拼貼影片給予了電影對待傳統藝術形式一個精確的摘要。但我們不要忘了，墨菲也將影片本身放進了解構的過程。她拆散個別的電影，中斷它們的動作，並將主題破壞到難以辨識，再混合這些風格迥異的片段，創造出一個新的、畸形的電影主體。做出來的拼貼電影顯然不是為

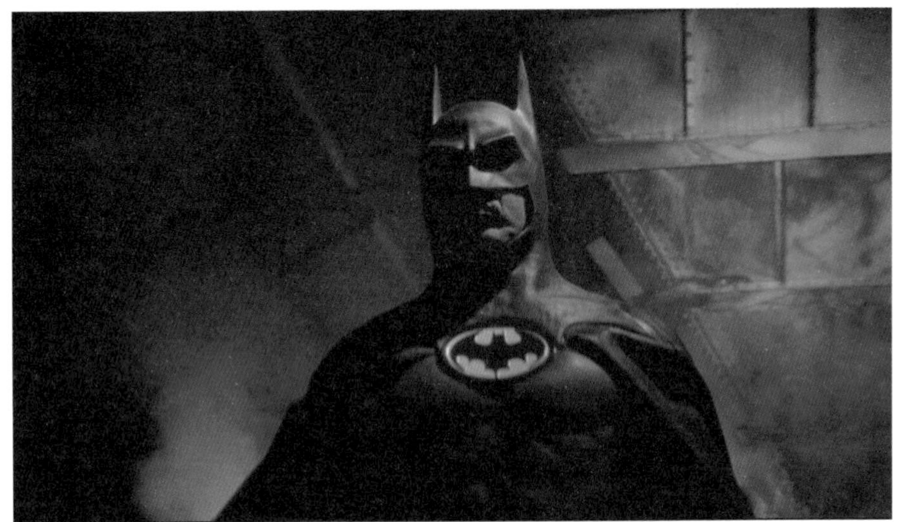

提姆．波頓（Tim Burton），蝙蝠俠（Batman），電影截圖，1989。

了在電影院上映，而是為了展示在像是藝廊、美術館的傳統藝術空間。崔西．墨菲的影片不只反映了藝術在電影裡受到的傷害，也很微妙地替這些苦難展開報復。

在其他近期的電影當中，這類的聖像破壞場景，一點也不是慶祝的場合。當今電影雖然仍取材自革命性的聖像破壞傳統，但本身並不是革命性的。在一個期待動作與暴力的世界，電影不停表達和平、穩定、冷靜是不可能達成的——同樣的理由，我們也缺乏物質條件來實現一個安全、沉思的、與聖像崇拜的存在。一如往常，現狀不斷地被打破，傳統藝術形式因為靜態影像而擁有的信任，也不斷受到各方的諷刺——畢竟就連象徵和平的鴿子也在同樣著名的畢卡索畫作中當成典範。現在的差別在於聖像破壞不再被認為是表達人類從舊偶像的權力中獲得自由的希望。因為目前主流

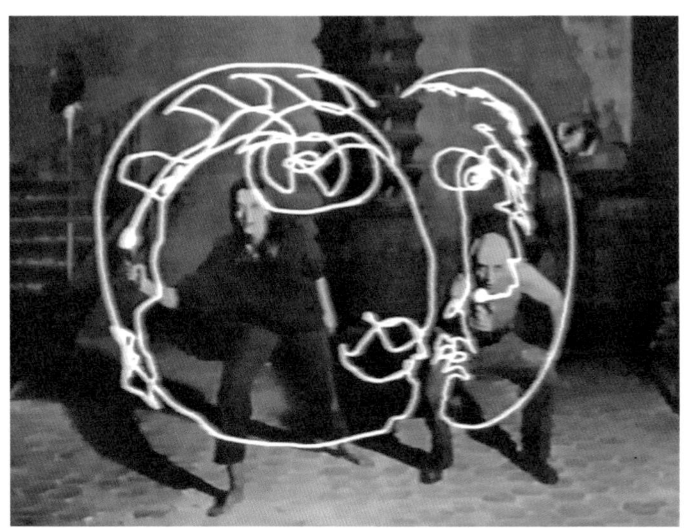

崔西・墨菲（Tracey Moffatt），藝術家（Artist），電影截圖，1999。© Courtesy of Women Make Movies, www.wmm.com

的人道主義聖像將人性擺在前面，因此聖像破壞的行動，不可避免地被視為是基進、非人性的邪惡，來自有害的外星人、吸血鬼、與發瘋的機器人。這聖像破壞的方向之轉變，並不只是由當前意識型態的改變所主導，它也受影片做為一個媒介的內在發展所影響。聖像破壞的行動愈來愈被歸屬於娛樂的範疇。史詩般的災難、外星人與世界末日的電影、吸血鬼的恐怖片，這些都被認為是潛在的票房靈藥──正因為這些體裁最基進地讚頌著電影的動態幻像。這些都引起了深植於商業電影工業內部的批評，一種渴望將電影動態停止的批評態度。

做為這種內在批評的表達與預期的頂點，我們可以看安迪與賴瑞・華卓斯基（Andy and Larry Wachovski）的「駭客任務」（Matrix, 1999），這部電影除了快速的步調與超快速度拍攝的擴散場景之外，也

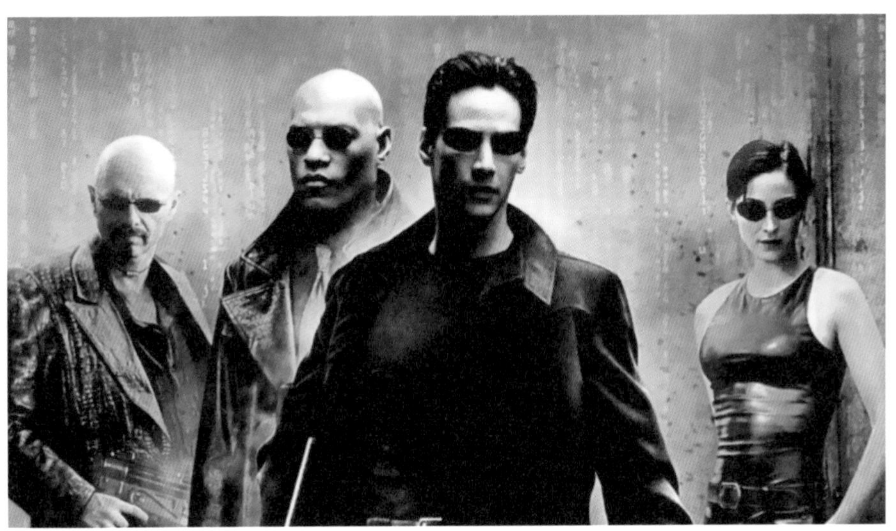

安迪與賴瑞．華卓斯基（Andy and Larry Wachovski），駭客任務（Matrix），劇照，1999。

展示了所有運動的終結──包含電影拍攝運動的終結。影片結束的時候，片中的英雄尼奧（Neo）得到了以單一數位化影片來領會所有視覺實境的能力；通過世界的視覺表面，他看見的是綿延不絕的移動代碼像雨般瀉下。在這針對電影拍攝運動的解構性曝光當中，觀眾看見了這動作不是由生命或物質所產生，也不是心靈的動作，而單純只是無生命數位代碼的動作。與 1920 與 1930年代的早期革命性電影相較，我們面對的是不同的懷疑，與不同方式的聖像破壞行動（註9）。做為一個後神佛、後靈知的英雄，出現在與邪惡的創造者與（笛卡兒的）惡魔統治的世界裡，擔負起對抗的使命，尼奧不只是以物質世界之名反叛著心靈，也是個煽動者，以模擬世界的批判為名，起身對抗物質世界的幻象。在影片接近尾聲的時候，尼奧被「他就是救世主」的呼聲擁護。尼奧用以證明他是新的、靈知的救世主

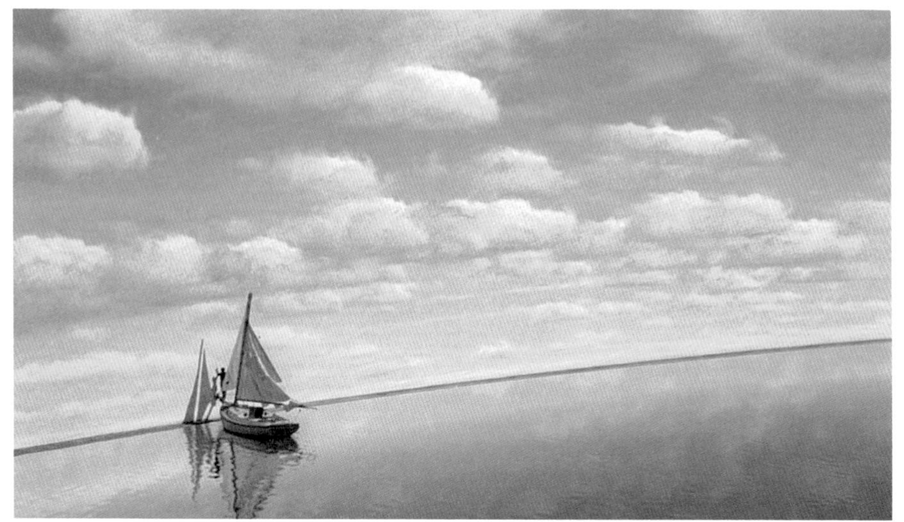

彼德．威爾（Peter Weir），楚門的世界（The Truman Show），電影截圖，1998。

的方式，正是停住了電影的運動，因此準備擊中他的子彈都停在半空中。

這些對於電影工業由來已久、廣泛的批評，顯然被好萊塢採用為自己的主題——因此被基進化了。如同我們所知，評論者指控電影工業製造了一個誘人的幻象、展示了一個美化的世界，遮蓋、隱藏、拒絕世界醜陋的真實。「駭客任務」出現，說的是同樣的話。只是在這裡，不再是電影視效所捏造出來的美麗表象，以完整的場面調度在我們眼前走過，而是完整的、日常的、「真實」世界。在「楚門的世界」（The Truman Show）、或是更全面性的「駭客任務」的電影裡，所謂「真實」是以長時間的「實境秀」來表現，運用了類似電影特效的技術在某個其他世界的片廠所製作、藏在真實世界的表面之下。這類電影裡的主人翁是啟蒙的英雄、媒體評論家、與私家偵探的合體，其野心不只是要曝露出他們所生活的文化，

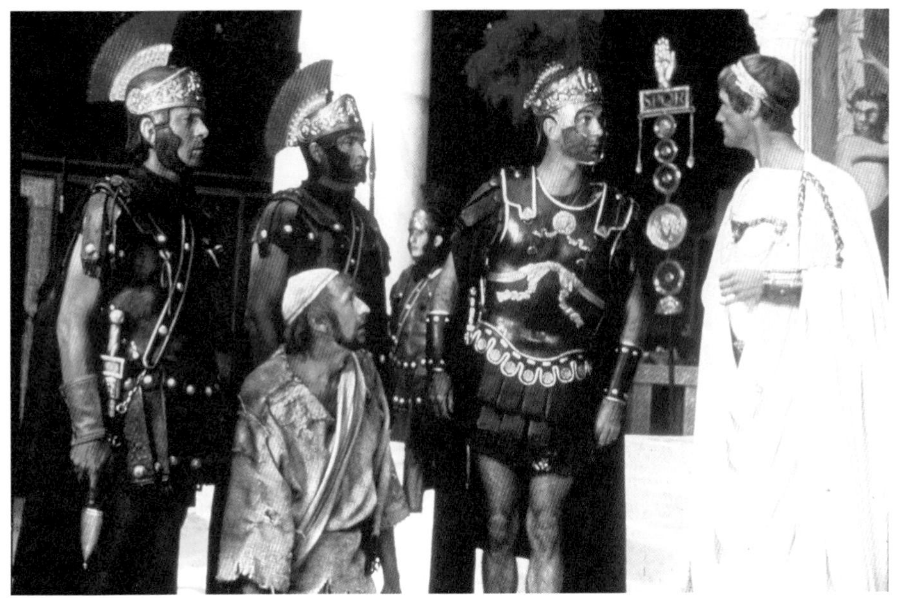

蒙提．派森（Monty Python），萬世魔星（Life of Brian），電影截圖，1979。

更是要揭示出整個日常世界都是人造的幻象。

當然，儘管「駭客任務」有其形上學的特質，還是不免落入大眾娛樂的競技場裡，而基督教的價值當然無法在此提供任何幫助──蒙提．派森（Monty Python）的「萬世魔星」（Life of Brian, 1979）提供了諷刺又有說服力的洞察。這部電影不只嘲弄的模仿基督世俗的一生，也將基督在十字架上之死用音樂影片的狂歡方式呈現。這一幕展現了優雅的聖像破壞姿態，並將基督殉教導入了娛樂的領域（至少電影本身是高度娛樂性的）。當今電影已經轉入了高等藝術的嚴肅殿堂；換言之，當初革命性的電影意圖以行歡樂而節慶式的方式闖入並破壞之處，許多針對電影的聖像破壞正用更嚴肅的形式進行著。

在我們的文化裡，有兩種不同模式可供選擇以控制觀賞影像的時間長短：展場裡不動的影像，以及電影院裡不動的觀眾。而當動態影像進入美術館或展場時，這兩種模式都垮掉了。影像持續移動──但觀眾也是。過去幾十年的錄像藝術嘗試了許多手法，試圖解決這兩種動態之間的對立。今日如同過往一般，一個廣泛被使用的策略是讓個別的錄像或影片序列愈短愈好，以保證觀眾在作品前面所花費的時間，不會太超出一般期待在美術館面對一幅「好」畫作所用的時間。雖然這個策略也沒什麼好挑剔的，卻失去了明確表達觀眾在動態影像進入藝術空間後，造成的不確定性。這個問題最引人注目的處理，是當影片裡特定的影像只有極微小的改變；可能難以察覺，因而感覺像是與傳統美術館所展示的孤立、不動的影像相同。

這類「無動作」影片的先驅（這當然也有聖像破壞的效果，因為他將影片中的影像帶入靜止狀態）是安迪．沃荷的「帝國大廈」（Empire State Building, 1964）──以沃荷在藝術領域的活躍來說，這樣的手法並不令人意外。這影片由一個固定的影像組成，影像幾乎在1小時內毫無改變，直到結束。但是藝術展覽空間的到訪者，與電影院的觀眾不一樣；他們會將影片視為電影裝置的一部分，避開無聊的風險。因為，如同之前提過的，展覽的到訪者不只被容許，還被認為應該在展場到處走動；他可以在任何時間離開這個房間，並在稍後再回來。因此對比於電影院的觀眾，觀看沃荷展出影片的觀眾無法確定地說，究竟這部影片裡是動態還是不動的影像，因為他無法否認可能錯失了某些影片的內容。但正是這個不確定性，突顯出了展場裡、可動與不動影像之間的關係。當（真實）動作本身

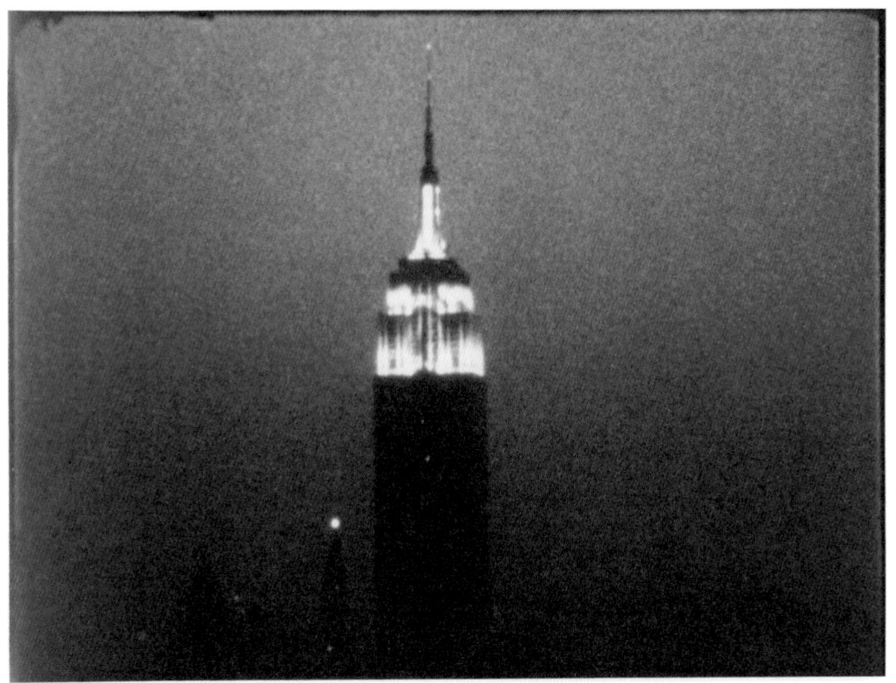

安迪．沃荷（Andy Warhol），帝國大廈（Empire State Building），電影截圖，1964。

所花費的時間被顯現在電影畫面中，時間停止被以電影動作時間來體驗，時間被理解為電影畫面無法被定義且有疑問的時程（註10）。

同樣的說法也適用於德瑞克．賈曼（Derek Jarman）著名的電影「藍」（Blue, 1993），以及道格拉斯．戈登（Douglas Gordon）的「劇情片」（Feature Film, 1999），電影一開始的設定就是做為電影裝置。在戈登的作品裡，希區考克（Alfred Hitchcock）的經典「迷魂記」（Vertigo）被一部除了「迷魂記」的音樂以外什麼都沒有的影片完全取代，而且每當音樂響起，影像就變成指揮家在指揮這個音樂。在其他

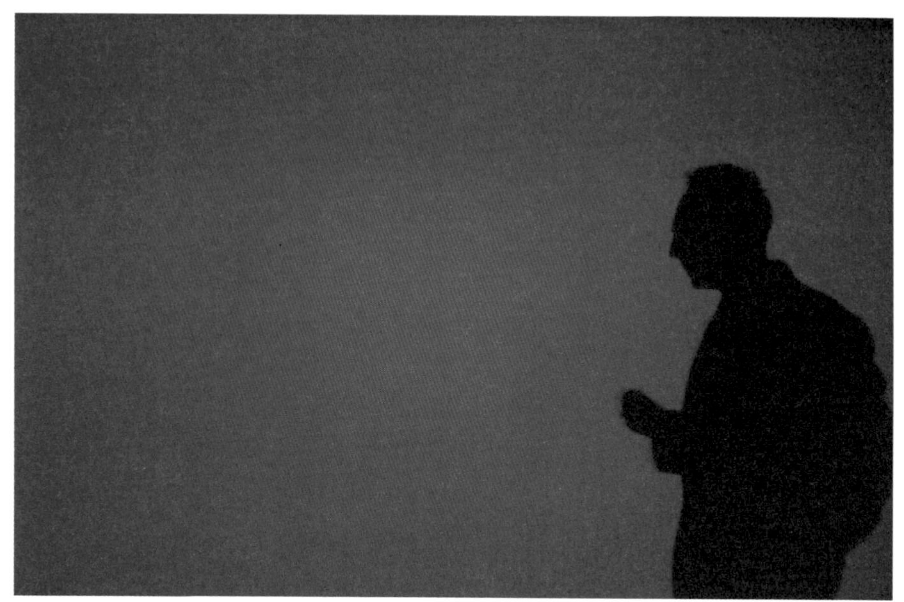

德里克·加曼（Derek Jarman），藍色（Blue），劇照，1993。

的時間銀幕是一片黑暗：這裡音樂的動態取代了原本影片影像的動態。據此，這音樂就像一段代碼，其動態遵循著影片的動態，就算是浮面的、它造成一種在這世界體驗「真實」動態的幻象。這代表著聖像破壞已經繞了一圈回到原點：在電影史的肇始，是不會動的冥想受到攻擊，而到了最後是影片自己失去了動態，變成黑色的長方形。正如同我們暫時在全黑的裝置空間試圖要找回方向感，這很難不讓人聯想到布紐爾電影裡撕裂的眼睛——一個保證讓世界進入黑暗的行動。

註釋：

1. 參見波里斯．葛羅伊斯（Boris Groys），*《受難圖》（Das leidende Bild/The Suffering Picture）*，in Das Bild nach dem Letzten Bild, ed. Peter Weibel and Christian Meyer（Vienna/Cologne: W. Konig, 1991）, pp.99~111.
2. 馬列維奇（Kazimir Malevich），*《絕對主義：非客觀的世界，或永恆的沉默》（Suprematizm. Mir kak bespredmetnost', ili vechnyy pokoy／Suprematism: The Non-Objective World, or Eternal Quiet）*，in Kazimir Malevich, Sobranie sochineniy, vol. 3（Moscow: Gileya, 2000）, pp. 69ff.
3. 班雅明（Walter Benjamin），*《機械複製年代的藝術品》（The Work of Art in the Age of Mechanical Reproduction）* in Illuminations, 譯者Harry Zohn（London: Fontana, 1992）.
4. 見吉爾．德勒茲（Gilles Deleuze），*《電影2：時間—影像》（Cinema 2: The Time-Image）*，Minneapolis: Athlone, 1989.
5. 米哈伊爾．巴赫汀（Mikhail Bakhtin），*《拉伯雷和他的世界》（Rabelais and His World）*，Cambridge, Mass.: MIT Press, 1968.
6. 居伊．德博（Guy Debord），*《景觀社會》（The Society of the Spectacle）*，New York: Zone Books, 1995.
7. 莫里斯．梅洛-龐蒂（Maurice Merleau-Ponty），*《可見與不可見》（Visible et Non-Visible）*，Paris: Gallimard, 1973.
8. 愛森斯坦（Sergei Mikhailovich Eisenstein），*《回憶錄，第一卷》（Memuary, vol. 1）* Moscow: Trud, 1997, pp. 47ff。
9. 波里斯．葛羅伊斯，*《揣測與媒介：媒體現象學》（Unter Verdacht. Eine Phanomenologie der Medien）*，Munich: Hanser, 2000.
10. 見吉爾．德勒茲，*《電影1：運動—影像》（Cinema 1: The Movement Image）*，Minneapolis: Athlone, 1986.

從影像到影像檔──再回到影像：數位化時代的藝術

一開始，影像的數位化被當成是脫離美術館的方式；或者是說，脫離所有的展覽場地，讓影像得以自由的方式。但是近幾十年來，數位影像在傳統藝術機構出現地更加頻繁。我們不禁要問：數位化，與藝術機構，究竟發生了什麼事？

這兩方都讓我們有些質疑。其中一方，解放後的數位影像，似乎又面臨新的囹圄，再次侷限在美術館與展覽牆內。另外一方，藝術體系對於展出原作不再堅持，數位複製也可以。也許我們可以援用後現代懷疑論，對於現代主義的原件（originality）的質疑，認為這些數位照片、或現成的錄像、或類比膠卷，以及在那之前的攝影，在展示空間的出現，證明其靈光已經失去。但這似乎不足以說明，為何數位影像被大量創作與展出，充斥於今日的美術館與展覽空間，擺在我們面前。以及，為何要展出這些影像？不是讓它們在資訊網路裡自由流通就好了嗎？

乍看之下，數位化使得影像不再受任何展出規範的束縛。數位影像有能力誕生、繁殖、並且立即而匿名地在手機、國際網路、所有當今開放的通訊場域裡自我傳播，不受策展的控制。從這個角度我們可以說，數位影像是很「強」（strong）的影像；僅僅依賴自己的生命力與張力，能夠依照自己的本質來自我展現的影像。我們總是可以懷疑某種隱含的策展手段與目的，存在於確切而強的影像背後──只是這種懷疑很難「客觀」證實。因此可以宣稱：數位影像是真正強的影像──它不需額外的策展幫忙，就可以被展示、被看見。問題來了：數位影像真的有強到，不管用什麼方式展現，都能維持其唯一身分（identity）？強影像在歷經時間考驗，仍能保證其唯一身分——否則就是弱影像，必須依賴特定空間、在特定背景下展示。人們可以質疑，數位影像自身，也就是影像檔案（file），並沒有強弱之分。因為在傳播的過程中，檔案大致上沒有改變。但是影像檔案並不是影像——影像檔案是不可見的。除非是電影「駭客任務」（Matrix）裡面的主人翁們，才能以數碼的形式「看見」檔案。影像與影像檔案的這層關係，衍生自影像檔案被視覺化的過程——電腦解碼的產物，可以解讀成原件與複製的關係。不可見的檔案、不可見的數據，複製成可見的數位影像。從這個角度來看，數位影像與拜占廷聖像的功能一樣——不可見的神之可見的複製。數位化製造了一個假象，認為原件與複製的差異已不存在，我們所擁有的，只是資訊網路裡繁殖流通的複製品而已。不過還是要有原件，才能談複製。在數位化裡面，原件與複製的差異的抹除，只能基於一個事實，也就是原件是不可見的：原件隱身在電腦裡面、影像的背後，一個不可見的空間裡。

我們要問，有可能掌握這特殊狀態下的數位影像，背後真正的數據資料嗎？讓觀眾可以像「駭客任務」一樣，進入數位不可見空間的神奇藥丸尚未出現，直接面對數據資料並不可能。觀眾也沒有科技可以將數據資料直接輸入大腦，以一種純粹、非視覺的受難方式來體驗——就像在另一部電影「捍衛機密」（Johnny Mnemonic）裡面一樣。（其實，純粹的受難，是我們所知道的，對於不可見最適當的感受方式。）從這個角度來看，也許研究宗教裡的聖像破壞如何處理影像，會對我們有幫助。這些信仰認為，「不可見」並不是透過個別特定的影像來對世界顯靈，而是透過其顯現（appearances）與干預（interventions）的整部歷史。這樣的歷

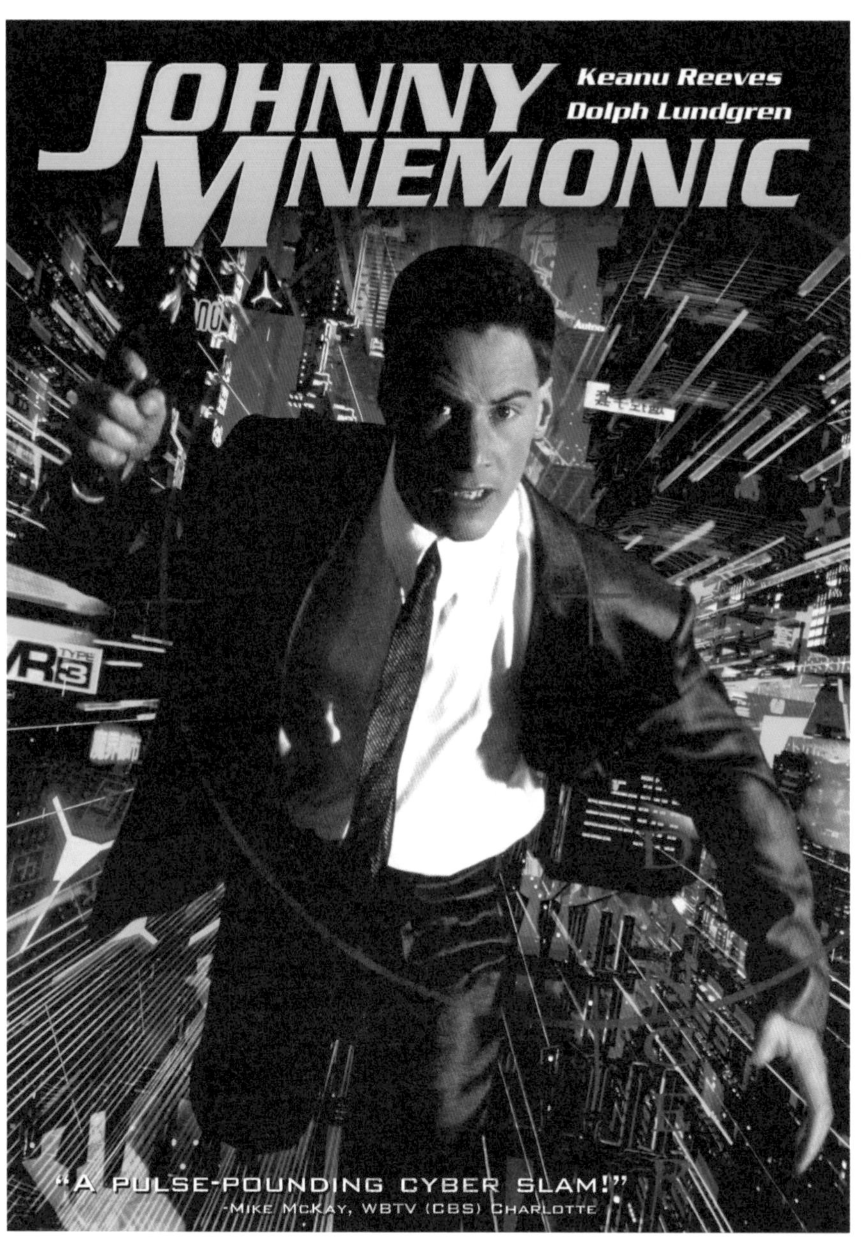

羅伯．隆戈（Robert Longo），捍衛機密（Johnny Mnemonic），劇照，1995。

史一定是曖昧含糊的：在可見世界的範疇下，要去記錄「不可見」的顯現與干預（以聖經的話來說，預兆與神蹟）──但同時要將顯現與干預相對化處理，避免落入特定影像為「祂」的影像的陷阱。恰恰藉由倍增其視覺化，不可見維持其不可見性。

同樣地，觀看數位影像，我們也面臨著每次觀看，都面對一個新的不可見數據的視覺化事件（event of visualization）。可以這樣說：數位影像是複製的──但視覺化事件是原生的事件，因為數位複製本身，沒有可見的原件。這也進一步表示了，展示（exhibited）並不夠，數位影像必須要上演（staged and performed），才能被看見。這裡的影像開始類似於一首音樂，如眾所皆知的，樂譜與一首音樂並不相同──樂譜是無聲的。要讓音樂重新被聽到，樂譜必須被表演出來。因此我們可以這麼說，數位化，將視覺藝術轉變成了表演藝術。而表演意謂著解讀、背叛、扭曲。每次表演，都是一次解讀。每次解讀，都是一次背叛、一次誤用。這對不可見的原件來說，格外地困難：如果是可見的，還可以拿來比較，所以複製品可以被修正，悖離原作的感覺也可以被降低。但如果原作是不可見的，沒得比較──每次的視覺化都是不確定的。在這裡，策展人的身影又再度出現──變得比以前更加強大，因為策展人不只是展示者（exhibitor），更是影像的表演者（performer）。策展人不只是拿出一個原本有，但看不見的影像。更貼切地說，當代的策展人是將不可見轉化成可見的。

在這過程中，策展人透過選擇，具體地改變了被表演的影像。策展人先從選擇將影像數據資料視覺化的技術著手。當今電腦技術的日新月異──硬體與軟體，每件事情都在變動當中。由於影像在每一個視覺化的過程中，每個步驟都在運用不同的新技術。今日的技術都用世代（generations）來表達──我們談的是電腦的世代，攝影與錄像設備的世代等。但是有世代的地方，就會有世代的矛盾，伊底帕斯的掙扎就會出現。每個曾經試圖將舊的文字檔或圖形檔，使用新的軟體轉換的人，都經歷過當前科技的伊底帕斯情結的力量──許多資料都被毀了，消失在黑暗之中。生物學的象徵說明了一切：子嗣必須有差異，這是自然界生命的準則，而反自然的科技卻也落入同樣的下場。但就算科技能夠保證，同樣的數據資料，經過不同的視覺化過程，產生的視覺完全一樣，但僅僅改變展示環境，也足以使它不同。

班雅明（Walter Benjamin）在他著名的論述〈機械複製時代的藝術品〉（The Work of Art in the Age of Mechanical Reproduction），假設了一種可能性，當完美的複製技術成熟，原件與複製品的物質差距將不再存在。但即使如此，原件與複製仍舊可以被分辨。班雅明也說過，傳統的藝術品，從原來的所在位置，搬到展覽場，或是被複製的時候，就失去了它的靈光。如果連傳統的「類比」（analogue）的原件，從一處搬到另一處，但還在同一個空間、相同的形態──同一個可見世界裡，都有所減損的話，這意謂著影像檔案被可視化的時候，應該失去了更多的靈光。相反地，數位原件──那個數位資料的檔案，從一個不可見的空間，一個「非影像」，藉由可視化，轉移到可見的空間，獲得「影像」的地位。據此，此處的靈光損失慘重，因為沒有東西比得上不可見更具有靈光了。對於不可見的可視化，是最基進的褻瀆。數位資料的視覺化之冒瀆──相當於想要描繪猶太教或伊斯蘭教的不可見的神。就算有一套規則，可以達成視覺的複製性，這樣激進的褻瀆行為並不會因此得到補償，就像發生在拜占庭的聖像上的一樣。況且，前面已經說過，現代技術無法做出等質的複製。班雅明對於科技進步能夠做出完美複製的假設，沒有被後來的技術發展所實現。技術發展朝向相反的方向——多元化，複製與傳播的多元化，促使了可見影像的多元化。網路的核心特性在於，所有的符號、文字、影像，都有它指定的位址：它們被置放在某處，有特定的領域，被刻成特定拓樸。除了世代差異造成的轉變，數位資料的命運還掌握在特定硬體的品質上，主機、軟體、瀏覽器等等。單一的文件可能被扭曲，被以不同的方式解讀，甚至可能變成不可讀。它們可能被電腦病毒攻擊，可能被不小心刪除，也可能單純的老化凋零。如此，網路上的檔案，變成了自己的故事裡的英雄，就像其他的英雄故事一樣，主題是可能的失落，或真實的失落。的確，我們身邊也常常留傳著這樣的故事：某個檔案不再可讀、某個網頁消失，諸如此類的。

今日數位影像——照片與錄像——流傳的社會空間，是個非常異質性的空間。人們可以用錄影機來觀看錄像、也可以投影到銀幕上、用電視，或在錄像裝置當中、在電腦螢幕、在手機上等等。在上述情形下，就算是播放同一個影像檔案，表面上看起來也不相同。更別提它們在社會脈絡上的巨大差異。數位化，也就是說，將影像寫入數據資料，幫助影像變得可複製、可自由流通、可自我傳播。因此，它是對於影像天生的被動性的一個解藥。但在同時，它也使得影像的「非唯一身分」（non-identity）變得更加嚴重——因為影像註定以不同於它自身的方式被展示，這意謂著對於影像的輔助治療——它的策展，變成無法避免。

或者用另一種方式來說：將數位影像帶回美術館、展覽空間，變成必要。在此，每個數位影像的展示，都變成了影像的再創造。只有在傳統的展覽空間，才打開了對於軟體與硬體、影像數據的物質面，進行反思的可能。套用傳統馬克思主義者的詞彙：將數位置放於展覽場，使得觀者不只可以反省上層結構，也可以反省數位化的物質基礎。

這對於錄像特別重要，因為錄像已經成為主要的視覺溝通工具。當錄像藝術被放置於藝術展覽空間時，我們所習於這個空間的期待就立刻被破壞。在傳統的藝術展示空間裡，觀眾──至少在理想的情況下，可以完全控制他或她的沉思時間：他或她可以隨時中斷對於某個作品的沉思，待會再回到這個作品，從之前中斷的點繼續欣賞。在觀眾離開的這段期間，靜態的影像會維持不變。創作一個恆常如一的圖像，構成了我們的文化裡的「高級藝術」。在我們的「尋常」生活中，可用來沉思的時間當然是由生活本身所掌控與指派的。對於真實生活裡的景象的沉思時間，我們並沒有統治與管理的權力：生活當中，我們總是意外地目擊某些事件與景象，而無法控制其時間長短。因此所有的藝術都起源於想要把握住那個瞬間，讓它盤桓一段時間。美術館與其他的展覽空間，照慣例是展出不會動的影像，因此得到了它的存在理由：它保證參觀者可以自行管理他的專注時間。這樣的狀況在美術館引進動態影像（moving image）之後有了劇烈的改變，動態影像規定了參觀者的欣賞時間──搶走了他的傳統主權。

在我們的文化中，我們有兩種掌控時間的方式：美術館的不動影像，與電影院的不動觀眾。當動態影像轉移到美術館空間的時候，這兩種方式都失效了。此時，影像持續行進，但是觀眾也一直在移動。在展覽空間裡，人們不會一直坐著或站著；人們會一次又一次的走過他曾經走過的空間、站在一幅畫前面一陣子、走近一點或走遠一點、從不同的角度看它等等。觀眾在展覽空間的移動不能被任意停止，因為這是藝術系統內感知功能建構的一部分。除此之外，在一個稍大的展覽中，想要強迫觀眾去將所有的錄像與影片從頭到尾看完，是從一開始就注定要失敗的──參觀展覽的平均時間就是不夠長。

這很明顯地導致一種情況，進電影院與進美術館的期望是互相衝突的。觀眾在錄像裝置前，基本上已經不知道該怎麼做：他是否應該停下來，像他在電影院那樣，觀賞在眼前的影片，或者是像在美術館一樣，繼續其步伐，並且相信隨著時間推移，動態影像並不會像它看起來那樣改變太多？兩種解決方式都無法讓人滿足──事實上這些根本不是真正的解決方式。我們很快就被迫承認，在這前所未有的局面當中，不可能有任何適當或令人滿意的解決方案。每一次決定，不管是停下來也好、繼續也好，都是一個艱難的妥協──而後者還必須一次又一次地被修正。

當我們將數位化的動態影像帶進展覽空間，影像的移動與觀眾的移動同時發生，這個基本的不確定性，正是新的美學價值產生之處。在錄像裝置的例子中，觀眾與藝術家互相爭取著沉思的時間長短。因此，實際沉思的時間長短，必須不斷地重新談判。因此錄像裝置的美學價值，主要包含了將潛在不可見的影像、與展覽空間裡觀眾無法控制其專注時間，加以明確地主題化，顯示過去盛行的完全可見性的錯覺。而當今動態影像的製作速度愈來愈快，觀者無力於完整的視覺控制的問題日益嚴重。

站在觀眾的角度，原本消耗在藝術品上所花費的心力、時間、能量，與創作藝術品比起來，是極其有利的。藝術家必須投入大量的時間與努力來創作一幅繪畫或雕塑，之後觀眾可以毫不費力的只瞄一眼，就能消費這件藝術品。這也解釋了傳統上消費者、觀眾、收藏者，對於藝術工匠所具有的優勢，後者必須經歷艱鉅的身體勞動，才能創作與提供繪畫和雕塑。直到攝影與現成物技術的引入，藝術家才終於在時間經濟上，與觀眾擺在同樣的水準，因為它使得藝術家得以立刻創作影像。而今天數位相機，能創作動態影像，並能自動錄製與散布影像，藝術家不必花任何時間在這些事情上。這給了藝術家明顯的時間剩餘：現在觀眾花在觀看影像的時間，比藝術家創作它們的時間還要多。再次強調：這並不是刻意要延長觀眾花在「了解」影像所需的沉思時間──觀眾仍然完全掌控意識層面的沉思時間。這個時間只計算了觀眾必須將錄像內容全部看完的時間──而現代技術容許錄像作品在很短的時間內創作很長的錄像。這也是為何錄像裝置的觀眾，經歷的是展出作品的非唯一身分、甚至是不可見性。每次某人參觀一個錄像展覽，他或她可能遇到同一個錄像的不同片段，也就是這個作品每次都不同──也同時這個作品的某個部分逃離了觀眾的眼睛，變成不可見的。

錄像作品的非唯一身分，還有另外一個更深的技術層面的原因。如同早先提過的：改變某個技術的參數，就可以改變影像。是否有辦法保存某些舊技術的東西，就可以讓影像在所有的展示裡，維持自我的獨一性？但是這種嘗試保留原有技術，是將特定影像的感知，從影像的自身，轉移到它所創作的技術條件。在我們觀看早期攝影或錄像時，對於老派照片或錄像技術的基本反應就變得很明顯。而創作者當初並沒有想要製造這樣的效果，因為他無法比較日後技術發展與當下作品的差別。

所以如果使用原本的技術來再現，影像本身說不定被忽略了。所以可以理解為何要將影像轉換到新的技術媒體、新的軟體與硬體，讓它看起來跟新的一樣，以致於觀眾對它的興趣不會侷限於回顧過去，而是一個當下的影像。依此類推，如同大家都知道的，相同的困境在當代劇院就無法解套。沒有人知道，要透露戲劇的時代，還是要展示其個體性，究竟何種表演較佳。無法避免的每一次表演，都會揭露其中的一種特性，並隱藏另外一種。我們也可以將這個技術侷限拿來利用； 我們可以玩弄數位影像各個層面的技術品質，包含螢幕或投影表面的物質品質，外界燈光，這些都會大幅改變觀眾對於錄像的感受。因此每次數位影像的再現，都是影像的再創作。

這再度顯示了：沒有所謂複製。在數位影像的世界，我們處理的只有原件──對於不在場、不可見的數位原件所做的原創展示。展覽使得複製變成可逆的：它可以將複製轉變成原件。但這個原件仍舊維持部分的不可見與非唯一性。現在清楚了為何需要對影像施以雙重治療──將其數位化與策展，再予以展示。雙重藥效並沒有比單獨治療有效；它並沒有真正使得影像變強。剛好相反：雙重藥效使我們警覺到不可見的地帶、本身缺乏的視覺控制、對於維持影像的唯一身分的不可能；這些都是當我們面對展覽空間裡的物件，或是自由流通的數位影像裡，不容易注意到的面向。但這也意謂著當代、後數位的策展實踐，可以實現一些傳統展覽只能隱喻地做到的：展出不可見的。

多重作者

也許我們所知道的死亡並非這麼一回事。不過是文件易手罷了。

——堂・德里羅（Don DeLillo），〈白色噪聲〉（White Noise）

長久以來展覽的社會功能是牢固的：藝術家創造藝術作品，然後策展人替某次展覽選擇或拒絕這件作品。藝術家被認為是有自主權的作者。相反地，展覽的策展人位於作者與公眾之間居中仲裁，但本人並非作者。藝術家與策展人各自的角色顯然是不同的：藝術家負責創作，而策展人負責選擇。策展人只能從不同藝術家們已經製作完成的作品貯存中選擇。這意謂著創作被認為是主要的，而選擇是次要的。因此策展人與藝術家之間不可避免的衝突，被當作是作者與中介之間的衝突、個人與機構組織的衝突、主要與次要之間的衝突。但是，那樣的時代肯定已經過去了。藝術家與策展人的關係已經根本地改變。雖然這個改變並沒有讓原有的衝突因此消失，它們已經變成完全不同的形式。

要說明為何情況改變了很容易：今天，藝術是由創作與選擇之間的同一性所決定的。至少，自杜象以降，選擇一件藝術作品與創作一件藝術作品是一樣的。這當然不表示所有往後的藝術都變成了現成物藝術。但是，它真正的意涵是，藝術的創作行為變成了選擇的行為：從杜象之後，做出一件物品不再是成為藝術家的充分條件。他還必須選擇他所做的物品，並宣稱它是藝術品。因此，從杜象之後，自己製作的物品或是他人製作的物品已經不再重要；兩者都必須被選擇，才能被視為藝術品。今日的作者是那個做出選擇、授權的人。杜象這位作者已經變成了策展人。藝術家首先是自己的策展人，因為他選擇了自己的藝術。他也選擇了其它的：其它的物件、其它的藝術家。至少從 1960年代之後，藝術家們創作了裝置藝術，為了展示他們個人的選擇行為。這些裝置其實也只不過是一個藝術家所策畫的展覽，其中或有展示別人所做的物件，以及藝術家自己所製作的物件。但是，也因為這樣，策展人不再有義務一定只能展出藝術家事先選好的物件。今天的策展人可以很自由地去組合藝術家所選擇與署名的藝術物件，與直接來自「生活」的物件。簡而言之，一旦創作與選擇之間的等同確立，藝術家與策展人的角色就完全一樣了。我們還是常常去分別一個（策展的）展覽與一個（藝術家的）裝置，但這樣的分別事實上已經過時了。

因此我們必須用新的方式來問這個老問題：藝術品是什麼？今日的藝術實踐對於這個問題的回答是很直接的：藝術品就是展出的物件。沒有展出的物件就不是藝術品，而只是一個有成為藝術品展出潛力的物件。我們稱今天的藝術為「當代藝術」，這並非出於偶然。藝術必須正在被展出，才能被認為是藝術。今日藝術的基本單位不再是藝術品這個物件，而是這個物件被展出的藝術空間：一個展覽空間、或是一個裝置空間。當今藝術不是特殊物件的總和，而是特殊空間拓樸的總和。裝置手法建立了極大的胃口，狼吞虎嚥地消化所有的藝術形式：繪畫、素描、攝影、文字、物件、現成物、電影與錄音錄影。所有這些藝術物件都由藝術家或策展人進行空間安排，基於其純粹私密的、個人的、與主觀的排列。藉此讓藝術家或策展人得以公開展示其私人且自主的選擇策略。

裝置經常被拒絕承認為藝術，因為人們會問，裝置的媒介究竟是什麼？這問題的根源來自傳統藝術的媒介都是用特定的媒材來定義：如畫布、石頭、或膠卷。裝置的媒介是空間本身；其中意謂著，裝置絕不是「非物質的」。剛好相反：因為裝置是空間性的，因此它一定是物質性的。裝置特別擅長於展示我們所賴以維生的物質文明，因為它將原本只是在文明中*流通*的每樣事物都*裝置*起來。因此裝置展現了文明的硬體裝備，這些硬體裝備若不被展現出來，將一直藏在媒體流通的表面之下，不為人們所悉。它也顯示了藝術家在工作時的自主權：這自主權如何定義與實踐其選擇策略。這是為什麼裝置並非經濟或社會秩序所規範的關係之再現；恰恰相反地，裝置提供了一個機會，去明白地顯示一件事情可能的主觀秩序與關係，藉此質疑「既成」事實的秩序與存在的必然性。

我們必須藉此機會澄清一個在最近的相關文獻上一直重複出現的誤解。這個誤解強調，藝術在今天已經到達其終點，因此一個新的領域──視覺研究，應該要來取代藝術史。視覺研究應該要延伸圖像分析的領域，而不是單獨考慮藝術圖像；視覺研究應該要研究所有既存圖像可能更大、更開放的空間，並且勇敢地踰越舊有藝術觀念的限制。不論何時何地，勇敢地踰越舊有限制，總是讓人印象深刻，倍受歡迎的。但是在這裡，所踰越的限制結果並不是一種擴展，反而是對視覺文化研究關涉領域空間的限縮。如同之前所說的，藝術不只是圖像，它包含了所有可能的物件，包含實用的物件、文字等等。不存在專有的「藝術圖像」；而是任何圖像都可以在藝術的脈絡下被運用。將藝術史轉變成為視覺研究，並沒有延伸藝術研究的範疇，反而嚴重地縮小了它的範疇，因為視覺研究將藝術限制在傳統上認為是「圖像」的範疇裡。相反地，裝置空間裡所展出的所有東西都屬於視覺藝術的領域。以這個角度來說，單一圖像也是一個裝置；只是，它是減低到只剩單一圖像的一個裝置。因此裝置並不是圖像的替代物，反而正是圖像概念的延伸；如果重新採納傳統圖像的概念，這延伸就失去了。而我們若想要延伸圖像的概念，所需要討論的正是裝置，因為裝置定義了空間的普遍規則，而所有的圖像與非圖像都必須在此發揮其空間物件的功能。裝置轉變成當代藝術的領導形式，不只從一個層面改變了我們對藝術品的定義。最重要且影響深遠的改變，就是我們對於藝術的作者身分之理解。

今日我們更加反對傳統上藝術主觀性的崇拜，我們反抗作者的形象、也反抗作者的可辨識性。這些反叛，通常自視為對藝術系統權力結構的反抗，而這些權力結構正表現在作者主權的形象裡。藝評家不斷地試圖證明沒有所謂的藝術天賦這回事，因此不能因為藝術家也許是個天才，就獲得了作者的身分。作者的歸屬，被視為是藝術機構、藝術市場、與藝評家所施行的慣例，目的是為了有策略地創造明星，以藉此獲取商業利益。因此對於作者形象的抗爭，被認為是對於不民主系統中任意特權的抗爭，也是對於過去代表著商業利益所建立的毫無理由的階級化的抗爭。很自然地當知名作者的作者權（authorship）被公開質疑的時候，這些對於作者形象的反叛就應該結束了，因為傳統作者形象所具備的權力已經被移除。乍看之下，我們似乎可以將它視為一種習知的弒君過程，謀殺君王者被推舉為新的君王。但其實事情沒有這麼單純。這個論爭反思了藝術世界裡真實的過程，但還未被充分地分析。

個別藝術家的傳統作者主權，事實上已經消失了；因此再反抗這類的作者權已經沒什麼意義。面對一個藝術展覽，我們處理的是多重作者的問題。事實上每個藝術展覽所展出的都是由一個或多個藝術家所選擇的東西──從他們自己的製作，或選自廣大的現成物。這些由藝術家所選擇的物件，又被一個或多個策展人所選擇，而策展人也透過特定選擇擔負某種作者的責任。還有，這些策展人是由某個委員會、基金會、或機構所挑選並提供經濟支援；因此這些委員會、基金會、或機構也為最終結果承擔了作者與藝術的責任。被選擇的物件依此目的在空間中展出；空間的選擇也對結果產生關鍵性的影響，不管是在一個機構的室內還是室外。空間的選擇也因此屬於藝術創作的過程；同樣地，負責的建築師對於建築空間的選擇，與負責的委員會對於建築師的選擇，都是藝術創作的過程。我們可以任意的延伸此作者清單，眾多的藝術決定放在一起，決定了展覽以何種形式呈現。

如果有關展覽物件的機會、選擇、與決策被認為是藝術創作的行為，那麼每一個個別的展覽都是許多機會、選擇、與決策過程的結果。這個情形就造成了多重的、不同的、異質的作者彼此組合、重疊、交錯，而不可能簡化成單一主權的作者。這種多層次重疊、異質的作者權，正是近年來許多大型展覽的特徵；隨著時間這種特徵變得愈來愈清楚。例如最近的威尼斯雙年展裡，在這個大型展覽的架構下，幾位策展人被邀請來展出他們自己的展覽。成果是一個策展的展覽、與藝術家的裝置的混種形式：受邀的策展人在大眾面前變成了藝術家。另一個經常看見的例子是個別的藝術家整合了同僚們的作品在自己的裝置當中，因此在大眾的面前他又變成了策展人。因此在當今藝術脈絡下的作者慣例，愈來愈像電影、音樂、劇場的慣例。電影、劇場製作、演奏會的作者也是多重的；它分成了編劇、作曲家、導演、演員、攝影工作、指揮家、與許許多多其他的參與者。當然我們一定不能忘記製作人。電影結束，觀眾逐漸起身離席、走向出口，冗長的工作人員名單出現，這正顯露了我們時代的作者權的命運，一個藝術系統無法逃脫的命運。

在這新的作者權政體之下，藝術家不再由他所製作的物件來評價，而是由他所參與的展覽與計畫來評價。認識一個藝術家不再是去看他的畫作，而是去讀他的履歷。他被假定的作者權只是一部分的。因此他不是用其產出來評價，而是由他所參加的重要展覽來評價，正如同演員是由他在哪部電影製作裡演出什麼角色來評價是一樣的。就算是參訪藝術家的工作室，以了解他全部的作品，我們也通常會被安排觀看記錄了藝術家參與展覽與活動的CD-ROM，其中也包括尚未實現的展覽、事件、計畫與裝置。今日一般的工作室參訪經驗顯示，藝術品的狀態隨著作者權新的決定方式，而有所改變。沒有展出的藝術品不再是藝術品，而變成了藝術文件。這些文件指涉的，可能是過去已經發生過展覽，或者是未來的展覽計畫。其關鍵重點是：今日的藝術品不再能宣稱為藝術；它只是有藝術的可能性。只有在展覽裡才能宣稱藝術，就如同「歐洲宣言展」（Manifesta）標題所表明的。只要當物件沒有被展覽，或是當它從展覽裡撤下，它就不再是藝術品了。它只是一個過去藝術的記憶，或是未來藝術的可能性，但從兩種角度來說，它都只是個藝術文件。

美術館的功能也因此跟著改變了。過去美術館的功能與今日一樣，是公共檔案的保存之處。只不過他所保存的是特殊之物。一般的歷史檔案保存只屬於特定過去事件的文件；它假設了被記錄之物的朝生暮死、有限生命。的確不朽之物不需要被記錄；會腐朽的才需要。相反地，傳統的美術館假設它收藏的藝術品擁有永恆的藝術價值，這些價值乃內含在藝術當中不隨時間改變，可以吸引與說服當今的觀眾。這表示他們不只記錄了過去，也在此時此地散發著藝術。因此傳統的美術館的功能是，做為一個永恆存在且世俗不朽而自相矛盾的資料庫。這一點它與其它的歷史或文化保存有很大的不同。藝術的物質支撐物──畫布、紙張、膠卷，也許可以被視為是曇花一現的，但藝術本身永遠有效。

反之，今日的美術館與其他的保存場所愈來愈相似，因為美術館所收藏的藝術文件，在公眾面前不見得是藝術。美術館裡的永久展示不再是（或至少不常是）一個穩定、永久的展出。取而代之的是美術館愈來愈成為暫時性展覽的場所。做為傳統美術館之特性的收藏與展覽的整體性，因而被破壞了。今日的美術館館藏，被視為是文件的原料，策展人可以用來組合成他所發展的展覽計畫，以表達他個人的態度、與個人處理藝術的策略。藝術家也伴隨著策展人，得到基於個人品味、形塑整個或部分美術館空間的機會。在這些情形下，美術館轉變成為一個倉儲、藝術文件的保存處，基本上與保存其他文件形式已無分別；美術館也轉變成一個供私人藝術計畫執行的公共場所。因此美術館與其他場所的差異只在它本身的設計與建築。因此近年來美術館的重心從其藝術收藏，轉變成其建築，並不是巧合。

不過，今天的美術館，並未完全放棄其許諾的世俗之永恆。收藏在美術館與藝術機構裡的藝術文件，永遠可以當成新的一樣展出，並成為藝術。這正是收藏在美術館裡的藝術計畫與保存在其他資料庫的生命計畫文件的差別：以藝術實踐藝術意謂著展出藝術。而美術館可以這麼做。必須承認的是，在美術館以外的現實中重新呈現一個生命計畫是可能的，但也只有當它以關涉藝術計畫為最終目的。這種藝術文件重新發現的可能，是因為一直聚焦在多重作者上。舊的藝術文件會被復原、轉換到其他媒介、重新安排、重新布展、然後呈現在其他空間。在這情況下，要談個人的、完整的作者身分是無意義的。藝術品做為展出的藝術文件，其存活的原因是多重作者持續的複製與散布；而這作者性的複製與散布之處，正是今日的美術館。

因為藝術品的保存，而將藝術品轉變成為藝術文件，使得今天的藝術能夠在藝術的脈絡下吸收龐大的文件資料庫，包括我們的文明所收藏的其他事件與計畫。的確，擬定與記錄諸多計畫，是當代人的主要活動。不論從事商業、政治、或文化工作，首要之務就是擬定相關計畫，提出申請，以獲取一個或多個負責的權力當局的許可與資金。如果計畫的原來形式被否決，就修改到能被接受的程度。如果計畫被完全否決，人們別無選擇只好用新的計畫來取代。因此我們社會中的每個成員都經常被草擬方案、討論、與否決新計畫所佔據。寫下評估、精確計算經費、委任組織形成、召開委員會、做出決定。同時，當代有許多人的工作就只是讀這些計畫提案、報告、與預算。不過，這些計畫中大部分都從未實現。如果被一個或以上的專家認為看來無望、難以獲得財源、或是總體而言不吸引人，就足以讓整個籌畫工作付諸流水。

這些工作絕對不能小覷，相關的工作量隨著時間不斷成長。呈現給各類委員會、委任組織、機關的計畫文件，其設計的效力不斷增加、草擬的細節更繁複，為的是要給可能的審查員深刻的印象。結果是計畫的規畫發展成一種自主的藝術形式，其對於我們社會的影響還沒有被適當地理解。不管計畫是否實現，每個計畫都代表著一個獨特的未來遠見，其本身就是吸引人而具有啟發性的。但是，我們文明產生的許多計畫提案經常遺失，或被拒絕之後直接丟棄。計畫形成過程中對於藝術形式這種漫不經心的處裡方式是很可惜的；它使得我們無法分析與了解這些提案中有關未來的希望與遠見。這些計畫比任何其他東西告訴我們更多關於這個社會的事情。因為在藝術系統裡面，文件的展出就足以賦予生命，藝術的保存特別適合用來儲存這類計畫；不管是過去已實現的、或是未來將被實現的，但最重要的是要保存永遠不可能完全實現的烏托邦計畫。這些烏托邦計畫在當前經濟與政治現實之下註定要失敗，但可以在藝術中維持生命，在這些不斷換手的計畫文件、與作者們當中。

旅遊複製年代的城市

城市最初是以未來計畫的型態誕生：為了逃離遠古的自然力量、建立新的未來，人們從鄉村遷移到城市，並在此塑造並控制他們的未來。直到今天，人類歷史的整個進程，就是由鄉村遷移到城市所定義的──歷史的方向都要歸功於這種動態的過程。雖然鄉村生活不斷被風格化成合諧與「自然」怡人的黃金時期，這種被渲染的自然生活記憶並未因此遏止人們持續進行他們所選擇的歷史路徑。由此可知，城市因為在自然秩序之外，本身包含著烏托邦本質的面向。城市座落在烏有之地（ou-topos）（譯註1）。城牆曾經標示出城市建造之地的輪廓，明確地指出其烏托邦──烏有之地，的特質。的確，城市的烏托邦特質愈明顯，愈難抵達與進入這個城市，例如西藏的拉薩、天國城市耶路撒冷，還有印度的香巴拉。傳統上，城市會將自己與世界隔絕開來，為的是以自己的方式走向未來。所以真正的城市不只是烏托邦的，也是反遊客的：它穿梭於時間之中，將自己從空間中分離出來。

與大自然的搏鬥，並不會因為在城市的內部而停止。在《方法論》（Discourse on Method）的開頭，笛卡兒（René Descartes）就觀察到，城市的歷史演進並未免疫於自然秩序的非理性，必須將自然完全徹底地毀滅，才能騰出空間讓新的、理性的、完美的城市矗立其上（註1）。後來柯比意（Le Corbusier）要求將巴黎全部搗毀，以讓出空間給新的理性城市建築。一個完全理性、透明、可控制的都市環境的烏托邦夢想，釋放了歷史的動能，出現在持續改變的都市生活一切範疇裡：對於烏托邦的追

譯註1：utopia一詞來自希臘語詞根，ou意指「沒有」或「好」，topos指「地方」，英文utopia亦作「烏托邦」，希臘文ou-topos則譯「烏有之地」。

求迫使城市進入永恆的自我破壞與超越的過程——這也是為何城市變成了革命、動亂、不斷的新生、短暫的流行、與不止息的改變生活方式的自然場所。做為一個安全避難所，城市很快成為罪犯、動亂、破壞、無政府、與恐怖主義的舞台。因此城市自我展現為烏托邦與反烏托邦的混合，而現代主義毫無疑問地珍惜並讚美其反烏托邦——都市的頹廢、危險、與縈繞不去的恐懼——而不是烏托邦的那一面。這樣永遠朝生暮死的城市，經常出現在文學與電影的場景裡：這是我們認識的城市，例如在「銀翼殺手」（Blade Runner）或是「魔鬼終結者I、II」（Terminator I and II）裡，城市允許所有事物被破壞或夷為平地，只因為人們為了未來的發展，毫不厭倦且努力地為接下來可預知的事清出一片空間。而未來的到臨卻一次又一次不斷地被阻礙延遲，因為城市過去建設的構造無法完全被移除，因此現階段的準備工作永遠不可能完成。如果說真的有任何東西可以永久存在於我們的城市裡面的話，它終究只能存在於永無止境的準備階段中，持續準備著建造某個承諾永久的建設；那是一個持續延遲落後的最終方案，沒完沒了的修正、無止境的維修，以及不斷在適應新條件的零星調整。

但是在現代，這個烏托邦的衝動，對理想城市的追求，已經愈來愈微弱，並漸漸被對旅遊的嚮往所取代。今天當我們已經不再滿足於自己城市所能提供的生活，我們不再努力去改變、革命、或重建我們的城市；取而代之的是我們簡單地遷移到另一個城市：不管是暫時或是永久的，去追尋自己的城市所缺少的部分。城市間的移動；不論是哪種層次的旅遊與遷徙，已經徹底改變我們與城市之間的關係，還有城市與城市之間的關係。

透過將都市的烏有之地（ou-topos）重新復刻到全球化空間的地形學上，全球化與移動性從根本上質疑著城市的烏托邦本質。麥克魯漢（Marshall McLuhan）在他對於全球化的反思中，使用的詞是「地球村」（global village）而不是地球城市（global city），這並不是意外。對於旅遊者與遷移者而言，城市所在的鄉間地區才又變成了主要關鍵。

原來是第一階段的現代旅遊——我現在將稱之為浪漫主義式的旅遊——對於城市產生了清楚的反烏托邦態度。19世紀浪漫主義式的旅遊，對於被視為旅遊景點的總匯城市，造成了某種癱瘓。浪漫主義式的觀光客並不尋找普遍的烏托邦典範，而是文化的差異與地方的特性。他的觀看方式不是烏托邦式的、而是保守的——朝向的不是未來、而是過去的起源。浪漫主義式的旅遊是一部機器，設計來讓暫時變為永恆、短暫變為恆常、無常變為不朽。當遊客穿越一座城市，這地方在他眼中是缺乏歷史、永恆的、是一直存在的建築物的總和，而且就從遊客抵達那一刻開始城市一直保持著，因為遊客無法掌握城市歷史轉變的動態所留下的軌跡，也無法感受城市推進著城市朝向未來的烏托邦式衝動。所以我們可以說，浪漫主義式的旅遊放棄了烏托邦，正是藉由帶領我們將城市視為已實現的烏托邦。遊客的凝視將所有眼見的事物都浪漫化、紀念碑化、永恆化了。而城市就在浪漫主義式觀光客的梅杜莎（譯註2）之眼下，成為這個石化的烏托邦。

畢竟一個城市的紀念建築，並不總是矗立在那兒等待遊客去看，而是反過來，旅遊創造了這些紀念建築。旅遊將一座城市給紀念碑化了：來往

譯註2：梅杜莎（Medusa），希臘神話中的女妖，任何直視梅杜莎雙眼的人都會變成石像。

的旅客的目光，改變了原本不斷流動、不斷改變的都市生活，成為永恆的紀念形象。而成長中的旅遊人數加快了紀念碑化的腳步。

我們正目睹著永恆的爆炸，或是更簡潔地說，我們的城市正在永恆化。現在不只是像艾菲爾鐵塔或是科隆大教堂這樣的著名紀念碑，被呼籲要受到保護，事實上任何激起我們熟悉感的事物都要求保護──畢竟過去就是這樣，未來也應該繼續這樣下去。例如，即使你到紐約南布朗克斯區（South Bronx），看見藥頭在持槍廝殺（或至少看起來將要舉槍廝殺），這樣的情境也會以莊嚴的紀念碑式的氛圍灌輸入腦中。你所想到的第一件事情是：的確，這裡一直是這樣，而且將來也會一直維持這樣──包括這些彩色的字體，這些充滿畫意的城市廢墟，以及隱現在每個角落的危機。稍後當你也許會在報紙上讀到，這個區域將被「都更」，你的反應可能是震驚與悲傷，就像你聽到科隆大教堂或艾菲爾鐵塔將被拆除建造百貨公司一樣。你會想，這是一個真實、獨特、不同的生活切片即將被毀滅，每件事又再次變得無差異、平庸的；那些曾經擁有紀念性的紀念碑與永恆將無法回復地消失。但這樣的哀悼可能言之過早。在你下一次造訪這個都更過的地方，你會說：這裡是多麼驚人的乏味、醜陋、與平庸──這裡一定是一直這樣乏味，也一直會維持這種乏味。因此這個地方又立刻被重新紀念碑化了──因為在旅途中，日常性與平庸性總是被體驗為同樣值得紀念的，如同那些在美學上特出的事物。其實我們不是被紀念碑的某些內在特質所指引，我們所感受到的紀念碑性，是來自於浪漫主義式觀光客的凝視所釋放出來無盡的紀念碑化、去-紀念碑化與重新紀念碑化的過程。

巧合的是，在康德（Immanuel Kant）的《判斷力批判》（Critique of Judgment）談崇高的理論中，首次從哲學的進路分析全球漫遊、尋找美感經驗的旅客。他所描述的浪漫主義式觀光客，是可以把自己的死亡當成旅遊目的地的人，他還擁有將死亡體驗為一種崇高的事件的能力。康德舉山或是海這些使得人類顯得渺小的現象來說明「數學的崇高」（mathematical sublimity）。對於「力動的崇高」（dynamic sublimity），他給的例子則是巨大的自然事件像是暴風雨、火山爆發、與其他大災難，那些以過人的力量威脅著我們的生存的災難。但做為浪漫主義式觀光客造訪的目的地，這些威脅的本身並不是崇高的──正如同都市的紀念碑並非本質上就有紀念性的。對康德來說，崇高並不存在於「任何自然之物」，而存在於「我們本身具有的能力」去判斷並不帶恐懼地去享受任何威脅著我們的事物（註2）。因此康德的無限理性思想的主體，是那些旅人重複地向旅程出發，為了尋找奇特的龐然大物和危險，為了證明他自己在自然面前的優越與崇高。但是在這篇論文的其他章節，康德也舉阿爾卑斯山的居民為例，他們一輩子都住在山裡，非但不會認為山是崇高的，而且「毫不遲疑」地認為「所有崇拜冰峰的人都是傻瓜」（註3）。的確，在康德的年代，浪漫主義式觀光客的觀點仍舊與山中居民有很大的差別。比如，在旅客全球化的凝視眼光中，瑞士的農夫，被視為是風景的一部分──因此這個部分並不會困擾他。對忙碌照顧著他周遭事物的瑞士農夫來說，浪漫主義式觀光客只是一個傻瓜、一個他無法嚴肅對待的呆子。然而，我們都知道，現在這種情況已經完全改變了。雖然任何特定區域的居民仍有可能將國際漫遊的旅客視為傻瓜，但他們也愈加感受到需要──毫無疑問是為了經濟因素——去消化關注在他們身上的全球化視野，並調整他們自己的生活方式，以符合訪客、遊客與觀光客的美感偏好。此外，山中居民們現在也開始旅遊，他們也變成了觀光客。

我們目前生活在一個後浪漫時代，也就是一個舒適而完全的旅遊主義；就都市的烏有之地（ou-topos）與世界拓樸之間的關係而言，這是一個全新的歷史階段。這個新時期其實不難找出其特性：不只是個別的浪漫主義式觀光客，而是所有的來自各種地方文化的人、事、標誌、與圖像，現在都離開了它的發源地，開始環遊世界了。浪漫的世界旅行者，與長期定居的在地人口之間死板板的差異正迅速地被抹除。城市不再等待遊客的到訪——城市也開始加入全球的流通，以全球的尺度來自我複製、向四面八方擴張。當他們如此做的時候，其移動與擴散的步調遠遠超過個人的浪漫旅客所能辦到的。這件事激起了許多的怒吼：所有的城市都愈來愈相像、開始同質化，結果是當一個旅客抵達一個新的城市，他看見的是與所有其他城市一樣的東西。這種在所有當代城市裡的相似經驗，經常誤導觀察者去相信全球化的過程正在消弭在地文化風格、特質、與差異。而實際上這些區別並未消失，而是它們也出發去旅遊、開始自我複製與擴張。

我們不只能夠在中國享用中式料理，在紐約、巴黎、多特蒙德也都可以，而且已行之多年了。如果要推斷哪個環境下品嚐中式料理最好，答案不見得是「中國」。如果我們今天去到中國，而無法感受中國城市的異國情調，這絕不只是因為來自西方的國際現代建築強烈改變了其形貌，也因為對來自美洲與歐洲的旅客來說，「原汁原味的中國」早已不陌生，因為這些中國的元素可以在任何的城鎮或城市裡找到。所以，地方特徵事實上已經變成全球特徵，但這並不是滅絕，甚至與滅絕相去甚遠。不同城市的差異，已經轉變成城市內部的差異。結果是全球的世界城市取代了地球村。這個世界城市的運作，就像一個複製機器，快速地在世界所有其他城市複製某個特殊城市的地方特色。因此經過一段時間之後，原本迥異的城市開始互相相似，沒有一個特別的城市是其他城市的原始模型。當一個新旋律的饒舌音樂開始在紐約的某個區域出現，立刻就會影響其他城市的音樂現場──很像一個新的印度教派在全世界複製並擴散它的聚會所。

但最重要的，今天的藝術家與知識分子花了大部分時間在交通──在展覽之間趕場、從一個計畫到下一個計畫、從一場演講到下一場、或是從一個地方文化背景到另一個。所有活躍於今日文化界的參與者，都被要求將他們的產出供應給全球的觀眾，隨時準備好在展場間不斷移動，並以同樣的說服力呈現他們的作品──不管身在何處。像這樣將生命浪費在交通上，伴隨著的是相同程度的希望與恐懼。一方面，藝術家終於能用比較不痛苦的方式來逃離本地主要品味的壓力。感謝現代的溝通方式，使他們能夠從全世界找尋氣味相投的同好，而不必為了他周圍的人而修正品味與文化取向。這也巧合地可以解釋當代藝術常被非難的去政治的情況。在過去的時代，藝術家們對於他們的作品在自己文化的人群中缺乏共鳴，多半將補償的希望寄託在未來，夢想著有一天政治的改變會產生更多欣賞他們作品的觀眾。今天這種烏托邦的激勵已經改變了方向──不再從時間中尋求肯定，而是從空間中：全球化已經取代了未來，成為烏托邦的所在。所以我們不再基於未來而去實踐前衛政治，我們擁抱的是旅遊、遷徙、與遊牧的生活的政治，因而表面上在浪漫旅遊的年代已經消失的烏托邦特質，又再次矛盾地重新燃起。

這表示我們這些旅遊者，現在都變成了觀察者，與其他的旅遊者鮮有地方背景的差異。我們全都處在一個永遠持續的全球旅遊當中，在世界城市裡這些都成了生活。更有甚者，今日的都會建築移動的速度比觀眾還快。在旅客到達之前，這些建築幾乎都已經準備好在那裡等待。在這場旅客與建築的競賽裡，目前是旅客落後。雖然旅客對於不管到哪裡都碰到同樣的建築很感冒，他也同樣驚豔於某些種類的建築在許多不同的文化背景下都顯得很成功。現在，我們已經隨時準備好特別是被藝術家的策略所追求與吸引，這些策略所能創造的藝術，可以在任何文化背景與觀看環境下都能達到相同程度的成功。我們今日所嚮往的並不是地方差異與文化認同，而是能持續設法去確認其獨特性與整體性、且無論在哪裡呈現都一樣的藝術形式。因為我們都變成了只能觀察其他旅客的旅行者，而能夠讓我們印象深刻的事物、習俗、與慣例，只有那些能夠複製、散布、自我保存、並且在最歧異的在地環境下仍能生存者。

因此，後浪漫的完全旅遊主義策略，取代了舊的烏托邦與啟蒙策略。過多的建築與藝術風格、政治偏見、信仰迷思、與傳統習俗，不再以普世之名被超越，而是以旅遊主義的方式不斷地被複製並向全球散布。今日的世界城市是均質（homogenous）而非普世的（universal）。過去認為要達到觀念與創作的普世性，必須個人以普世的正當性為名、超越他的在地傳統。因此，被基進的前衛藝術所歌頌的烏托邦，是精簡的：必須先追求一個純粹、基礎的形式，移除所有的歷史與地方的特色，才能宣稱它的普世性與全球的正當性。這也正是古典現代主義藝術的做法──先將物件精簡到精髓，然後向全世界散播。相反地，今日的藝術與建築，是直接向全球散布，不必為了求取普遍合法的精髓，而費心經過任何精簡的過程。全球網路、移動性、複製與散布的可能性，已經使得傳統要求的普遍原理形式或內容完全地過時了。現在任何文化現象都可以擴散傳播，不必要求其本身的普遍原理。普世性的思考，已經被傳播著任何地方觀念的普世媒體所取代。任何在地形式之全球複製，取代了藝術形式的普世性。結果是今日的觀眾不斷面對著相同的都市環境，但無法辨別這些環境究竟是不是「普世的」。在後現代時期，所有追隨包浩斯腳步的建築被批評為單調與簡化，剷平並消滅了所有地方特色的建築。但是在今天，整個過剩的地方形式正在擴散，正如同過去國際形式自行在全球擴散一樣。

完全旅遊主義的結果，我們目睹了同質性的興起剝奪了所有的普遍原理，這是一個全新而且是當前的發展。因此在完全旅遊主義的脈絡下，我們又再次遇見烏托邦，但是與靜態、固定不動的城市烏托邦有很大的不同。固定不動的城市烏托邦是將自己從其他的地形上分離開來，將自己與國家的其他部分隔離。而現在我們所住的世界城市裡，生活與旅行是同一件事情，城市的居民與遊客之間不再有任何可以被覺察的差異。一個永恆的普遍秩序的烏托邦，已經被一個不斷在全球移動的烏托邦取代。結果是，這個烏托邦的反烏托邦面向也改變了；恐怖分子的支部、設計毒品，可以像普拉達（Prada）的專櫃一樣的步調在全世界的城市中散布。

有趣的是，早在20世紀初期，在幾個俄羅斯前衛藝術所構想的基進烏托邦裡面已經呈現了這樣的計畫。那些未來城市裡的公寓、房舍，首先都是規格一致的，然後，是移動的。他們的設計以令人震驚的手法，使得

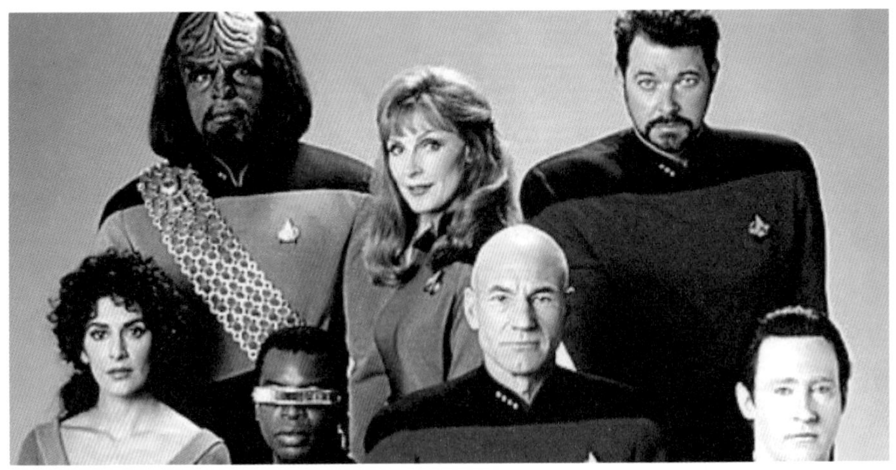

吉恩・羅登貝瑞（Gene Roddenberry），「星艦迷航記」系列影集「銀河飛龍」（Star Trek：The Next Generation），1966-69。

旅客的旅程與其目的地是同義的。同樣的想法也出現在詩人克勒伯尼科夫（Velimir Khlebnikov）那裡，他建議所有的俄羅斯居民住在玻璃小房內，此小房備有輪子，可以讓他們自由到任何地方旅行，去看任何事物，但是不能阻止別人看見他們。有了這種裝置，旅客與城市居民變成是相同的──而所有的旅客也都能看見其他的旅客。巧合地，馬列維奇將克勒伯尼科夫的計畫又向前跨了一步。他建議將每個個人放進宇宙容器中、漂浮在太空裡，使得他能夠從一個星球飛到另一個星球。他的計畫將會不可逆地將人類變成永恆的旅客，在一個永不止息的旅程──絕緣在他自己，但又完全一樣的單元中，他自己變成了的紀念碑。我們在很受歡迎的電視影集「星艦迷航記」（Star Trek）裡遇見類似想像，太空船企業號成了一個不斷移動、烏托邦式的紀念碑空間，在整個影集無數的演出裡，雖然──或是說正因為──它總是以光速在移動。在這個例子裡，烏托邦追求一種超越停滯與旅行的對立、定居與遊牧生活、舒適與危險、城市與鄉村間對立的策略——成為完全空間（total space）的創造；在這完全的空間裡，地球表面的地形變成與永恆城市的*烏有之地*（ou-topos）同一了。

很驚人地，這種烏托邦式的對自然的超越，在德國浪漫主義時期就已經被考慮過了。我們可以從黑格爾的弟子，羅森克蘭茲（Karl Rosenkranz）於 1853年所寫的《醜陋的美學》（The aesthetics of the ugly）的這段文字得到證明：

> 拿我們的地球做例子，為了要有一個美麗的本體，地球應該要是完美的球形。但它不是，它的兩極扁平、赤道凸出、表面非常地高低起伏不均。從體積學的角度來看，地球表面的皺褶是最胡亂的上升與下沉、有著各式各樣無法計算的輪廓。同樣的地，月球表面不規則的隆起與深谷對我們而言，一樣無法描述它是否美麗（註4）。

寫下這段文字的時候，人類距離太空旅行的技術還非常遙遠。在前衛的烏托邦精神或科幻電影中，全球美學的思考是以剛剛從外太空到來的外星人做為觀察者，在一個舒適的距離所產生的美學判斷。當然，這個外星人被認為有明確的古典品味，這也是為何它無法從眼前的地球環境中認為它是美的。但不管外星人最後的美學判斷為何，很清楚的是：這是第一個從完美的都市居民所體現的凝視，它一直在黑暗宇宙的烏托邦中移動，從一個觀光客的美學距離凝視著我們世界的地形。

註釋：

1. 笛卡兒（Renè Descartes），*《方法與沉思論》*（*Discourse on Method and Meditations*），Mineola: Dover, 2003, pp. 9ff.
2. 康德（Immanuel Kant）），*《判斷力批判》*（*Critique of Judgment*），Indianapolis, Ind.: Hackett, 1987, p. 99.
3. 同前註，p. 100。
4. 卡爾．羅森克蘭（Karl Rosenkranz），*《醜的美學》*（*Ästetik des Hässlichen, The aesthetics of the ugly*），Leipzig: Reclam Verlag, 1990, p. 20.

批判的反思

藝評家做為藝術世界的合法代言人，已經有很長的一段時間了。藝評家與藝術家、策展人、藝廊經營者、收藏家相同，當他在藝術圈的開幕或者其他活動現身的時候，沒有人會質疑：「這個人在這裡幹嘛？」藝術必須有伴隨的論述，這件事似乎是不證自明的。當藝術品沒有伴隨著文字；不管是小冊子、圖錄、藝術雜誌、或是其他形式，就彷彿藝術品是未被保護、走失的、赤裸裸地來到世上。沒有文字說明的影像是很困窘的，就像一個人裸身出現在公共場合一樣。最底限也要有個文字的比基尼，書寫著藝術家的姓名，與作品的標題（而最壞的狀況也要寫上『無標題』）。只有家庭式的私密收藏才能容許藝術品的完全赤裸。

藝評家；也許「藝術的評註者」（art commentator）的稱呼更貼切──其功能被認為是替藝術品穿上衣服，也就是準備一些保護藝術品的文字。從一開始，這些文字就不必然是為了被閱讀而寫的。如果我們期待藝術評註者的文字必須清晰而且容易了解，那是完全誤解了他們的角色。事實上，文字愈是深奧難懂愈好：太清晰透明的文字會讓人一眼看穿赤裸的藝術品。當然，也有一種是藉由絕對的透明，反而產生了特殊的不透明效果。這種文字產生的保護效果最好。流行的設計者最深諳此道。不論是哪一種，任何人想要去閱讀藝術的評註，都顯得太過天真。還好，藝術圈裡鮮少有人發現這件事。

因此，今天的藝術評論處在一個令人迷惑的位置，它既是不可或缺的、也是過剩多餘的。除了它完全的物質存在之外，我們真的不知道該期待些什麼、或要求些什麼。這種迷惑的根源來自於當代評論的系譜：論述在藝術世界裡的地位絕非不證自明的。一般咸認，藝評家的角色是在18世紀末與19世紀初開始出現，與當時廣大的民主群眾的逐漸興起同時。在當時，藝評家並不被認為是藝術世界的代表人物，而是個局外的觀察者，以公眾的名義評判藝術品。他就像所有其他受過良好教育、有時間、有寫作才能的觀察者一樣：好的品味，被視為是美感「常識」的表現。藝評家的評斷應該是公正的，因為他對藝術家不負任何道義責任。如果一個評論有失中立，意謂著被藝術圈所腐化、忽略了他的專業職責；這個以公眾領域為名、不偏頗的藝術評論的要求，來自康德的第三批判：這是第一個真正重要的現代美學論述。

這種理想的評論，卻被歷史前衛的藝評所背叛了。前衛藝術有意識地將自己從公眾的評判裡抽身。它不再向過去的公眾傳達，而是向新的人類——至少是可能的新人類。前衛藝術事先假設了一個不同的新人類做為對象；這種新人類能夠掌握純粹顏色與形式的潛在意義（康丁斯基），能夠將想像與日常生活收納於幾何的嚴格定律中（馬列維奇、蒙德里安、構成主義者、包浩斯），也能夠將小便池當作一件藝術品（杜象）。前衛藝術因而引入了一個社會的斷裂，與任何其他既存的社會差異均有所不同。

這個新的、人為的差異正是前衛藝術真正的作品。現在藝術品不再是由觀察者來評斷，而是由藝術品去評斷觀察者——而且通常是指責觀看的大眾。這種策略通常被稱為菁英主義，但是他所推崇的菁英可以是任何人，因為它一視同仁地將所有人排斥在外。被選中者不必然能夠主宰、甚至有什麼優勢。每個人都有自由可以自我定位，對抗其他的公眾，站在藝術品這邊——成為建構新人類的一份子。許多歷史前衛的藝評家的做為正是如此。以藝術為名的社會批判，取代了以社會為名的批判：並不是藝術品成為評判的物件，而是藝術品成了一個起始點，以此出發進行對於社會與世界的批判。

今日的藝評家，繼承了過去站在公眾角度的任務，也同時繼承了前衛藝術對這個任務的背叛。既要以公眾之名來評斷藝術，又要以藝術之名來批判社會，藝評家的矛盾工作在當代的批判理論中開啟了一道很深的裂痕。我們可以將今日藝術評論的論述，理解成一種連接裂痕的嘗試、或至少是試圖掩飾這道裂痕。例如，有些藝評家要求藝術必須以社會差異做為主題、並將自己定位在對抗均值社會的假象。這當然聽起來非常前衛，但別忘了真正的前衛藝術不會拿已經存在的差異做為主題。前衛藝術的主題是過去不存在的差異。大眾在面對馬列維奇的絕對主義、與杜象的達達主義時，是同樣的困惑。正是這種普遍性的不了解與困惑，使得許多前衛藝術的計畫能夠在不同階級、種族、性別，實現真正的當下民主。這些計畫扮演的角色不是為了暫緩目前的社會差異、製造文化的統一，而是要展示一個基進而且全新的差別、能夠斷定社會的差異。

當人們要求藝術放棄其現代主義的「自主性」，成為社會批判的媒介，這似乎沒有什麼錯。他們所忽略的是這種批判的立場會是魯鈍、庸俗、終究無法達成其目的的。當藝術放棄了其自主的能力，不再創造其本身的人為差異時，它也同時失去了以社會為主體、基進批判的能力。藝術所剩的只有覆述社會既有的、或是自行產生的批判。要求以既存的社會差異為名來實踐藝術，等同於要求以社會批判的偽裝、行使對於社會既存架構的確認。

在我們這個年代，藝術通常被認為是一種社會溝通的形式；所有人都想要溝通、所有人都想在溝通裡被認可，這被我們當作是不證自明的。就算是從當代的藝術批判論述中，我們並不是以特定的文化認同來理解著名的「他者」，而是以慾望、權力、原慾、無意識來理解；真實的藝術仍舊被認為是要為他者發聲、賦予他者型態的溝通企圖。就算溝通不成，這種企圖的本身就足以獲得認可。而且古典前衛藝術作品會被接受，是當它被認為是誠摯地想要將潛意識與他者表現出來：而一般觀眾的無法理解，也可以解釋為「基進的他者」本來就不可能存在溝通的中介。

但這個「他者」、想要毫無保留地傳達自己、想要溝通，當然就表示「他者」的還不夠。使得古典前衛藝術有趣而基進的因素，正是它有意拒絕傳統的社會溝通：它自我放逐。前衛藝術的「不可理解性」，並不只是溝通失效。任何語言、包含視覺的語言，不只可以用來溝通，也可以做為反溝通的策略，甚至是自我放逐：也就是自願地離開一個溝通的社群。而這種自我放逐的策略是絕對合法的。人也可以自願在自己與他人之間豎立起一道語言的障壁，以取得與社會之間的批判距離。而藝術的自主性，不多不少正是這自我放逐的運動。重點在於策略、在於獲得超越差異的力量；因此創作了新的差異，而非克服、或是表現舊的差異。

現代藝術經常實踐這種社會溝通的遠離，而很諷刺地、這種遠離經常被描述成逃避主義。其實每個逃避都跟隨著一個返回；盧梭式的英雄離開巴黎在森林與草原間漫步，只為了要回到巴黎在城市中央架起斷頭台，並與他之前的上司與同僚展開一番激烈的批判，也就是砍掉他們的頭顱。每個革命都很稱職地用一個新的、人造的社會來取代舊的。藝術的動機，一直在這裡扮演著決定性的角色。許多藝評家不願寄托希望於前衛藝術，因為過去這麼多創造新人類的企圖，結局總是令人失望。所以他們想要將前衛藝術驅趕回現實的地面，將它圈禁起來，將它束縛在真實、已經存在的差異裡。

但是問題仍舊存在：真實存在的差異究竟為何？大部分的差異都是徹頭徹尾的人造物。今日社會大部分的重要差異來自技術與潮流。只要是刻意地、有計畫地製造出來的差異——不論是高級藝術、設計、電影、流行音樂、或新媒體——前衛藝術的傳統就依舊延續（最近讓人聯想到古典前衛藝術的網路熱潮，就是一個佐證的例子）。社會藝術的批判，並不涉足技術或潮流的差異的批判，雖然他們的成功其實要感謝這些人造的差異、將它們的論述定位成潮流的（至少到最近為止）。所以在前衛藝術興起的這麼多年之後，當代藝術理論的論述依舊在掙扎當中，因為人為的、刻意製造的差異依然是不被重視的。如同歷史前衛的年代，這些藝術家創作的人造、美學的差異，被斥責為是商業與策略利益動機下的產物。對流行事物的熱中與寄託，從中看出創造新或有意義的社會差異，在「嚴肅」的理論看來是「不恰當」的。

藝評家不願採取某種特定的藝術立場，理論上被認定是因為我們已經在藝術史的終點。以亞瑟・丹托（Arthur Danto）《在藝術終結之後》（After the End of Art）的論述為例，他認為前衛藝術意圖要定義藝術的本質與功能，最終的結果是站不住腳的。以前衛時期的方式思考、一直嘗試要給予特定種類的藝術特殊地位的藝評家們——以美國來說，其典範就是克萊門・葛林柏格（Clement Greenberg）——在現在已經不再可能了。本世紀的藝術發展，已經終結在多元論當中，並將每件事情都相對化，任何時間任何事情都有可能，不再容許批判基礎的評斷。這樣的分析似乎很有道理。但是今天的多元論就是徹底的人工之物──是前衛藝術的產物。單一的現代藝術作品，就是一部巨大的當代差異製造機器。

如果這些藝評家不曾像葛林柏格一樣，將特定的藝術作品當成為理論與藝術政治劃出新疆界的場域，我們就不會有今天的多元論，因為這個藝術多元論當然不能被限縮為已經存在的社會多元論。甚至可以說，社會藝術評論能夠將「自然的」與「社會符碼」當作重要的藝術評論加以區別，正是因為他們將（人為的）差異──例如現成物，擺在現代主義差異的背景下。當丹托試圖要總結沃荷的布理洛箱子所帶來的後果時，他使用了與葛林柏格相同的做法，認為這件藝術品是一個絕對全新時代的開始。今日的多元論意謂沒有任何一個立場可以明確的優於其它立場。然而，並非任何兩種立場的差異都有相等的價值；有些差異就比其他差異有趣。注意這些有趣的差異是值回票價的──不論個人擁護的立場為何。更值回票價的是創作新的、有趣的差異，將多元論的現況更向前推進。因為這些差異完全是人為的，因此自然的、歷史的終結並不能影響這差異化的過程。

今日的藝評家不再熱中於推崇特定的藝術態度、及其相關理論與文化政治，也許其真正的原因是心理層面、而非理論層面的。首先，這樣主張的藝評家會覺得他被藝術家遺棄了。我們也許會以為，當藝評家跨界加入藝術家的一方，他也贏得了藝術家的感激、成為藝術家的密友。但現實並不是這樣運作的。大部分的藝術家都認為，藝評家的文字，與其說是發揮保障藝術品不被誤解的功能，還不如說它隔絕了潛在的欣賞者。將理論定義說死了，對生意有害。因此很多藝術家都排拒理論評述，期望赤裸的藝術品比穿上文字的外衣更誘人。藝術家偏愛模糊的論述方式：作品「充滿張力」、「具批判力」（但完全不提為何與如何）；藝術家「解構社會符碼」、「挑戰熟悉的觀看方式」、「精心之作」等等這類的說法。也有藝術家寧願自己發聲，講述個人的歷史；不管多麼微不足道、在他的凝視之下所有的細節，都具有深層的個人意義。（許多展覽裡，觀者彷彿被放在社會工作者，甚至是心理分析師的位置，不過沒有領到出診費就是了。例如在伊里亞．卡巴柯夫〔Ilya Kabakov〕嘲弄式的模仿裝置，或是東尼．奧斯勒〔Tony Oursler〕的錄像作品又是另一種方式。）

另一方面，藝評家試圖要回歸大眾，自願成為大眾合理要求的捍衛者，這種努力也毫無成果：大眾並沒有忘記他們的背叛。大眾依舊認為藝評家是藝術的圈內人、藝術產業的公關代表。諷刺的是，藝評家在這個產業裡面的權力是最卑微的。當藝評家為展覽目錄寫文章時，安排與支付他稿酬的人與為他評論對象的藝術家舉辦展覽的人，是同一個。當他為報紙或雜誌撰稿時，所寫的又是讀者已經假定具備被報導水準的展覽 。所以如果不是已經建立名聲的藝術家，藝評家沒有真正的機會撰寫他們。我們當然可以提出疑問：藝評家至少可以寫負面的評論。的確可以寫，不過這沒有任何差別。經過這幾十年的藝術革命、運動與反運動，這世紀的大眾已經明白，負面評價與正面評價是沒有什麼差別的。重點是誰在何處被評論，以及被評論了多久。其餘都是無關痛癢的。

做為對於此狀態的回應，今日藝術評論界充斥著苦澀、失望、虛無的語調，很明顯地已經摧毀了評論的風格。這是很恥辱的事，畢竟藝術系統對寫作者來說是一個不算太糟的環境。的確，大部分的文字都不會被閱讀──但這正是可以盡情發揮的根本原因。以展開藝術品的不同脈絡做為藉口，最分歧的理論、知性的取徑、修辭的策略、學院的知識、個人的故事，以及來自各行各業的例子，都可以任意加入文字中──這種自由在我們文化當中的另外為書寫開放的兩個領域──學術與大眾媒體，是不可能存在的。除了藝術評論之外，幾乎不可能看到文字的文本性能夠如此清楚地呈現。藝術系統保障作者不必負責傳達「知識」給學生群眾，不用像辛普森（O.J. Simpson）審判案中、媒體爭相報導給聽眾的一樣（譯註1）。藝術世界的群眾是較少的：沒有廣大群眾論壇的壓力。因此文字不需要與這個群眾的意見一致。當然，潮流是個需要考慮的因素，有時我們要感受藝術品裡的原真性，其他時候我們又要理解原真性是不存在的，有時我們要強調和政治的關聯，其他時候又滑向個人的執迷；但是潮流並非嚴苛僵化的。總是有人不喜歡當前的流行，他喜歡的可能是前一代的流行，或是期待下一個流行，又或者兩者皆是。

但重要的是，藝術評論不可能犯錯。當然過去藝評家因為對特定的藝術形式所做出錯誤的判斷或理解，不斷地受到責罵。但是這種斥責是沒有根據的。生物學家可能會犯錯，如果他將短吻鱷描述成另一種生物，他就錯了；但是因為短吻鱷魚並不會閱讀，所以它們的行為不會受影響。相反地，藝術家可以根據評論的判斷與理論根據去調整作品。當藝術家的作品與藝評家的判斷出現鴻溝，這不一定是藝評家誤解了藝術家。也許是藝術家誤解了藝評家？但這也沒關係，下一個藝術家，也許會更了解這位藝評

譯註1：辛普森為美國知名足球明星，其殺妻案獲得媒體長時間的報導關注，結局以真相不明作收。

家。如果認為波德萊爾（Charles Baudelaire）溢美了居伊（Constantin Guys），或是葛林柏格過度吹捧奧理茲基（Jules Olitski），那也錯了，因為兩位藝評家過度的理論有其本身的價值，可以啟發其他的藝術家。

藝評家選用哪一件藝術作品，來表達其理論所產生出來的差異，也不是這麼重要。差異的本身才是重點──差異並不出現在作品裡，而是在於作品的使用，也包括它們的詮釋，可能不同的圖像都適用於評論的目的。可用的圖例並不缺乏；今日我們正目睹著圖像的超級生產過剩。（愈來愈多藝術家體認到這個狀況，因此開始自己撰寫。創作影像對他們而言比較像是掩護，而不是實際的目標。）圖像（影像）與文字之間的關係已經改變。在過去，為了一件作品提供好的評論，似乎是很重要的事。今天，替一段文字提供好的插圖才是重要的，這顯示了附帶評論的圖像已經不如配有插圖的文字般吸引。藝評家對於大眾品味的背叛，使得他變成了一位藝術家。在這過程裡，任何宣稱超越層級的大判斷都佚失了。自此之後藝術評論就自行成為一種藝術；以語言為媒介，並有廣大的圖像（影像）基礎為其所用；其獨斷的運作已經成為藝術、電影、或設計領域裡的慣例了。因此藝術家與藝評家之間的界線，至此已完全抹除。同時傳統上的藝術家與策展人的差別，藝評家與策展人的差別，也都同時在消失中。只有在文化政治裡，新的、人為的界線重訂才是重要的，而這些新的界線就在每一個有意識與有策略的案例當中。

第二部分

戰爭裡的藝術

藝術與戰爭的關係、或者藝術與恐怖的關係，委婉地說一直是搖擺而矛盾的。的確，藝術需要承平時期來發展。而藝術又一再地利用這種承平時期，來讚揚這些戰爭英雄與其英雄式的功績。戰爭中的榮耀與苦難的再現，一直是藝術所喜愛的主題。但古典時期的藝術家只是戰事的敘述者或描繪者——過去的藝術家不曾僭越戰士的地位。戰爭與藝術的分工是很明確的。戰士負責戰鬥，藝術家負責刻畫或敘述這場戰鬥。

因此戰士與藝術家是互相依賴的。藝術家需要戰士來做為創作題材。而戰士更需要藝術家。畢竟，藝術家可以選擇另一個比較和平的題材來創作。但只有藝術家能夠授予戰士名聲，並流傳後世。從某方面來說，如果沒有藝術家目睹這些英雄式的行為、並將它深深刻入人類的記憶，那麼這些英雄式的行為將變得毫無用處而無關緊要。但是現在，這種情況已經大幅改變了：當代的戰士已不再需要靠藝術家來獲取名聲、並將自己的豐功偉業銘刻在普遍的記憶裡。當代的戰士有著所有的當代媒體供其隨時使喚。每個恐怖行動、戰爭行為，都立刻被媒體所記錄、再現、描述、刻畫、敘述與詮釋。媒體機器幾乎自動涵蓋了所有工作。不需要個別藝術家介入，也沒有個別需要去付諸行動的藝術性決策。當代的戰士或恐怖分子在按下炸彈爆炸的按鈕同時，就啟動了媒體機器。

當代大眾媒體已然發展成最大、最具力量的影像製造機器，遠比當代藝術體系更深遠而有效率。我們不斷被灌輸各種戰爭、恐怖行動、災難的影像，其生產規模與傳播能力遠非藝術家所能比擬。所以藝術家做為當今現代性的最後工匠，面對商業利益宰制的影像生產機器，毫無得勝的機會。

更有甚者，恐怖分子與戰士們也開始自己扮演藝術家了。特別是錄像藝術成為當代戰士的媒介首選。賓・拉登與外界的溝通就是使用這個媒體：一開始我們也都是以錄像藝術家來認識他的。同類型的斬首、恐怖分子招供等的錄像也是如此：在所有的例子當中，我們以其本身容易辨認的美學手法，有意識並藝術性地將事件如此呈現。這裡的戰士不再等待藝術家來展現他們的戰爭與恐怖行為：取而代之的是戰爭的行為本身，與它的記錄與再現手法無分軒輊。藝術做為一種再現的媒介功能、藝術家做為真實與記憶的中介者的角色，都被徹底抹滅了。同樣情形也適用在巴格達的阿布-格萊布監獄（Abu-Ghraib prison）流傳出來的著名照片與錄像。這些錄像與照片展現出來怪異的美學手法，和1960與1970年代歐洲與美國在另類反叛藝術與電影製作中的手法相同。其中圖像與風格上的雷同，令人震驚（比較維也納行動主義〔Viennese Actionism〕、帕索里尼〔Piero Pasolini〕的電影等）。兩者的目的都是要將社會習俗體系下習慣遮蔽的赤裸、脆弱、慾望的軀體予以暴露。但是在1960與1970年代的反叛藝術，是為了要破壞主宰藝術家自身文化的傳統信仰與習俗。而在阿布-格萊布監獄的影像生產裡，我們可以肯定地說，是完全變態的。同樣的顛覆美學被利用來攻擊與損害一個不同的、他者文化，採用暴力與羞辱他人的行動（而非自我質疑、自我羞辱）——而惡人本身文化的保守價值完全未被質疑。不過仍然值得一提的是，在反恐作戰（war on terror）的雙方，影像的生產與傳播都是未經藝術家之手就達成的。

讓我們先將這種影像生產的道德與政治考量與評價放在一邊；我想這類的考量多少還算明確。此刻對我而言，重要的是去說明我們所提到的這些影像，已經變成了當代集體想像的聖像。恐怖分子與阿布-格萊布監獄的影片根植在我們的意識甚至是潛意識中，比任何當代藝術家的作品還要深刻。對於藝術體系而言，藝術家被排除在影像生產過程之外，是格外痛苦的。因為至少從現代性以降，藝術家想要變得基進、勇於挑戰、突破禁忌、試圖超越所有的限制邊界。前衛藝術的論述使用了許多來自軍事領域的概念，包含「前衛」這個概念本身。我們會談論常規的爆破、摧毀傳統、違反禁忌、採行特定的美學戰略、攻擊既存的機構等這類的用語。由此我們可以知道，現代藝術不只是像以往一樣去附和、描繪、讚美、或批評戰爭，它自己也發動戰爭。古典前衛藝術家自視為所有傳統藝術形式的否定、破壞、根除的行動者。被黑格爾的辯證法所啟發、還有承續自米哈伊爾．巴枯寧（Mikhail Bakunin）與尼采所宣揚的「積極虛無主義」（active nihilism）著名的箴言「否定即是創造」，前衛藝術家感受自己被賦予了破壞舊偶像，以立新偶像的力量。現代藝術是依照其基進程度來評價，也就是藝術家破壞藝術傳統的程度而定。雖然此時現代性本身已經被認為是過時了，但直到今日，基進性做為藝術評判的標準一直沒有失去其地位。藝術家創作向來所能收到最差的評價就是他或她的藝術是「無害的」。

這表示現代藝術與暴力、恐怖主義間，有著比矛盾更複雜的關係。藝術家對抗國家體制之權力壓迫，幾乎是理所當然的。服膺於現代性傳統的藝術家，會毫不保留地遵循這個傳統，在國家壓迫下捍衛個人的尊嚴。但是藝術家對於個人與革命暴力的態度是比較複雜的，某程度上它也基進地認同個人自主權在國家之上。現代藝術、現代革命、與個人暴力之間，其深刻而複雜的內在連繫背後，有著長遠的歷史。不管在哪一種情況，基進的否定性等同於真正的創造力，不論在藝術或政治皆然。而這內在的連繫也不斷以抗爭的形式出現。

藝術與政治在一個基本的面向是相通的：兩者都為了爭取承認而奮鬥著。如同科耶夫（Alexander Kojève）在其黑格爾評論所定義的，這個爭取承認的奮鬥，超越了一般為了物質產品分配的奮鬥，而後者在現代性中是由市場力量所控制。這裡的重點不只是特定的慾望得到滿足，也要被社會承認為擁有正當性。政治從過去到現在，一直是一個各種利益團體爭取承認的舞台，而古典前衛藝術家，大多在爭取先前視為不合法的、個別形式和藝術程序的認可。古典前衛一直致力於達成認可所有視覺標誌、形式、與媒介，均可做為正當的藝術慾望的對象，也都是藝術再現的合法客體。這兩種形式（政治與藝術）的奮鬥，相互間有著內在密切的關係，而且兩者目標皆為所有人們的各種利益興趣（interests）最終都將被賦予平等的權力，包括所有的形式和藝術程序。而在現代性的框架之下，兩種形式的奮鬥都被認為本質上是暴力的。

在這樣的論述背景下，堂．德里羅（Don Delillo）在其《毛二世》（Mao II）小說裡寫道，恐怖分子與作家都忙於一個零和遊戲（zero-sum game）：藉由激烈地否定現狀，兩者都希望能創造一種故事手法，來吸引社會的想像力──並藉此改變社會。在這方面，恐怖分子是作家的對手──而且正如德里羅說的，恐怖分子幾乎不費吹灰之力就打敗了作家，因為今日的媒體運用恐怖分子的行動製造出充滿張力的故事，是所有作者無法企及的。而就藝術家的狀況而言，這個對手遠比在作家的例子裡面還要明顯。當代藝術家使用的媒介與恐怖分子相同：照片、錄像、影片。很明顯地，藝術家無法像恐怖分子般極端；就基進的行動而言，與恐怖分子相較，藝術家永遠略遜一籌。安德烈・布賀東（André Breton）在其著名的〈超現實主義宣言〉（Surrealist Manifesto）裡宣稱，對著和平的群眾開槍掃射是真正的超現實主義、真正的藝術行動。而最近事件的發展更讓藝術家的行動顯得遠遠落後。以馬瑟・牟斯（Marcel Mauss）或是喬治・巴代伊（Georges Bataille）的誇富宴（potlatch）角度來看，藝術家與恐怖分子都在運用這種象徵性的交換，但是對於破壞與自我毀滅的基進程度而言，藝術家顯然是輸的一方。

不過在我看來，這種常見用來比較藝術與恐怖主義、或是藝術與戰爭的方式，基本上是謬誤的。在此我嘗試指出其中的謬誤之處。毫無疑問，前衛藝術、現代性的藝術是聖像破壞的。但恐怖主義也可以稱的上是聖像破壞的嗎？答案是否定的；恐怖分子其實是聖像崇拜的。影像出自恐怖分子或戰士之手，必須要強烈──這種強烈的影像被我們默認為是「寫實」的、是「真」的，也正是這個時代的國際政治現實下、所隱藏的可怕現實的「聖像」。我認為：這些影像正是當代政治神學下、主宰著我們集體想像的聖像。這些影像的影響力與說服力，來自非常有效的道德威嚇。經過數十年的現代與後現代對於影像、摹擬、再現的批判，某種程度上我們會恥於說出這種恐怖與折磨是假的、是偽造的。我們無法說這些影像是不真實的，因為我們知道這些影像的代價是真實的人命──影像記錄著一條失去的生命。馬格利特（René Magritte）可以很輕鬆地說一顆畫出來的蘋果不是真的蘋果、一支畫出來的煙斗也不是真的煙斗。但是我們要如何說一段斬首的錄像不是真的斬首？或是說阿布－格萊布監獄裡面的虐囚陋習的錄像，不是真的虐囚？所以儘管這麼多年來對於天真地相信攝影與電影能夠再現真實所做的諸多批判，我們又回歸到最初的狀態：可以毫不質疑地接受某些攝影與錄像是真實的。

這表示：恐怖分子、戰士是基進的──但是這種基進，與藝術家的基進是不同的。恐怖分子的做為並非聖像破壞。他想要鞏固對於影像的信仰，鞏固其聖像崇拜的吸引力、聖像崇拜的欲望。而他採用了罕見的、基進的手段來終結聖像破壞的歷史，來終結對於再現真實的批判。我們所面對的是一個歷史上前所未見的策略。的確，過去的戰士所尋求的是一個能夠榮耀自己，用優越、正向、吸引人的方式呈現的影像。而我們在累積了長期的批判傳統之後，解構了想要將圖像理想化的這類企圖。但是當代戰士的圖像策略是震撼與驚歎；這是一種挑釁式的圖像策略。而這只有在現代藝術漫長歷史中製造了許多憂懼、殘酷、變形的影像後，才有可能實現。過去對於再現真實的批判，是基於一種懷疑，懷疑在傳統理想化的影像的表面底下，隱藏著醜陋而駭人的東西。而當代戰士向我們展示的正是這個東西──那隱藏的醜陋，我們所懷疑與憂懼的影像。

正是因為這個原因，讓我們迫使自己馬上去承認這些影像是真的。這些東西跟我們想像的一樣糟──甚至更糟。最壞的可能已經被證實了：影像背後隱藏的真實暴露出來，跟我們想像的一樣醜陋。所以我們感覺批判旅程終於到達了終點，我們的批判工作已結束，我們做為批判的知識分子的任務已完成。政治的實情已經現身──我們可以直接思考當代政治神學的新聖像，而不必更往前推進什麼，因為這些聖像本身已經夠恐怖了。所以只要評論這些聖像就夠了——根本不必去批判它們。這也可以解釋最近許多有關「反恐戰爭」出版的影像，在對立雙方的隱形前線裡，都表現了死亡的恐怖魅惑。

這就是為什麼我不認為恐怖分子比藝術家更基進，就可以勝過現代藝術家。我反而認為恐怖分子、反恐分子、與他們內建的影像生產機器，其實是現代藝術家的敵人，因為他們試圖創造號稱真實的影像——不受再現能力的批判。許多今日的作者們認為恐怖主義與戰爭的影像顯示了回歸現實的徵兆——上個世紀對於影像不能代表現實的批判已經結束，這些影像可為明證。我認為現在放棄這個批判還言之過早。當然這些影像有其基本的、經驗上的真實成分：它們記錄了特定的事件，而其紀錄價值可以被分析、調查、確認或被剔除。也有些技術手段可以判斷影像是否真實發生，或是受到擺設、變造、竄改。但是我們應該要區分影像在經驗上的真實，與影像做為類似司法證據的經驗上的應用，以及媒體象徵交換經濟中的象徵價值之間的差別。

恐怖行動與反恐行動的影像不斷地在當代媒體裡流傳，電視觀眾幾乎毫無逃避的可能，而且這些影像並不是以罪犯調查的經驗式內容來呈現。它們的功能絕不只是展現某個具體而實際發生的事件；它們所創造的是一個具有普遍有效性的「政治的崇高」。對於崇高的概念，我們首先聯想到的是康德的分析，他以瑞士的山脈、海上的暴風雨做為崇高的形象。我們也聯想到李歐塔（Jean-François Lyotard）論前衛藝術與崇高關係的論文。但事實上，崇高的概念源起於艾德蒙・柏克（Edmund Burke）對於美與崇高的論述——而柏克所用的崇高的例子，就是公開的斬首與酷刑，而這些在啟蒙時代之前是很常見的。我們也不要忘記了啟蒙時代的降臨，是通過公眾大量在革命中心巴黎的斷頭台見識斬首而迎接來的。

黑格爾在《精神現象學》（Phenomenology of Spirit）裡寫道，這種公眾斬首造就了人與人間真正的平等，因為它很清楚地顯示，沒有人可以宣稱其死亡具有較高的意義。在19與20世紀期間，「崇高」被去政治化了。現在我們所經歷的並非真實的回返，而是政治的崇高的回返──崇高再度被賦予政治化的形式。當代政治不再以美麗自居──只剩20世紀的極權國家還繼續吃這一套。取而代之的是當代政治再度以崇高自居──也就是一種醜陋、難以忍受、恐怖的崇高。更有甚者：所有當代世界的政治力量都投入在增加政治崇高的生產──爭取最強烈、最恐怖影像的競賽。這就彷彿納粹德國以奧斯威辛（Auschwitz）的影像、史達林的蘇聯以古拉格（the Gulag）的影像，進行自我宣傳。這是新的策略。但似乎不像它表面上看起來的這麼新。

柏克原始的出發點正是要指出：一個恐怖的、崇高的暴力影像，仍舊只是一個影像。一個恐怖的影像也可以被製造、被搬演──它的再現方式也可以被美學分析與批判。而這種批判不能被認為是缺乏道德感的。當有關於個人的、實際經驗的事件發生，並由特定的影像所記錄，道德感自然會介入。但是當一個影像開始透過媒體傳播，並且取得其「政治崇高」的象徵價值時，它會跟所有其他的影像一起受到藝術批判。這樣的藝術批判可以是理論化的。但也可以用藝術本身的手段來表現──正如現代主義藝術傳統的表現方式一樣。而這種形式的批判已經在藝術界發生了，不過在此我先保留藝術家的名字，因為這會轉移了這篇論文的焦點，我的目標是要診斷發生在當代媒體裡影像生產與傳播的體系。我想要指出的是，當代對於再現的批判，其目標應該是雙重的。首先，這種批判應該要對抗所有形式的審查機制，以及阻止我們面對真實的戰爭與恐怖行動的影像的管制。而這種審查機制當然還存在著。這種審查機制，以捍衛「道德價值」與「家庭權利」來將自身合法化，當然也能用來過濾今天所發生的戰爭──要求淨化它們在媒體上的再現。但同時我們也需要一種批判來分析這些暴力影像，其用來做為政治崇高的新聖像的方式，並分析其做為最強烈影像的象徵性甚至是商業的競爭性。

在我看來第二種的批判，使用藝術來做為其架構是非常合適的。藝術界與今日的媒體市場來比較，可說是非常渺小、封閉、甚至是無關緊要的。但事實上，比起當代藝術流通的影像來說，流通在媒體裡的影像其多元性是非常侷限的。要在商業的大眾媒體有效的傳播與活用，影像需要讓廣大的觀眾都能很容易辨識，這使得大眾媒體變得同義反覆。因此大眾媒體裡的影像多元性，遠比保存在現代美術館、或是當代藝術所製造的要貧乏。

從杜象以降，現代藝術就以提升「平凡物件」成藝術品為職志。這個提升的動作造成了一種幻象，彷彿藝術品的地位比簡單、實際的平凡物件還要高。但同時現代藝術也以現實之名，經歷了冗長的自我批判。這裡的「藝術」成為一種指責，一種否定。說某件事物「只是藝術」，意謂著比平凡物件更大的貶抑。

現代與當代藝術作品的平衡力量是雙向的──它既是平衡、也同時是反平衡的。這表示，當我們說戰爭與恐怖分子製造出來的影像在象徵層面上只是藝術，這並不是抬舉或尊崇，而是對它的一種批判。

隨處可見的這些「政治崇高」的魅惑影像，可以被理解為對於大師傑作、真切實在影像的一種特殊的懷舊。不是美術館、也不是藝術體系、而是媒體──似乎對於這類壓倒性、有直接說服力、強烈的影像有著渴望需要被滿足。這裡似乎是某種形式的虛擬實境秀，宣稱代表著政治現實本身──在其最基進的型態裡。但這種宣稱只能維繫在一個事實上，即我們無法在當代媒體的脈絡中進行關於再現的批判。理由很簡單：媒體只播出當下正在發生的影像。相較於媒體，藝術機構是一個可以對過去與現在、對過去的承諾與當前的實現進行歷史比較的地方；藝術機構也具有手段與能力來做為批判論述的場所──因為每個論述都需要比較，需要框架與比較的技術。以當前的文化風向而言，藝術機構是實際上唯一還能從現實中退一步來比較現在與其它歷史時期差異的地方。依此來看，藝術脈絡乃是無可取代的，因為它特別適合來批判並挑戰媒體所宣稱主導的時代精神。藝術機構是我們能夠反思「再現批判」與「崇高批判」之處──因此我們才能在歷史的背景之下，量度當下的處境。

英雄的身體：希特勒的藝術理論

今天任何人如果提到英雄或是英雄主義，都會不由自主地想到法西斯主義、國家社會主義（或稱納粹主義），以及希特勒。法西斯主義將英雄的製造，提升為一個政治的計畫。但什麼才叫英雄？英雄與非英雄的分野何在？英雄式的行為將英雄的身體，從介質轉化成為訊息。從這個角度切入，英雄的身體不同於其他的政客、科學家、企業家、哲學家的身體；後面這些人的身體都隱藏在其職業的社會功能背後。當一個身體直接地展現自己，將其社會角色的軀殼蛻去，結果就是一個英雄的身體。這樣一種蛻殼的身體，在義大利未來主義者（Italian Futurists）的例子裡，經常被拿來頌揚與展示。他們揚棄了藝術家的傳統角色，不再以圖像（影像）生產（producer of image）來供應藝術市場，取而代之的是以自己的身體來當做影像（形象）。而這些身體並不是靜止的；它們是奮鬥中的、積極的、帶感情的、顫抖的、蛻去軀殼的身體——換言之，是英雄式的身體。古代的英雄，當他陷入了迸發的熱情、準備要去摧毀、或是慷慨就義時，也有著這樣的身體。義大利法西斯主義與德國納粹主義利用藝術計畫，以身體這個媒介為訊息，而且是政治的訊息。他們不再與信念、理論、與計畫同路，而是與身體站在一起——也就是那些運動員、拳擊手與士兵們的身體。

要將身體變成訊息，需要一個競技場、一個舞台；或者換個方式說，需要現代的報導、與媒體製造出來的大眾。雖然沒有公開的宣揚，但這就是為什麼今日我們正經歷著普遍的英雄主義的回歸，因為我們活在一個全球的劇場，在這裡每件事最終都有賴於身體。在全球劇場裡，所有的論述都只剩下簡化的聲響、口號、與驚歎。今日媒體的明星，成為明星的條件完全基於他們的身體，而非其言行。運動員的身體可為明證，他們的身體費盡極大的努力，此外還有奮鬥中的身體、危險中的身體，隨著擄獲他們的熱情而搖擺的搖滾明星身體、名模的身體、演員與政治家的身體，以及自殺炸彈攻擊者的身體、他們讓周遭人的身體也隨之爆炸。藉由媒體的評論、記錄、與頌揚，所有這些身體主宰了我們的集體想像。

法西斯主義帶領我們走入了身體的時代，而就算在今天做為政治計畫的法西斯主義已經被文化的主流所取代，我們依舊活在身體的年代裡。但是，單從法西斯主義已被政治活動放逐這件事，就是一個我們無法和自身媒體的現實達成協議的徵兆。首先，一個關鍵的問題總是被迴避：媒體明星英雄式的身體，與觀眾非英雄式的身體，差別究竟何在？以純肉體的面向來說，英雄與非英雄間的神奇界線又在哪？會問這些問題是因為民主平等的意識，事實上並不存在於媒體的現實當中。在今日這個媒體主導的民主制度裡，所有的意識、學說、論述都是平等的──也因此都是無關緊要的。而身體是鮮少有平等的。

納粹主義與希特勒當然對於這個問題有他們的答案：就是種族。希特勒說道：

> 為了維護其生存，每個種族都運作在自然所賦予的力量與價值上。只有適合做英雄的人，能夠以英雄的方式思考、以英雄的方式行動……那些天生平凡的生物──例如那些生理上就非英雄的生物，也會在他們的生存奮鬥當中，展現其非英雄的特徵。然而正如一個社群裡的非英雄的成員，會將有英雄傾向的成員訓練成非英雄，完全的英雄也能憑一己之力臣服所有其他成員在其意圖之下。

基於這樣的想法，希特勒發覺德國人民包含「不同的種族成分」，因此不能被無條件歸納為英雄式的，因為「我們能力所能企及的成就，無可避免的決定於人民的種族組合」。而希特勒對此感到不滿，並定義納粹主義為：「它需要我們種族的政治與文化領袖階層呈現種族的面貌，這個種族的英雄主義根植於種族的天性。這種天性從德國人民眾多的組成元素中創造出德國民族[註1]。」

結果是，希特勒將自己視為訓練者、一個德國人民的教練。就像「星際大戰」（Star Wars）裡面的絕地武士，試圖去發掘隱藏在種族內在的原力，從德國民眾的身體裡啟發並動員。近年來的許多電影都充滿了類似希特勒這種訓練者的角色。像各種影片裡的功夫師父──從廉價的B級片，到「駭客任務」（Matrix）或者「追殺比爾」（Kill Bill），試著讓受訓練的人忘記他所學過、聽過、想過的一切，只聽從藏在身體裡面、本來就有的直覺。如此才能發掘其身體基因裡、命中注定的力量。同樣在真實生活中，成千上萬的導師們教導運動員、政客、企業主要相信自己，要不假思索地基於直覺來行動，發掘身體內在的潛力。發掘自己的身體儼然成為這個時代最偉大的藝術。

在第三帝國[譯註1]這種藝術被宣告為國家官方正式的藝術。因為希特勒曾經說過：「藝術的崇高使命，是帶領人們走向盲目的狂熱信仰[註2]。」也曾謂：「藝術與人類是密不可分的……，雖然我們可以藉由一些方式的教育來學會生活中的其他事物，唯有藝術必須是與生俱來的[註3]。」對

譯註1：納粹號稱繼承神聖羅馬帝國即第一帝國與德意志帝國的第二帝國。

希特勒而言，真實的藝術存在於展現英雄式的種族、英雄式的身體、並為之帶來力量。這種藝術，當然只可能發生在那些天生具有英雄天賦的人，因為這種真實藝術的本身，就是英雄式的使命。在此，藝術家與英雄就合而為一了。因此希特勒不只將藝術視為英雄主義的描繪，更是將藝術本身視為一種英雄的行動，因為它替民眾的生活塑造了現實，塑造了民族的生活。而這種行動本身也是身體的行動，因此不能將表現藝術之人的身體與它分離；這也是現在乃至永恆、英雄–藝術家的作品行動必須呈現的正確方式。在希特勒的眼光中，非英雄式的「現代」藝術永遠不會獲得永恆的價值，因為它並沒有以藝術家的身體，展現英雄式的決心，反而想要以學說、論述、以國際流行與形式的概念來支持自己。因此現代藝術失敗並背叛了它更高的使命，因為學說、論述、與批判是膚淺的現象，只描述了一個企圖忽略與隱藏藝術家身體的時代。

這也是為何希特勒宣稱要從這些只知理論的藝術批判的束縛當中解放藝術，並以此做為他的主要藝術政策──而且下定決心要毫不留情地進行這場解放戰爭。他想要製造具有永恆價值的英雄式藝術來取而代之。人們也許會認同這樣的說法：像這樣一直強調藝術的永恆價值，只是空口說大話、試圖用華麗的辭藻合理化其暴虐政權的正當性。這種觀點並不正確，因為我們也注意到，希特勒用同樣的說詞來動員其政黨成員，令他們犧牲立即的政治利益，以換取永恆價值的藝術。希特勒這樣問他的黨員： 當這麼多的貧窮、渴望、悲慘、與絕望圍繞在我們身邊，我們是否還能為了藝術而犧牲自己？(註4) 答案當然是： 可以，我們能夠為了藝術犧牲，也應該這麼做。 因此希特勒譴責那些缺乏藝術欣賞力的納粹黨成員，因為他們不願意為了經濟與軍事之外的藝術來動員第三帝國的資源與武力。希特勒的論點是：只有當第三帝國能夠創造永恆價值的藝術，它才能夠永遠存在。希特勒毫無疑問地認為只有永恆才是國家最終極的正當性所在。所以如果政治想要通過這終極的試煉──也就是永恆的試煉，政治必須以永恆藝術的創造，為其最重要的工作。因此永恆的概念構成了希特勒的英雄式藝術的想法核心──而希特勒的藝術只有英雄式的行動。英雄主義不多不少正是為了永恆的名聲而活、也是想要永遠存在的意願。而超越當下、暫時的目標，成為所有未來的典範，這正是英雄主義的定義。做為一個核心思想與其影響力，我們應該來仔細談談永恆這個概念。

首先，希特勒所談的永恆，從來不是指個人靈魂的不朽。希特勒所說的永恆是後基督教的、一個完全現代、純粹物質的、形而下的永恆，指的是廢墟的永恆，任何文明崩壞之後所留下的遺跡。這些殘存的物質比任何文明還要久遠，並且為後世的觀察者帶來驚奇、震撼，並體認到英雄式的、藝術的、創造性的、甚至只是無聊陳腐的痕跡。所以希特勒所謂藝術的永恆價值，就是藝術對於後世觀察者所造成的印象。希特勒最首先想要取悅的，是那些未來觀察者的目光──希特勒想要獲得他們對這些過去遺跡的美學判斷的讚賞，而這（未來的）過去就是他的現在。因此希特勒是以考古學的角度來看現在──一個來自未來、對藝術懷抱興趣的考古學家與*漫遊者*，從這個角度去期待終極的美學認可。這種對於自己當下的考古學式的認知，將希特勒與其當時的一種普遍感受連結。對許多現代性的作家與藝術家而言，現在的自己最終會被歷史如何評價的這個問題，正是他們創作的動機。

但於此同時，希特勒又在這點上與主流的現代主義藝術分道揚鑣。常見的現代藝術家與記者無異，他們觀察世界，並告訴他人他們所觀察到的結果。就此而言，現代藝術家與理論家、藝評家、作家在同一個層面上工作。而希特勒不是，他不想觀察，而是想要成為被觀察的對象。而且他不只想要被觀察，更想要被讚賞、成為一個英雄偶像。他認為藝術、藝術家、藝術作品，是一個被讚賞的對象，而不只是被觀察、被分析的對象。對他而言，觀察者、聽眾、評論者、作家、考古學家，這些都是外人。對希特勒而言，關鍵問題在於：以他這樣的藝術家－英雄，要如何贏得未來的觀察者與考古學家的認可？

要怎麼做才能確保他現在的作品能夠在未知的永恆未來得到讚賞與崇拜？未來的觀察者是個很大的未知數，他們無法立即接觸藝術家的靈魂、無法知道藝術家的想法與動機──這些觀察者更不可能被學說評論、甚至過去的政治宣傳所影響。未來的觀察者會僅以外在的、有形的、物質的外觀來判斷藝術品；至於藝術品的意義、內容、原始的理解架構，對他們而言都是陌生的。對希特勒而言，藝術之所以為藝術的認知，並不是來自一種心靈的傳統、文化的延續、或是世代的傳承。單從這點來看，希特勒就是基進現代性的產物，因為他已經不再相信文化可以「精神性地」代代相傳。由於上帝已死，因此在希特勒的觀點裡，不論是文化的精神、傳統的精神、或是任何可能存在的文化意義與價值，都變得有限而難免一死。因此希特勒所說的永恆，並不是精神上的永恆，而是一種物質的永恆──一種超越文化、超越精神的永恆。而有關藝術的永恆價值的課題，就變成了物質的組成與觀察者身體的課題。

希特勒絕不會認為追求藝術中的英雄主義，只是膚淺地遵循過去的榮耀形式。他強烈地反對純粹外在、形式地模仿過去，（這種模仿）試圖將從藝術史裡的辭彙轉借來的過時藝術形式應用到技術現代性的產物上。希特勒相信這種企圖本身是倒退回過去，而且會使得藝術家們誤入歧途，忘記了他們必須創作合於自己時代的完美藝術的目標。每當提到這種倒退的趨勢，希特勒總是語出嘲諷。在他批判的論點裡，很個人化地使用「那些猶太人」做為現代主義的代表。他說道：

> 納粹黨國必須小心提防那些懷舊的人們突然出現，他們認為有義務要替納粹革命將德國藝術的h加回去（德國古字裡有多一個h），彷彿要替他們自己浪漫想像的糊塗世界留下未來的遺產。這些人從來不是真正的納粹黨員。他們要不就是活在與世隔絕的夢境中的德式世界，也就是猶太人認為很荒謬的那種，不然就是虔誠而天真地與文藝復興中產階級的天堂般的信眾們並肩而行。因此今天他們想要將火車站變成真正的德式文藝復興形式，並將街上的號誌與文字改成歌德體，大量使用古代德國詩人瓦爾特・封・德爾・福格威德的詩句（譯註2）於歌曲當中，並且以葛蕾琴與浮士德（譯註3）的風尚當做典範。拜託！各位紳士們！……正如我們生活的其他方面一樣，我們給與德國精神自由發展的空間，在藝術領域也是如此，我們沒有道理去扭曲現代時期成為中世紀（註5）。

希特勒認為去考慮何種形式是適合第三帝國的藝術，從根本上就是錯

譯註2：Walther von der Vogelweide，12至13世紀的德國著名詩人。
譯註3：Gretchen and Faust，歌德筆下的人物。

誤的。他認為形式是會腐化藝術的口號，就像「新」的概念也一樣。對希特勒來說，一件藝術作品只有當它反映特定而確實的當代挑戰、並且在這點上已臻於完美，才可以稱為是好的藝術；而不是做為一種普遍形式的範例來表現，不論是新的或是舊的形式都一樣。但是觀者要如何決定這件作品已經達成了特定而確實的成果，並且是最大可能的完美？當所有已知的美學判斷、不論新舊、「中世紀」的或「現代的」，都被認為是不正確，甚至是對藝術有害，那麼，藝術又該如何被創作與欣賞呢？要做出正確的美學判斷，觀者必須要有特定的品味——即好品味、正確品味、或是準確品味。也就是說，想要不藉由任何的解說、理論、與分析來判斷一件藝術作品，那麼判斷者就必須要有某種「永恆」的品味，也可以說是一種不隨時代改變的品味。而藝術家本身如果希望他的作品能夠持續在後世得到認同，他也必須擁有這種品味。所以藝術要如何達成永恆，此時就很清楚了：首先藝術家與觀者必須有同樣的品味，再來是這種品味必須不隨時代改變，如此藝術就能跨越時代獲得認同。藝術家與觀者都被束縛在這靜止的美學品味的基本要求下，任何試圖逃離者都會被希特勒堅決地排斥。論述與教育都不足以做為藝術家與觀者之間的中介，因為它們都是膚淺、因襲、而且短暫的。只有存在於所有的反省之前、與生俱來的身分，才能夠在藝術家的品味與可能的觀者的品味之間，保證完美的藝術理解與感知。

但是如果所有的品味都跟所處的時代有關，那麼不管是藝術家也好，觀眾也好，要如何才能擁有這樣先天的品味？而且雙方也都連結到同樣的品味？這正是希特勒藝術理論的核心，而他的答案就是種族。唯有透過種族的概念，這個完全先天的、不需學說也不需理論的假說才有可能，才能夠結合藝術家與觀者。而的確在現代藝術的發展過程裡，經常伴隨著過度依賴評論、學說的包袱太沉重的抱怨。就算在此刻，也經常有人呼籲要放棄所有的學說、所有的解釋、與所有的論述，專注在純粹的藝術品的感受中。但整體而言，不停要求我們完全投入藝術的純粹感受中，忽略了一個問題：要如何保證這種藝術感受真的會發生。如果個人從來不曾聽過任何的論述，甚至不知道有個叫做藝術的現象，他要如何看待藝術、並且對藝術有所反應？而這種資訊缺乏下的感受，又如何能形成對於藝術品價值的美學判斷，如果任何連結藝術家的創作與觀者的讚賞的論述都付之闕如？看起來的確只有透過種族的理論，這種超越所有理論的藝術感受才能夠自圓其說。

種族理論將整個分析從論述的層面轉移到了身體的層面。希特勒認為，藝術不是一種表達，而是一種身體，而這個身體衍生自另一個身體，也就是藝術家的身體。所以藝術欣賞，是兩個身體直接接觸的效果：藝術品的身體與觀者的身體的接觸。因此所有與藝術相關的事物，都發生在純粹形而下的層面。觀者要不依賴所有的論述，而能直接辨識藝術家的作品，並且正確地感受它，這是因為觀者的身體與藝術家的身體有著相似的結構——因此面對外在的刺激，具備了相同的純粹形而下的反應。而所謂藝術品味，就包含了整個這種形而下反應的本能。所以可以這麼說：人類能夠辨認並欣賞人類藝術，是因為藝術的製造者與消費者都屬於同一個種族——也就是說，他們都是人類。

相反地，如果我們認可這個理論，那麼外星生物是無法辨認、感受、並且欣賞人類藝術，因為它們缺乏與人類種族的關連，也缺乏與人類身體、人類本能的關連。當然希特勒並不相信人類是由單一的種族所組成的，因此一定會有來自不同人們與品味上的差異。而他假定人們的不同品味，來自於他們不同的種族。因此藝術要能夠永恆，這身體本身必須具備永恆的特質。而這個永恆的特質，是身體本身內在的永恆，也就是種族。只有當觀者擁有種族所賦予的英雄態度，才能夠辨認過去藝術裡面的英雄成分。

因此，在希特勒的觀點中，種族理論與藝術理論構成了一個天生不可分的整體。最終種族理論的存在是因為必須靠它來解釋藝術如何能夠橫跨歷史；也就是為何未來的世代能夠欣賞過去的藝術。種族理論可說是藝術對於歷史、對於文化、對於藝術批判的一種自主性理論。事實上，認為藝術的詰問最終會歸結到身體的這種信念，完全是一種現代的信念。這是在我們的時代裡，對於上帝已死的普遍反應──因那被理解為精神已死、理性已死、學說已死，哲學、科學、歷史也已俱亡。今日這種追求對藝術立即的形而下的反應，成為了抗拒任何論述與解釋的理由，並認為這些論述與解釋扭曲了藝術。也就是說，論述扭曲了觀者的身體對於藝術品本能的即時反應。許多當代或現代的作者們都會同意希特勒在1937年的一篇演說當中的開場白：「藝術理論著作的非正常增長，正是近年來我們所體認到的文化敗壞的一個徵兆[註6]。」

對希特勒來說，要建立藝術的永恆價值，只有藉由穩定種族的遺傳，來保證未來觀者的身體能對藝術做出正確的反應。這才是希特勒的藝術理論裡面，真正原創的部分：他將藝術的討論，從藝術家如何製造藝術，轉移到如何製造觀者。因此重點不在製造好藝術──畢竟好藝術本來就有，而是要替未來製造大批能對這種藝術作出正確反應的觀者。第三帝國真正想要製造的藝術品，其實是能夠辨識並欣賞藝術中的英雄成分的觀者。要再次強調，希特勒並不認為藝術作品是被動地描繪英雄，對他而言，藝術家本身就是英雄。在這一點上，希特勒是可說是現代性之子。藝術創作的行為本身，就是一個積極而英雄式的行動，不論是創作藝術作品也好，或者是創造一個國家。這個創造行動愈是盛大，其創作者的英雄性就愈明顯，因為正如之前所說的，創作並非精神性的行動，而是一種純粹形而下的行動。創造出一個英雄性的種族，那個種族就可以在屬於他們的身體所製造的紀念碑下觀賞並讚歎其創造。最終極的藝術品，就是那些被英雄政治所製造出來、成為英雄種族一員的觀者。對希特勒來說，真正的政治藝術就是持續製造英雄式身體的藝術。

大家都知道希特勒朝這個方向所做的藝術努力，最後的結果是什麼，幾乎不需要再深論了。也許這樣說就夠了：對藝術而言，希特勒的做為完全是減損、破壞、與退化的。或者用另一個方式來說：當希特勒得到了一個藝術性的方法操作民眾的身體與國家，他馬上就改用他自己所強烈批判的現代「墮落的」藝術，回到理論的層面上去實現。第三帝國的真正行動就是消滅人類，或者是將人類貶抑成阿岡本所說的「赤裸的人」。所有的建設動機，所有橫跨世紀的人種培育計畫，試圖要製造出一個英雄的種族，最終仍舊是一個純粹的理論。

在歷史上，希特勒可謂失敗者的代表人物，無法完成任何當初起頭的目標──連削減與滅絕的工作都失敗了。令人驚奇的是，希特勒失敗得如此徹底，不只在政治上與軍事上，連道德上都失敗了──這一點幾乎是在歷史上絕無僅有的成就，因為真實生活與道德勝利通常會互為消長。做為一個絕對的失敗者，希特勒在我們這個時代有獨特的吸引力，因為現代藝術總是歌頌失敗者——而這種偏好正是希特勒強烈抨擊現代藝術的原因。我們學會了去欣賞*被詛咒的詩人*（Poète maudit）（譯註4）與*失敗的藝術家*（artiste rate），而他們在現代想像當中的英雄地位並不是來自其勝利，而是來自其無可救藥的失敗。在所有現代文化可拿來比較的失敗者當中，雖然不是刻意造成、但希特勒是無人能出其右的。

譯註4：

poète maudit，法文，指活在社會邊緣，深受背德所苦，英年早逝的詩人；詩人波德萊爾（Charles Pierre Baudelaire）可為代表。

註釋：

1. 希特勒（Adolf Hitler），*〈德國藝術做為德國人民最驕傲的防衛〉（Die deutsche Kunst als stolzeste Verteidigung des deutschen Volkes）*，1933年9月3日於紐倫堡，對國家社會主義德國工人黨代表大會的文化會議演說（presentation to the Kulturtagung des Parteitags der NSDAP），Conference on the Cultural Politics of the National-Socialist German Workers Party。見*Adolf Hitler, Reden zur Kzmst- and Kulturpolitih 1933-1939*（Frankfurt: Revolver-Verlag, 2004）, pp. 44-45.
2. 同前註，p. 52。
3. 同前註，p. 47。
4. 希特勒，*〈文化紀錄比民族的生命更長久〉（Kein Volk lebt länger als Dokumente seiner Kultur）*，1935年9月11日於紐倫堡，對國家社會主義德國工人黨代表大會的文化會議演說（presentation to the Kulturtagung des Parteistags der NSDAP）（Conference on the Cultural Politics of the National-Socialist German Workers Party）。見Hitler, *Reden zur Kunst*, p. 83.
5. 希特勒，*〈投入防衛的藝術〉（Kunst verpflichtet zur Wehrhaftigkeit）*，1934年9月8日於紐倫堡，對國家社會主義德國工人黨代表大會的文化會議演說（presentation to the Kultur-tagung des Parteitags）, Conference on the Cultural Politics of the National-Socialist German Workers Party。見 Hitler, Reden zur Kunst, p. 75.
6. 希特勒，*〈領導人的偉大文化演說〉（Die grosse Kulturrede des Führers）*，1937年9月7日於紐倫堡，對國家社會主義德國工人黨代表大會的文化會議演說（presentation to the Kulturtagung des Parteistags der NSDAP）, Conference on the Cultural Politics of the National-Socialist German Workers Party。見 Hitler, *Reden zur Kunst*, p. 145.

教育大眾：社會寫實主義的藝術

從1930年代開始直到蘇聯瓦解，對所有蘇聯藝術家來說，「社會寫實主義」是唯一官方認可的創作模式。中央委員會在1932年4月23日所頒布的命令瞬間終止了1920年代蘇維埃藝術裡爭奇鬥豔的多元美學創作。這道命令解散了所有既存的藝術團體，並且將所有的蘇維埃創意工作者依其藝術家或建築師等專業，組織在單一的「創意工會」（creative union）之下。1934年的「作家工會第一代表大會」（First Congress of Writers Union），社會寫實主義被宣告為必須遵循的方法。往後這方法就一成不變地延伸到所有的藝術，包括視覺藝術。依照標準的官方定義，社會寫實主義的藝術作品必須是「形式上是寫實的，內容上是社會主義的」。這個看來簡單的公式，其實是非常神祕的。一種形式要如何才能夠寫實？而「社會主義的內容」又意謂著什麼？要將這個模糊的公式轉換成實質的藝術實踐並不容易，而這些問題的答案界定了每一個蘇維埃藝術家的命運。因為它決定了藝術家的工作權——有時候甚至是他或她的生存權。

在社會寫實主義形成初期，也就是史達林時期，被社會寫實主義之大旗所排除的藝術家人數、藝術方法與藝術形式都不斷在增加中。自1930年代中期以來，官方所規定容許的方式愈來愈狹隘。這類狹隘的政治認知與嚴苛的排除一直持續到1952年史達林過世。從1950年代末期起至蘇聯解體為止，蘇維埃系統裡發生所謂的解凍與部分的去史達林化，社會寫實主義才開始變得比較包容。但是因為一開始排除的政治並不允許真正均質的或甚至前後連貫的社會寫實主義美學發展，因此接下來的排除的政治也從未真正達到開放與藝術的多元性。在史達林死後，非官方的藝術場景開始在蘇聯出現，但是從未被官方的藝術機構所接受。官方雖然容忍這些藝術，但是這些藝術家從未獲得展出與發表的機會，顯示了社會寫實主義永遠不夠包容。

蘇維埃社會寫實主義想要一個嚴格定義的藝術風格，還要一個可以同時適用於文學、視覺藝術、劇場、與電影等不同媒介的蘇維埃藝術家的統一方法。當然，這兩個目的是互相矛盾的。如果一種藝術風格無法和同樣媒介的其他藝術風格相比較的話，結果其美學與美學價值一定是混沌不清的。對蘇維埃的藝術家而言，主要的參照是來自西方布爾喬亞的藝術。蘇維埃的意識管控當局所關心的是社會主義的藝術不能相似於西方資本主義藝術，因為西方藝術是腐敗的，也是排斥過去藝術價值的形式主義者。因此蘇維埃藝術必須反其道而行，以一整套藝術計畫來重新認可過去時代裡的藝術遺產。過去的藝術不應被排斥，反而應該拿來為新社會主義藝術服務。在1920年代末期到1930年代初期，有關於藝術遺產在新社會主義現實下所扮演角色的討論，決定了社會寫實主義未來的發展。對於1920年代仍舊由現代主義與形式主義計畫所主導的藝術來說，這標示了一個很大的轉變，並開始朝向以單獨藝術作品內容考量為主的社會主義的寫實主義。

馬列維奇（Kazimir Malevich）在1919年的〈論美術館〉（On the Museum）裡，簡明扼要地表達了前衛藝術家與理論家對於藝術遺產的態度。當時蘇維埃政府擔心內戰與國家機構與經濟的崩壞，會造成俄羅斯美術館與藝術收藏被破壞。因此共產黨試圖要解救並保存這些收藏品。在文章裡，馬列維奇抗議蘇維埃政權保護美術館的政策，呼籲國家不要站在藝術收藏品的角度介入，因為藝術收藏品的破壞可以打開一條通往真實、活生生的藝術道路。他寫道：

> 生命知道它在做什麼，如果它誓言要摧毀，我們不應該阻撓，因為阻擋了它，也就阻礙了我們蘊育新生命到來的方式。燒掉一具屍體，我們可以得到一克的粉末：因此成千的墳墓可以收納入一個化學家的架上。我們可以對保守派做的讓步就是建立一間藥房：將所有死去的過去時代燒掉的灰燼放在架上。

之後，馬列維奇提出一個實際的例子說明其意思：

> （這間藥房的）目的是，如果人們想要檢視魯本斯（Peter Paul Rubens）及其所有藝術的粉末——大量的想法將自人們身上出現，魯本斯將會比實際的展覽更加生氣蓬勃（也更不佔空間）[註1]。

馬列維奇相信一個新的革命時代必須用新的革命藝術形式來呈現。這是1920年代許多左派藝術領導者共同的想法。但是他們的批判者認為，真正的革命並不是發生在藝術形式的層面，而是在其社會的用途上。被勝利的無產階級充公的這些來自過去統治階級的藝術，被拿來服務新的社會主義國家；舊的藝術形式本質上就變成新的，因為它們被賦予了新的內涵，並且被使用在完全不同的脈絡。因此，這些舊的形式就變得比那些前衛藝術創造的形式更加地新，因為前衛藝術仍舊被使用在布爾喬亞社會的脈絡當中。當時很有影響力的藝評家雅可夫．杜根后（Yakov Tugendkhol' d）所做的原初-後現代（proto-postmodern）對於「藝術裡的形式主義」中批判談及：「無產階級藝術與非無產階級藝術的分野，並不是在形式當中，而是形式用途之觀念。藝術就跟火車與機器一樣，它們在這裡與在西方的形式都是相同的。而我們的工業與西方工業的差異，就在於這裡火車與機器的主人是無產階級；這就是我們的內容。」[註2]而在1930年代這樣的論述被不斷地重複。俄羅斯前衛主義的藝術家與理論家阻止了無產階級與共產黨使用藝術遺產於政治目的，他們因為對過去藝術採取虛無主義的做法而被控訴。因此社會寫實主義一開始的任務就是拯救文化傳統免於毀壞。幾年之後俄共政治局的安德烈．日丹諾夫（Andrei Zhdanov）職掌文化政治時，針對藝術發表了演說：

> 是否中央委員會保護古典繪畫遺產的行為是保守的？傳統主義的？跟隨主義的？這完全是胡扯！……我們布爾什維克不排斥文化遺產。相反地，我們嚴格地吸收所有國家與時代的文化遺產，並尋找能夠啟發蘇維埃社會工人的成分，使得他們能在勞力、科學與文化得到偉大的成就（註3）。

社會寫實主義的美學發展框架就在藝術遺產的角色討論中確立，並為如何同時滿足社會主義與寫實主義指出了一些正式的標準。因此社會寫實主義的出現，以回歸古典的藝術生產模式為名，開始了與形式主義冗長而痛苦的對抗。所有追溯出現代主義「扭曲」古典形式的軌跡都不斷被社會寫實主義所排除──因此到了最後，它與布爾喬亞的西方藝術變得極容易分辨。蘇維埃的藝術家嘗試用每種看起來是社會主義而非西方的事物做為主題，例如遊行與示威、共產黨的會議與領導，還有為了新社會的物質基礎而努力建設的快樂工人。從這個角度來說，這些回歸古典模仿的社會寫實主義的實踐，其實是誤導的。它不應該描繪過去的生活，因為在它自己的理論當中，生活是不斷流動與發展的──特別是在官方規定的革命開發的階段。

社會寫實主義的目標是成為尚未實現但應該實現的、共產主義的未來的一部分。社會寫實主義被理解為一種辯證法。 辯證法的重點在於，史達林寫道，正在開始發展的，而非已經穩定而開始衰敗的。就算此刻它顯得不穩定，但是從辯證法而言，只有開始發展的才是不可抵擋的（註4）。當然只有共產黨可以決定什麼會衰敗，而什麼又會開始發展。

針對事實的描繪被官方指責為「自然主義」；和「寫實主義」不一樣， 寫實主義所指的是能夠掌握整個歷史的發展，並向當今世界展現未來邁向共產世界的徵兆。社會主義藝術家最重要的特質，是要對當前與歷史的事實做出正確的社會主義選擇。史達林時期具有領導地位的官方藝術家波里斯．約甘松（Boris Ioganson），在他1930年代對蘇維埃藝術家第一代表大會的演說中提出：「事實並非完整的真實，它只是真實的未經處裡的材料、藝術家必須從中發掘並抽取出藝術真正的真理──就像我們不會將雞肉與雞的羽毛一起下去烤一樣（註5）。」他並進一步申論，社會寫實主義裡的創造力軌跡並不是繪畫技術，而是「圖像如無台劇般的搬演」──亦即畫家與攝影家的作品本質上是一樣的。社會寫實主義繪畫是一種虛擬的攝影──意圖在寫實，但並不只是對實際發生場景的單純反映。其目標是要給出一個未來世界的影像，在這個未來世界裡所有的事實都是社會主義者的生活。而這種繪畫必須達到一種照相的品質，使得這個繪畫在視覺上能夠令人信服。歸根究柢，社會寫實主義必須在「形式上」寫實，而不是在「內容上」寫實。

而回歸古典的表象也是一種誤導。社會寫實主義藝術並不是為了美術館、藝廊、個人收藏、或是收藏家而作。社會寫實主義的誕生與揚棄自由市場同時，這也包含了藝術市場。社會主義國家便成了唯一僅存的藝術消費者。而社會主義國家只對一種藝術有興趣——可以吸引大眾、教育大眾、啟發大眾、並且引導大眾社會的有用藝術。因此社會寫實主義藝術最終是要被大量製造、散播、並被消費的；它不是為了要讓人集中與沉思用的。這解釋了為何這些在傳統的標準裡看起來太好、太完美的繪畫與雕塑，會被蘇維埃藝評認為是「形式主義者」。社會寫實主義藝術作品在美學上必須參照某種已被接受的藝術遺產，但同時要在不製造藝術品與觀眾間太大距離的前提之下，將這個遺產開放給大眾。

許多在1920年代被俄羅斯前衛藝術所排擠的傳統藝術家們，無疑地把握了這個政治意識型態的轉變，使得自己的作品得到認同。很多蘇維埃藝術家仍舊畫著19世紀傳統的風景、人物、風俗等。但是領導社會寫實主義的畫家像是亞歷山大·戴涅卡（Alexander Deineka）、亞歷山大·傑拉西莫夫（Alexander Gerassimov）、伊薩克·布羅斯基（Isaak Brodsky）採用的美學形式主要是海報、彩色照片或電影。事實上，這些藝術家的成功圖像，在全國各地無數的海報與書籍上複製流傳著。他們是受歡迎的熱門藝術——如果批評流行歌曲的歌詞不夠詩意，就太過吹毛求疵了一點。史達林式的俄羅斯佔領導地位的美學品質標準，取決於大量傳播的能力。即便繪畫與雕塑是視覺藝術系統的主流，兩者皆被大量地重新製造，其規模只有西方的攝影與電影可以比擬。成千上萬的蘇維埃藝術家重複著同樣被官方認可的社會寫實主義題材、人物與組成，只容許對既有的模型有極小的更動，而這些更動對於未被告知的觀眾來說根本難以發現。蘇聯因此充滿了似乎是由同一個藝術家所創作的繪畫與雕塑形像。

社會寫實主義開始的時間，正逢全球的商業大眾文化達到決定性突破的時刻，並從此成為主要決定性的力量至今。史達林時期的官方文化正是此全球大眾文化的一部分，並且由它自己喚醒的世界期待所餵養長大。1930年代，對於容易重製與散布的新媒體所展現的強烈興趣，開始廣泛地流傳著。不論是法國超現實主義（French Surrealism）、比利時魔幻寫實主義（Belgian Magic Realism）、德國新客觀主義（German Neue Sachlichkeit）、義大利19世紀運動（Italian Novecento）、與所有其他的寫實主義，都利用了當時不斷擴張的大眾媒體的圖像與技巧。但是儘管有這些相似之處，史達林主義的文化與這些西方對手的結構有所不同。西方的大眾文化是由市場所主宰與定義的，而史達林主義的文化是非商業、甚至反商業的。它的目標不是為了取悅廣大群眾，而是為了教育、啟發、並引導大眾。（換言之，藝術必須在形式上是寫實的，在內容上是社會主義的。）這表示藝術在形式的層面就必須讓大眾容易接觸，雖然它的內容與目標是由意識型態來決定，並且目的是要重新教育大眾。在葛林柏格1939年的著作《前衛與媚俗》（Avant-garde and Kitsch）中，最著名的就是他嘗試定義了前衛藝術與大眾文化的差異（也就是他所謂的「媚俗」）。他認為媚俗的大眾文化利用了藝術的效果，而前衛藝術則研究藝術的策略（註6）。葛林柏格據此將史達林時期的社會寫實藝術與其他的極權主義藝術，等同於西方的商業大眾文化。兩者的目標都是要讓發揮在觀眾身上的效果最大化，而不是去批判藝術實踐的本身。葛林柏格認為前衛藝術的特質就有著與大眾文化保持距離，並維持批判的態度。但事實上，古典的歐洲前衛藝術與俄羅斯前衛藝術家們非常受到大量製造與散布圖像所提供的新可能性所吸引。前衛藝術只有不認同商業大眾文化的其中一點：迎合大眾品味。

而現代主義的藝術家也排斥中產階級菁英主義的「好」品味。前衛藝術家想要製造新的大眾，一種新型態的人類，能夠與他們的品味一致，並且透過藝術家的眼睛來看世界。他們想要改變的是人類，而不是藝術。他們最終極的藝術行動並不是製造新的圖像來讓舊的大眾用舊的眼光來觀看，而是創造出擁有新眼光的新大眾。

史達林統治之下的蘇維埃文化繼承了前衛藝術的信仰，認為人性是可以改變的，因此蘇維埃文化是由調教人類的信念所驅動。蘇維埃文化就是大眾文化，只是這個大眾尚待創造。這個文化不必從經濟上證明自己──換言之即不必獲利 ，因為市場已經被蘇聯所揚棄。因此在社會寫實主義的藝術實踐當中，大眾的實際品味是無關緊要的，甚至比起前衛藝術所認為的還要更無關緊要。西方的前衛藝術成員儘管不贊同，仍然得運作於一個與大眾文化同樣的經濟條件中。整體的蘇維埃文化可以被理解為試圖要揚棄前衛藝術與大眾文化之間的斷裂，而這種斷裂正是葛林柏格認為，在西方資本主義下藝術運作的主要效果（註7）。所以在這個主要的對抗之下，所有其他的對抗──例如生產與複製的對抗、原件與複製品的對抗、品質與產量的對抗，這些在蘇維埃文化的框架之下都不再重要。社會寫實主義的主要興趣在於它的觀眾，而不是藝術作品。蘇維埃藝術的製造是基於一個相對堅定的信念，認為人民將會喜愛它們的藝術，只要他們不再被布爾喬亞的價值觀所腐化，成為更好的人民。觀眾被視為是社會寫實主義藝術作品的一部分，同時也是它的最終產品。社會寫實主義試圖要創造出做著社會主義夢的夢想者。

為了推廣新人類的創造，特別是欣賞社會寫實主義藝術的新大眾，藝術家與政治當權者結盟。這對藝術家來說當然是很危險的策略，但一開始的報酬似乎是豐沃的。藝術家試圖要達到絕對的創作自由，擺脫所有過去限制著政治與藝術意志的道德、經濟、機構、法令，乃至美學的拘束。但是在史達林死後，所有的烏托邦想望與藝術絕對權力都立刻消失了。官方的社會寫實主義藝術變成只是蘇維埃官僚體系的一部分──所有的特權與限制都與官僚體系的地位有關。史達林之後的蘇維埃藝術生活，變成了對抗審察制度的舞台。在這舞台上演出的有許多英雄，他們突破過去被容許的創作框架，將「好的藝術作品」、「真正的寫實主義作品」，甚至「現代主義的作品」在官方容許的邊緣予以擴大。這些藝術家與支持他們的藝評家變得眾所周知，並且獲得更多民眾的讚賞。當然這種對抗有許多個人風險，在很多例子中，藝術家都落得悲慘的下場。不過我們可以肯定地說，後史達林時期的社會寫實主義的藝術建立了一套新的價值系統。藝術圈所看重的不再是為社會寫實主義的核心訊息與特定美學賦予定義的藝術作品，而是那些能夠打開審查制度的邊界、建立新的領域、給予其他藝術家更多運作空間的藝術作品。在這個擴張的過程最後，社會寫實主義幾乎完全失去了它的邊界，並且跟著蘇維埃國家一起瓦解了。

在我們的時代，社會寫實主義的圖像製造被重新評價，並且重新整理。之前這些藝術作品被製造的理由變得不再重要，而且不管是為新社會而展開的奮鬥，或是為對抗作品審查制度的奮鬥，都不再是評價的標準。我們只能等著看當代的美術館體系與藝術市場能夠拿社會寫實主義的遺產來做什麼──當初這些數量龐大的作品是在現代西方藝術體系之外創作的，甚至是直接逆反着現代的、西方的藝術體制。

註釋：

1. 馬列維奇（Kazimir Malevich），*《論美術館》（On the Museum, 1919）*, Essays on Art, vol. 1（New York: George Wittenberg, 1971）, pp. 68-72.
2. 雅可夫．圖根霍爾（Yakov Tugendkhol'd），*《十月革命時代的藝術》（Iskusstvo oktiabr'skoi epokhi）, Leningrad, 1930*）, p. 4 Yakov Tugendkhol'd.
3. 安德烈．日丹諾夫（Andrei A. Zhdanov），*《文學、哲學、與音樂文集》（Essays on Literature, Philosophy, and Music）*, New York, 1950, pp. 88-89, 96.
4. 引自狄米崔（N. Dmitrieva），*《視覺藝術與文學中的關於『典型』的問題》（Das Problem des Typischen in der bildenden Kunst und Literatur）*，*Kunst aria' Literatur*, no. 1（1953）: p. 100.
5. 巴理斯．約甘松（Boris Ioganson），*《論蘇聯藝術學院學術會議中提升學術方法論的方案》（"O merakh uluchsheniia uchebno-metodicheskoi raboty V uchebnykh zavedeniiakh Akademii Khudozhestv SSSR）*，蘇聯藝術學院評鑑會（Sessii Akademii Khadozhestv SSSR），Peroaia i vtoraia sessiia（1949）: 101-103.
6. 克萊門．葛林柏格（Clement Greenberg），*《論文集與批評》（Collected Essays and Criticism）*, vol. 1（Chicago: University of Chicago Press, 1986）, pp. 17ff.
7. 關於蘇聯前衛藝術與社會寫實主義的關係，見波里斯．葛羅伊斯（Boris Groys），*《史達林主義的總體藝術：前衛藝術、美學的獨裁及其他》（The Total Art of Stalinism: Avant-Garde, Aesthetic Dictatorship and Beyond）*, Princeton: Princeton University Press, 1992.

多元之外：
文化研究與其後共產主義的他者

文化研究對於後共產主義狀況的描述與理論都存在著根本的困境。我們可以很篤定地說，後共產主義的東歐國家的文化狀況，仍舊是當代文化研究的盲點。而且老實說，我不相信在不重新檢視某些文化研究的基本假說的狀況下，簡單的調整理論框架或是詞彙，就能夠解決這種困境。否則後共產主義的現實是不足以由文化研究的論點來描述與討論的。以下我要解釋為何這種調整是如此困難。

在文化研究領域的當前主要理論，傾向於將歷史發展視為一條道路，而這條道路是將主題從特殊性帶領到普遍性，從前現代的封閉社群、秩序、階層、傳統、與文化認同，走向普遍性的開放空間、自由的溝通與現代民主國家的公民身分。當代文化研究的這種看法，來自於可敬的歐洲啟蒙主義傳統；雖然啟蒙主義的角度有所不同，而得到的分析結果也不一樣。這些假說所延伸的主要問題是：此時此刻，我們要如何去處理沿著這條道路一路走來的個人？承襲自法國的啟蒙思想、傳統的開明政治理論的著名回答會是：在這條路上的人應該要快快繼續前進。如果有個人走得不夠快，甚至在前進前停下來休息──那麼我們應該對這個人採取一些措施，因為這個人所阻擋的不只是他個人的轉變，也拖累了全體人類朝向普遍自由國度的轉變。而人類不能容忍這種拖累，因為它想要自由與民主，愈快愈好。

這就是以民主與自由為名，所行的公開壓迫與暴力的來源。因此非常可以理解的是，今天的文化研究想要拒絕這類的壓迫，並捍衛個人放慢腳步、擁有差異的權利，而且他或她可以將前現代的文化特質帶入未來，而不是當作非法的包袱被扣留。的確，如果完美絕對的民主不只是未被實現，而且是不可能實現的，那麼走向它的道路就會是無限長；於是將這個均質普遍無限遠的未來強加在此時此刻的異質文化上就毫無道理。寧可去欣賞多元與差異，對主體的來處感到興趣，而不是只對它走向何方有興趣。所以我們可以說，當前對於多元與差異的強烈興趣，是基於特定道德與政治考量的；明確地說，是為了保護所謂的低度開發文化，抵抗強勢的現代國家以進步為名所做的邊緣化與打壓。但是進步的理想並未被當代文化思想所完全拒絕。這種思想很努力地想在現代均一的民主秩序要求下，替前現代的文化特質在此普遍秩序下找到妥協的餘地。

在這裡面還有一點要強調的。多元與差異的論述，事先假設了一個特定的美學選擇：我的意思是對於異質、混搭、跨界的純粹美學偏好。這種美學品味事實上是1970與1980年代後現代藝術的特質。也正是在這段時間，文化研究這個學門開始出現且發展成今天的樣貌。這種美學品味外表上看起來是非常開放、非常包容的──從某角度來說也是真正民主的。但眾所皆知的是，後現代的品味絕不像它乍看之下這麼地包容。後現代的美學感受其實是排斥任何普遍、均一、重複、幾何式的、極簡的、禁慾的、單調的、無聊的全灰、均質的，以及簡化主義的。它討厭包浩斯，討厭官僚與技術；而古典前衛只有當它宣稱的普遍性被排除、並且被納入異質的全貌之下才能被接受。

當然，後現代的敏感性強烈地討厭──而且必須討厭，這灰色、單調、沒有啟發性外觀的共產主義 。我相信這是為何直到今天，後共產主義的世界仍舊是個盲點。受到特定美學訓練、被特定藝術感受所制約的西方觀察者們，就是不想去看後共產主義的世界，因為他們不喜歡所見到的。當代西方的觀察者對於後共產主義或仍舊是共產主義的東方，唯一喜歡的東西就是像中國的寶塔、俄羅斯的舊教堂、或者是東歐那些看起來像直接回到19世紀的城市——這些都是非共產主義，或者是共產主義之前的，看起來多元而不同，符合當代西方對於異質品味框架下所用的形容詞。相反地，共產主義美學顯得沒有不同、不夠多元、不夠地方性、不夠多采多姿——因此是以其普遍統一的「他者」來面對做為主流的多元後現代西方品味。

如果我們自問：這種對於多彩與多元的後現代主流品味是怎樣形成的？唯一可能的答案只有：市場。

這是由當代市場所形塑的品味，也是為了市場而定製的品味。回顧這種多元與差異品味的起源，是直接來自於1970年代的資訊、媒體、娛樂市場的全球化，以及1980與1990年代這市場的擴張。正如我們所知，每個擴張中的市場都必須製造出多元而差異化的商品來供應這個市場。所以如果沒有將20世紀過去十年間，由市場主導的文化多元與差異列入考量，我相信文化多元與差異的論述與政治就不會被看見與被正確詮釋。在現存的政治與文化機構的環境下，除了被壓抑、或是找到自己文化特質的代表，還存在第三種選擇。那就是將文化特質在國際媒體與旅遊市場中進行推銷、商品化、商業化。正是這種文化多元論述與文化市場的多元性之間的共謀，使得某些當代的後現代批判顯得非常有道理，同時卻又非常模稜兩可。我們對於現代國家與其機構的均質化空間有嚴格的批判，但是面對當代異質的市場行為卻往往毫無批判；或者說不認為它是值得被認真考慮的。

閱讀後現代的批判論述，我們得到的印象是我們得面臨選擇：一方面是現代國家所具有的普遍秩序，另一方面是片段、不連續、多元的「社會現實」。但事實上這種多元的現實並不存在；這個選擇也完全是幻象。這看起來片段的文化現實，其實背後是與全球化市場相通的。普遍與多元之間的選擇並不存在。我們是在兩種不同形式的普遍性中做選擇：一個是某種政治觀念的普遍有效性，另一個是從當代市場而來的普遍垂手可得性。現代國家與當代市場都是同樣普遍性的。但政治觀念的普遍性是被公開表明、清晰、可見的普遍性，藉由本身統一而重複的外在形象來表達自己。而市場的普遍性則是隱藏的、不明顯、看不見的普遍性，被商品化的多元與差異所蒙蔽著。

所以我們可以說，後現代文化的多元性，只是資本主義市場普遍性的假象。全球化的當代訊息市場所保證的異質文化產品的可得性，取代了過去歐洲從啟蒙時期一直到共產主義，普遍而均質的政治計畫。在過去要成為普遍性的，必須要發明一個觀念或是藝術計畫，來聯合不同背景的群眾，使得多元的文化特質能夠被超越，令每個想要加入的人都能夠加入，如果他或她決意要加入的話。這個普遍性的觀念所連結到的概念是內在的改變、內在的斷裂、放棄過去擁抱未來、是一種*悔改*（metanoia）的觀念——從舊的特質轉變到新的特質。但是在今天，普遍化意謂著以其原有的個人特質美學化——不做任何的嘗試去改變它。因此在普遍性背景下的多元性，是將已存在的特質當成某種現成物來對待。在這種條件之下，變得普遍、抽象、均質會使得你在美學上不具吸引力，因此在商業上很難操作。如我前面所說的，對當代品味而言，普遍性看起來灰濛濛、無趣、不奇觀、娛樂性不夠、不酷，使得美學上的誘惑力不夠。

這是為何後現代品味基本上是反基進的品味。基進的政治美學會將自己放在文學與視覺美感的「零度」（degré zéro），如同羅蘭·巴特所定義的（註1），也代表著多元與差異的零度。這也是為何藝術上的前衛──例如包浩斯等，似乎在今天是過時的。這些藝術運動所內含的美學感知是政治性的，而不是為了商業市場。毫無疑問，每個烏托邦的基進品味都是禁慾、均一、單調、灰色、而且無趣的。從柏拉圖到啟蒙主義的烏托邦、再到現代前衛的烏托邦──所有基進的政治與美學計畫都將自己展現為多元性的零度。這表示，你必須對均一的、而非多元的有特別的美學偏好，才能接受與認同基進的政治與藝術計畫。這種品味顯然不會廣受歡迎，也不會吸引大眾。這是一個廣為現代烏托邦與基進政治的歷史學者所熟知的矛盾。一方面，這種政治是真正民主的，因為它是普遍性的、真正對所有人開放，絕對不是菁英或排他性的。另一方面，它們所尋求的是一種罕見的美學品味。這也是為何基進的民主政治總是顯得具有排他性與菁英主義的。一個人必須認同基進的美學，才能夠接受基進的政治──而這種前提之下的認同造就了相對封閉的社群，這個社群由相同的計畫、相同的遠見、相同的歷史目標所連結起來。基進的藝術與政治不會帶領我們從封閉的前現代社群進入開放的社會與市場。它反而帶領我們從相對開放的社會走入具有相同承諾的封閉社群。

從文學史我們可以得知，所有過往的烏托邦都在遙遠的島上，或是與世隔絕的深山裡。我們也知道前衛運動是多麼地隔絕與封閉，就算他們的藝術計畫是真正開放的。所以矛盾的是我們有一個普遍性但是封閉的社群或運動，這才是個真正的現代悖論。這表示面對基進的政治與藝術計畫，我們必須與標準的文化研究採行不一樣的歷史路徑：這個途徑並不是從前現代的社群走向開放的普遍社會。而是從開放而多元的市場走向基於共同承諾而朝向基進計畫的烏托邦社群。這些人為的烏托邦社群並非植基於過去歷史；它們對於保留痕跡與延續傳統並無興趣。相反地，這些普遍性主義的社群植基於歷史的斷裂，以共同目的為名反對多元與差異。

在政治與經濟面上，十月革命（October Revolution）正是這種與過去的完全斷絕，每個個人遺產的完全破壞。蘇維埃政權實現了所有形式的遺產斷裂，它放棄了私有財產，並且將每個人的繼承之物轉變成公有的財產。要從一堆無差別收集而來的財產裡找到個人自己的遺產，就像要從一堆灰燼的集合當中要找到自己燒成灰的物件一樣是不可能的。與過去完全斷絕，就構成了政治與藝術上的前衛。前衛概念經常與進步概念相關聯。事實上，「前衛」一詞的解讀與其軍事上的內涵有關──最初這個詞指的是部隊前進時的先鋒。在蘇聯的革命藝術裡，這個概念從1960年代開始就變成了習慣性用法。

俄羅斯藝術家自己並沒有使用過前衛一詞。他們所使用的名字是「未來主義」、「絕對主義」、「建構主義」──表示他們並不是朝向未來在進步，而是已經在未來，因為基進地與過去斷絕已經實現了，我們已經在歷史終點；甚至已經超過了歷史終點，不論是以馬克思主義的階級鬥爭來看，或者是以不同藝術形態的歷史、不同藝術風格，以及不同的藝術運動的歷史來看。特別是馬列維奇的「黑色方塊」，不論在藝術或生活都可視為零度──因此可做為生活與藝術、藝術家與藝術品、或是觀眾與藝術物件之間同一的匯聚點。

這裡的歷史終點，與法蘭西斯·福山（Francis Fukuyama）所說的歷史終點的意義是不同的（註2）。這裡的歷史終點，指的並不是市場對於所有可能的普遍政治計畫的終極勝利，而是相反地、政治計畫的終極勝利，代表著對於過去的終極排除、對於多元歷史的終極斷裂。它是基進的，末日天啟式（apocalyptic）的歷史終結，而不是當代自由主義理論所描述的歷史終結。這也是今日的後共產主義真正的遺產——也是它真正原創之處，就是毀滅了各種形式的遺產，與過去歷史和任何獨特文化特質的完全決裂。甚至連「俄羅斯」這個國家都被抹除，被一個完全沒有文化傳統的名稱：蘇維埃聯邦（蘇聯）來取代。當代俄羅斯人、後蘇維埃的人民，因此沒有故鄉、來自所有可能歷史終結的零度。

至此我們就清楚了解，為何文化研究對於描述後共產主義的國家與人民在共產主義垮台後的演變是如此困難。一方面，這種演變似乎很熟悉，是從封閉社會到開放社會、從社群到文明社會的熟悉路徑。但是共產社群在許多方面是更加基進現代的，比起西方它捨棄了更多的過去。而這個社群是封閉的原因，不是因為它的傳統太穩定，而是因為它的計畫太基進。這表示，後共產主義經歷的途徑與主要的文化研究所描述的相同——只不過它以相反的方向前進，不是從過去到未來，而是從未來到過去，從後歷史、後天啟的時代，來到歷史的時間。後共產主義的生活是一種回溯的生活，一種對抗時間之流的運動。這當然不是一個完全獨特的歷史經驗。我們知道許多現代的末日天啟、先知、宗教性的社群，都必須往回活在歷史的時間當中。同樣情形也發生在某些藝術的前衛運動，與一些1960年代興起具有政治動機的社群。主要的差異是，在像俄羅斯這樣大規模的國家，現在要踏上回去的路；從未來回到過去。而這個規模上的差異是很重要的。許多末日天啟教派最後是集體自殺，因為他們無法及時回到過去。但是對於俄羅斯這麼大的國家，自殺不是一個選項——不管總體的感受如何，它都必須要回去。

不消說，共產國家的開放對於其人民的意義首先並不是政治上的民主，而是突然開始必須要在國際市場的新經濟壓力之下生存。而這也是一種回歸過去；因為所有的東歐共產國家，包括俄羅斯，都曾有過資本主義的過去。但是過去俄羅斯人民對於資本主義的認識主要來自於革命以前、19世紀的俄羅斯文學。人們對於銀行、貸款、保險、與私人公司的概念來自於學校閱讀的托爾斯泰（Leo Tolstoy）、杜斯妥也夫斯基（Fyodor Dostoyevsky）、與契科夫（Anton Chekhov）——因此他們的印象就跟讀古埃及沒有兩樣。當然大家都清楚西方仍舊是資本主義體系；但是大家也都知道自己不住在西方，而是生活在蘇聯。突然這些銀行、貸款、與保險開始從他們的文學墓地裡發芽成為現實；所以對於俄羅斯人民來說，感覺就像是古埃及的木乃伊從墳墓裡跑出來，開始重新實行他們的古老律法。

更糟的是——這可能是故事裡最糟的部分，當代西方文化市場與當代文化研究，要求俄羅斯、烏克蘭等國家必須重新發現、重新定義、並表明其所謂的文化認同。他們必須要展現自身特有的俄羅斯性（Russianness）、或是烏克蘭性（Ukrainness），而誠如之前所說的，這些後共產主義的主體並沒有也不可能有這些東西。就算這種文化的特質真的曾經存在，也早已在普遍主義的蘇維埃社會實驗中被完全抹除了。共產主義的獨特性，在於它是歷史上第一個被消滅的現代文明──也許除了1930與1940年代短命的法西斯主義政權以外。在這之前，所有曾經被消滅的文明都是在現代以前的；因此他們都有固定的特質，並且被少數的紀念碑所記錄著，例如埃及的金字塔。但是共產文明只使用現代的事物，並且與其他人用的都一樣，並非來自俄羅斯的。典型的蘇維埃象徵是蘇維埃馬克思主義。但是以馬克思主義做為俄羅斯對西方的符號代表是沒有道理的，因為很顯然馬克思主義是來自西方而非俄羅斯。馬克思主義的特定蘇維埃意涵也只能在蘇維埃國家的背景下才能展示與運作。現在這背景已經終結了，馬克思主義也回到了西方；而它在蘇維埃留下的痕跡與用途也不過就是消失了。後共產主義的主體一定感覺自己很像沃荷的可口可樂瓶，從美術館被拿回了超級市場。在美術館時，這個可口可樂是個藝術品，而且有它的身分特質；但是回到超市，同樣的可口可樂瓶就跟其他的可口可樂瓶沒有兩樣。不幸的是，與過去歷史的完全斷絕所造成的文化特質的抹滅，很難跟外界解釋；這就像是跟從未經歷過監獄或戰爭的人去解釋監獄或戰爭一樣困難。這也是為何這些後共產主義的主體試著去發明新的文化特質，而不再嘗試去解釋為何他或她會缺乏文化的特質──行為就像伍迪·艾倫（Woody Allen）「變色龍」（Zelig）電影裡的主角一樣（譯註1）。

後共產主義尋求文化特質的做為是如此暴力、真實、而且像是內在驅使的，其實是對於國際文化市場的要求所做的歇斯底里反應。東歐想要跟所有其他國家的人一樣擁有國族主義的、傳統的、在文化上很容易辨識的

譯註1：片中主角能夠模仿身旁人們的特質。

特質——而它們仍然不知道要如何達成這個目標。因此他們表面上的國族主義，其實是面臨當代西方文化品味追逐「他者性」的特徵時，所展開的反應與調適。反諷的是，這種為了當前國際市場與主流文化品味所做的調適，被大部分的西方大眾視為國族主義的「重生」、「被壓迫的回歸」，被當成是當今對於他者性與多元性信仰的額外證據。這種東方鏡映西方對於「他者性」的期待，並且藉由人為地模擬其文化特質來進行確認，有一個很好的例子就是莫斯科建築樣貌的重新改變，這幾乎在蘇聯解體後就立刻發生。

在蘇維埃解體後很短的時間內，做為過去蘇維埃的首都、現在俄羅斯的首都莫斯科，在建築上經歷了令人震驚的快速且徹底的轉變。很短的時間內建設很多，而新的建築與紀念碑已經重新定義了這座城市的樣貌。問題是改成了什麼樣子？答案經常在對當今俄羅斯建築最誠懇的評論中，並由西方的觀察者所提出：莫斯科的建築是庸俗的、復舊的、而且最主要是想要尋求倒退的俄羅斯國族主義的情感。同樣地，這些評論家也試圖去理解在俄羅斯擁抱資本主義的同時，這種在首都看到的明顯退化與復舊的美學矛盾是怎麼回事。對於這種矛盾最常見的解釋為，在現代化的浪潮、與社會經濟的甦醒所帶來的壓力之下，這些復舊的美學是為了藉由喚醒俄羅斯過去的榮耀來做為補償的手段。

毫無疑問地，當代莫斯科的美學輪廓無庸置疑是復舊的；雖然也有一些借自西方的當代建築，但總是放置在歷史與折衷的脈絡之下。特別是莫斯科最具代表性的新建築，是那些有計畫的排斥當代的國際語彙的建築。正如之前提過的，在俄羅斯，資本主義本來就是一種復舊的經驗，也就是從這個國家的社會主義未來回歸到它的革命之前、資本主義的過去。這也就表示，復舊建築其實不是一種矛盾，而事實上是與俄羅斯資本主義的精神相關聯的。從俄羅斯的編年史來看，現代主義是社會主義未來的一種特質，而現在已經成為過去；現代主義不是資本主義過去的一部分，而資本主義是新的未來。在俄羅斯，現代主義是連接到社會主義──而不是像西方一樣和進步資本主義連結在一起。這不只是因為現代主義藝術家經常用社會主義的觀點發聲，也是因為現代主義發生的時期──也就是整個20世紀，同時是社會主義統治俄羅斯的時間。這也是為何莫斯科新建築放棄20世紀的現代主義，這暗示著國家回歸到革命之前的時光，如19世紀。

而且俄羅斯人將現代主義聯想到1960與1970年代的蘇維埃建築，這是他們極徹底討厭的。在那幾十年，大量城市區域在蘇聯各地興起，並充斥著巨大、高度幾何性、標準化的灰色而外觀單調的住宅建築，完全缺乏美感。這可謂建築在其最底限的樣貌。因為這種單調而標準化的組合、只體現了社會主義的特質不顧個人的品味，這樣外表下的現代主義被大家所排斥。類似的說法，也可以在1960與1970年代反抗的與現代主義的異議文化，所受到同樣態度的排斥裡找到。這些觀點在西方大都受到認同。在俄羅斯，前者的異議文化被認為「太蘇維埃」──也就是太自我中心、排斥異己、教條化、與太現代主義了。相對地，目前在俄羅斯所力捧的是後現代主義。回歸19世紀折衷主義與歷史主義的後現代，正是目前俄羅斯的顯學，象徵多元、開放、民主、與擁有個人品味的權利──也是俄羅斯人民從共產意識與現代主義美學的威嚇下，終於得到解放的視覺確認。

但矛盾的是所謂的多元、包容、個人品味的開放，實質上的新莫斯科風格完全是中央計畫的產物。今日最具代表性與風格影響力的建築是由後蘇維埃的莫斯科市長尤里・盧日科夫（Yuri Luzhkov）所中意的雕刻家祖拉布・採列捷利（Zurab Tsereteli）所設計的。這與史達林時期建築的情況相同，當時的建築也是由史達林與一群小心挑選出來的建築師之間緊密的合作完成的，這是最典型俄羅斯現象的例子之一；也就是一種計畫性、中央式的多元主義。當前莫斯科風格刻意遠離1960與1970年代的單調現代主義，正如同史達林主義建築刻意去除俄羅斯前衛藝術的高度嚴謹。莫斯科風格是一種復興運動的復興。但更重要的是，這種回歸大眾品味、美學的多元主義，在兩種情形下都被證明了最終只是國家支持下的場面調度。

這種被控制的多元主義的運作方式，最實際的例子就是在莫斯科市中心的救世主大教堂（Cathedral of Christ the Savior）的重建，這項工作最近才完工。重建的教堂已經被當成是今日莫斯科最重要的後蘇維埃建築紀念碑。盧日科夫比所有人都更看重這教堂的重建，將它當作這個城市最重要的計畫。從一些歷史細節上，可以讓我們更清楚這個重建計畫的意義。

原本的救世主大教堂是由建築師康士坦丁・頓（Konstantin Ton）在1838到1860年所建造，做為俄羅斯打敗拿破崙軍隊的勝利象徵；它在1931年史達林的命令之下被夷為平地。在完成的當下，那不成比例的巨大體積被人們批評與嘲諷為庸俗的紀念碑。這種建築看法一直延續到後代，這也許是為什麼它後來被決定破壞的原因──因為它就是缺乏藝術價值。與此同時，這個拆除有強烈的政治象徵性，雖然，甚至正因為其庸俗性，民眾非常喜愛它，也成為俄羅斯革命前、俄國東正教權力之行使最鮮明的表現。因此它的拆除，可視為1920年代末期與1930年代的反神職活動的高

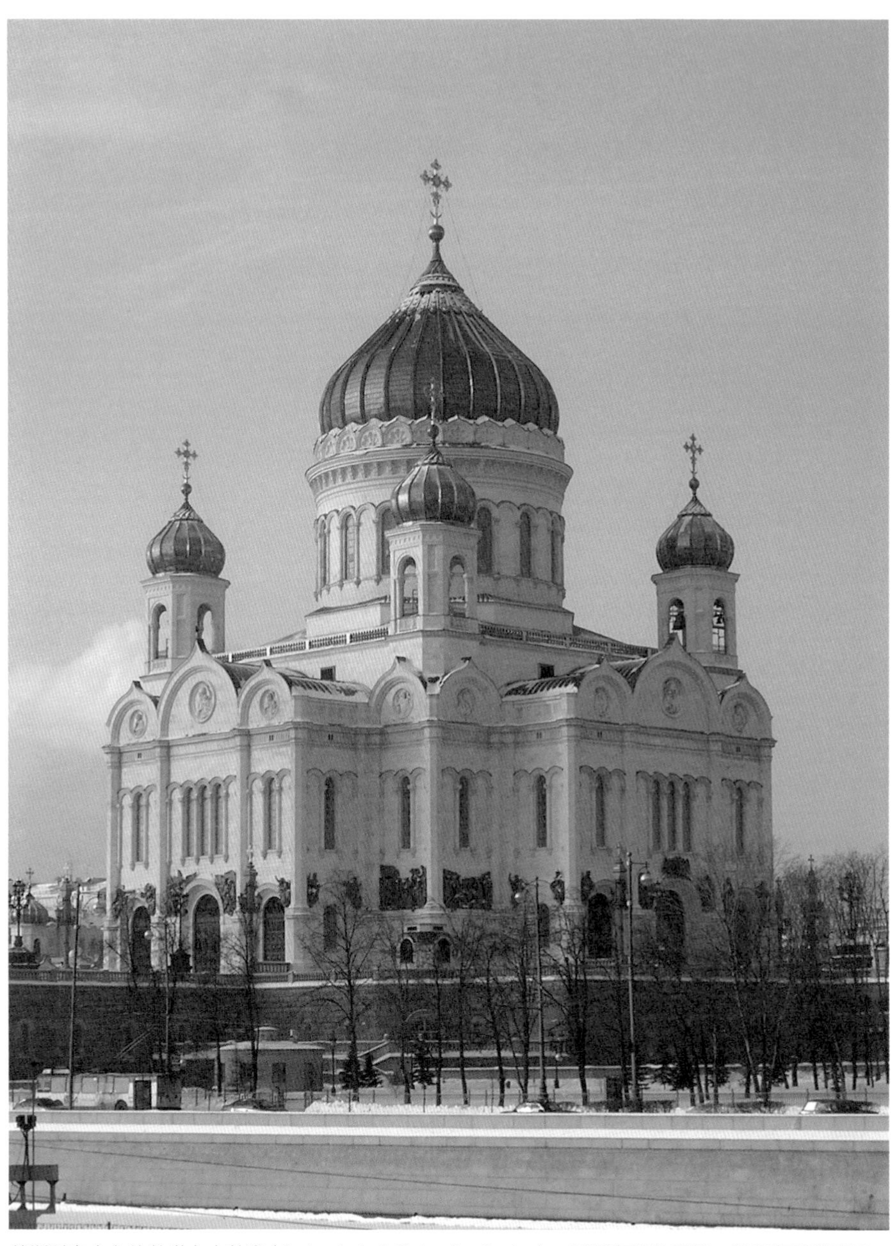

莫斯科市中心的救世主大教堂（Cathedral of Christ the Savior），1990年開始重建，2000年重建完工。

潮，這也是為何它在民眾心中留下不可磨滅的記憶。

基於其象徵性的地位，史達林在教堂夷平後遺留下來的廣場，擬定其蘇維埃宮（Palace of the Soviets）的建築計劃，而這皇宮預計要做為蘇維埃共產主義的最重要紀念碑。然而蘇維埃宮的建設從未實現——正如同它所要紀念的共產主義未來一樣。包理斯．愛爾芬（Boris Iofan）在1930年代中期所做的皇宮設計草案，在經過多次修改後，獲得史達林的同意，而且至今仍被公認為是史達林時期最重要的建築計畫。因此雖然蘇維埃皇宮從未起建，計畫本身已成為往後所有史達林建築的範本。最顯著的例子就是佔據著莫斯科的天際線、興建於戰後惡名昭彰的史達林主義摩天樓。正如同官方宣傳所號稱的、共產主義已經由史達林文化所準備與策畫好了，史達林主義的摩天樓也圍繞著對於不存在之蘇維埃宮的預言而造。在1960年代去史達林化的過程中，這個位置原本的計畫被放棄，而建造了一個巨大的露天游泳池，也就是莫斯科瓦（Moskva）游泳池，取代了原本的皇宮；而且就像救世主大教堂一樣，受到廣大群眾的喜愛。這個游泳池甚至在冬天也持續開放；在每年冬天的幾個月裡、巨大的蒸氣雲從遠處就可以看見，造就了一個地獄般的風景。這個游泳池也可以視為莫斯科的大眾用來洗滌史達林主義過去罪惡的地方。不論透過何種方式，莫斯科瓦游泳池因其充滿紀念意義的位置，而成為1960與1970年代對於「現代主義」文化意識最戲劇性的展現：它代表了對於任何建築形式最基進的否定，彷彿是自在優游於晴空之下，成為建築的「零度」。

蘇聯瓦解後，游泳池被剷除，並由已拆除的救世主大教堂的複製品所取代。這個複製品與原作到底有多少差異，這在俄羅斯一直是爭論的焦點。但最終，背後的目的才是重要的，也就是建造儘可能相同的教堂複製──以象徵性地做為對歷史過往的複製，以及俄羅斯文化特質的複製。這教堂根本不是新俄羅斯國家主義的紀念碑，更不是反西方情懷復辟的象徵；教堂的重建是為了慶祝蘇維埃普世主義、現代主義、前衛藝術過去的失敗，俄羅斯民俗性認同的回歸，而這種民俗性認同特質可以輕易地銘刻在新資本主義全球的秩序之中。乍看之下，這個回歸國家認同的象徵動作似乎進行得特別順利：在蘇維埃時期，教堂的位址，正如我所說的，是完全空洞、空白的空間──如同白紙一樣，可以容許任何形式的書寫。因此在這裡重建教堂，毋需剷除任何東西，亦毋需破壞任何已經存在的建築。蘇維埃時期在這裡變成了一個歷史時間忘形的中斷、一種純粹的缺席、虛無的現形、一個空洞、一片空白的空間。所以當這個空洞消失，什麼都沒有改變：消除之物被消除、複製將與原作無異──沒有任何歷史性的損失。

而事實上，重建展示了一個回歸過去的運動──因為稍早之前的運動是朝向未來，重建的運動僅僅是將這個國家不斷重複地帶向同一個點。而這一個點，綜觀俄羅斯歷史的全貌，可以用一個名字來代表：史達林主義。史達林時期的文化在革命與過去完全斷裂之後，已經試圖要重新認同過去──目的是要在革命殘留下來的垃圾堆中，找到合用於歷史終結的新世界建設的材料。史達林主義唯物辯證的發展定調於1930年代中期，其主要原理是基於所謂的*對立統一規律與對立面的鬥爭*。基於這個原理，兩種矛盾的敘述可以同時有效。「A」與「非A」絕非互斥的，而是共同參與在一個動態的關係當中：在它的內在結構裡，邏輯的矛盾反映出敵對的歷史力量之間真實的衝突，而這正是組成動態真實生命的核心。因此，只有能夠包容內在矛盾的論述才被視為「重要而生氣勃勃的」，並且為真。這也是為何史達林時期的思想會尊崇矛盾，而詆毀前後一致的論述。

這種強調矛盾的思想，當然是繼承自黑格爾辯證法的辯證唯物主義的遺產。而列寧－史達林主義又與黑格爾的假說不同，這個矛盾並不會最終被歷史所超越，因而也不會被回頭檢驗。所有的矛盾都不斷進行著、維持著相互間的變化、並且由此組成一個統一的整體。嚴格的遵守單一的主張被認為是一種罪惡，也是對於對立統合的背叛與攻擊。這種統合與對立鬥爭的教條，組成了史達林極權主義的內在神話與主題──這種變形的極權主義、宣稱絕對統合了所有可能存在的矛盾。史達林主義不排斥任何事物：它擁抱所有、並且讓所有事物得到它應有的地位。史達林主義的思想唯一不能容忍的，就是強硬地墨守於個人論點邏輯的一致性、而排斥任何相反立場。這種態度被史達林主義思想認為是拒絕對生命與集體負責，而這種態度只可能來自於惡意的目的。所以史達林思想的基本操作策略與方式就是：既然史達林主義已經統合了所有矛盾在其想法保護之下，那麼只為了提倡單一的反對立場而結黨有何意義？最終所有的反對行為都失去合理性，因為這些反對立場都在史達林主義的整體性之下被照顧到了。因此這類頑固的挑戰行為，只可能基於對蘇聯的不理智的痛恨，與個人對於史達林的憎惡。既然這類充滿仇恨的人是無法理喻的，我們只有很遺憾地將他們貶低或移除。

以上對於史達林主義的唯物辯證法的簡短說明，能夠讓我們了解史達林時期所有藝術創作的內在條件：明確地說，每個藝術作品都努力要包含最大美學內在的矛盾。相同的批評標準也告訴了我們當時的藝術評論所用的策略，也就是當作品呈現定義清楚、一貫清晰、可以明白辨認的美學立場時，這種評論策略會很機警地反應，而其美學立場的本質被認為是次要的。與前衛藝術明確而基進的美學不同，史達林時期的美學從不用正面的措辭來定義自己。不論是史達林思想，或是史達林的藝術政策，都沒有任何「教條式」的成分。史達林主義的國家權力比較像是看不見的手，在這些異質的、分歧的、多元的個別藝術計畫背後運作──依照自認為符合其意識型態的組合來審查、編輯、並串聯這些計畫。這表示這個「既新且舊」的教堂建設位置的象徵性「空洞」畢竟不是完全空白的。而是一個不可見、暗藏權力的內在空間，隱藏在多元的藝術形式背後。這也是為何它在當前的時空背景下，就算不能指認，也很容易定位──用資本市場看不見的手來取代史達林國家權力看不見的手。兩者都在分歧、異質、多元表面之後方的同一個空間裡操作。在莫斯科中心的複製教堂，其象徵的絕對不是俄羅斯文化特質的重生，而是史達林主義的文化實踐、在新的市場條件之下的復辟。

我試圖以長篇幅來討論蘇維埃史達林主義美學的復辟，來做為後現代品味影響的例子，表達了某些藝術與政治之間的關係。藝術毫無疑問地是政治性的。只有無知才會試圖定義藝術是自主的、高於政治或超出政治的領域。明白這點之後，我們也不要忘記藝術不能被限縮在政治判斷的諸多角力場的其中一個。只說「藝術依賴政治」是不夠的；更重要的是將政治論述、政治策略、與政治判斷對於美學態度、品味、喜好、與美學傾向的依賴主題化。如同我所嘗試表達的，基進政治與特定的美學品味密不可分──對於普遍性、對於多元性的零度的品味。另一方面，自由主義、市場主導的政治則關聯到多元、差異、開放、與異質品味的喜愛。時至今日，仍舊是後現代主義的品味佔上風。基進的政治計畫幾乎毫無機會被大眾所接受，因為他們與主流的美學感受無法連結。但時代正在改變。不久的將來非常有可能對於基進藝術與政治會有新的感性再次顯現。

註釋：

1. 羅蘭·巴特（Roland Barthes），*《寫作的零度》（Le Degré zero de l' lécriture）*Paris: Gouthier, 1965. English trans. By Annette Lavers and Colin Smith, Writing Degree Zero（London: Cape, 1967）.
2. 法蘭西斯·福山（Francis Fukuyama），*《歷史之終結與最後一人》（The End of History and the Last Man）*, New York: Free Press,1992.

私有化，或後共產主義的人造天堂

共產政權於俄羅斯與東歐棄守之後的過程，用「私有化」來描述是最恰當不過的了。在俄羅斯布爾什維克主義（Bolshevism）的理論家與實踐者的觀點中，要建立社會主義及其之後的共產主義社會，必須完全放棄以私有財產為目的的生產方式。將所有私人財產國有化，是將社會變得易於重塑的唯一方法，也是共產黨獲取全新、而且前所未有的力量來改造社會所需要的。然而，首先，這意謂著藝術被賦予比自然更為優先與重要的地位──這裡的自然包括人類天性、與一般理解的自然。只有當人性的「自然權力」、包含私人財產權被放棄，人類與其出身、遺產之間「自然」的連結，還有與「自己的」文化傳統的連結通通斷裂，人們才能以全新而自由的方式重新創造自我。只有無財產的人才是自由的，也才能接受所有的社會實驗。因此放棄私有財產代表了一種過渡：從自然到人工、從需要的領域到（政治上與藝術上）自由的領域、從傳統國家到*總體藝術*（Gesamtkunstwerk）（譯註1）的過渡。歷史上偉大的烏托邦論者，例如柏拉圖、摩爾（Thomas More）、康帕內拉（Tommaso Campanella）等，都將放棄私有財產、與其連帶的個人私慾，視為追求不受限的集體政治計畫之先決條件。

因此要終結共產主義的實驗，回歸私有財產制度代表著同樣重要的先決條件。共產國家的消失不僅只是個政治事件。從過去的歷史我們就可以知道，不論政府、政治體系，以及權力關係如何改變，私人的所有權都不會有太大的變化。因此就算是政治生活的急遽變遷，社會與經濟生活的組

譯註1：總體藝術源於華格納的樂劇的概念，強調劇場是一種統合各種劇場元素，如音樂、文學、燈光、空間等等的綜合藝術。

成仍舊依循著民法結構。但是當蘇聯瓦解，這樣具有正當性的社會契約就不再存在。權利的這個廣大領土變成了廢棄的荒地──類似美國的西部拓荒時期，一切都必須重建。換言之，這些權利必須被打包、分配、並開放為私有化，而其遵循的規則既不存在、也不可能存在。前共產東歐國家的去共產化過程，可因此被視為超出所有文明一般慣例，是一個私有化戲劇性的自然展現。我們都知道這場戲劇燃起了許多熱情，也製造了許多受害者。過去被壓抑的人性，在將共有資產據為己有的鬥爭中，展現了赤裸的暴力。

這種爭奪不該被解讀成單純的從沒有私人財產的社會、（返回）到擁有私人財產社會的轉移。畢竟，私有化所受到的人為政治的操控，與過去的國家化如出一轍。同一個國家，過去為了建設共產主義而國家化，現在為了建設資本主義而私有化。兩種狀況下的私人財產都是「*為了國家*」（raison d'état）而受到同樣程度的支配；因此私人財產就像一種人造工藝品，是國家計畫之下的產物。私有化即（重新）將私人財產引入，並不是一種回歸自然──不是回歸自然法則。後共產主義的國家與其共產主義的前身一樣，是一種人為安排的設定。因此後共產主義的狀況可以顯示出資本主義的人為性，表現了資本主義可以藉由社會重組改革（俄文是perestroika）產生，而不是經濟發展「自然」過程導致的結果。東歐與俄羅斯的資本主義的建立，既不是經濟發展的必然、也不是漸進而「有機」的歷史轉變所導致的結果。而是為了從建設共產主義，切換到建設資本主義，所做的政治決定。結局是要人為地創造出一個私有財產的階級（完全符合古典馬克思主義），而他們會成為這個過程的主要領導者。因此不存在「自然狀態」之下回歸市場，反而顯現了市場本身極度人為操作的特質。

基於同樣的原因，私有化並不是一個過程，而是一個永久的狀態，這些私人正是在私有化的過程當中發覺對於國家致命性的依賴：私有空間是從國家巨獸的殘骸中形成的。這是將社會主義國家暴力肢解後的私人分贓，再再讓人聯想到過去的祭典盛宴上、部落的成員一起大啖圖騰性動物的畫面。一方面這場盛宴代表了圖騰性動物的私有化：大家都收到了屬於個人所有的一小部分，但是這場盛宴的正當性來自於它創造了超越個人的部落認同。

這共同的認同使得私有化的經驗變成了一個集體的計畫，這在今日後共產主義國家生產的藝術中特別明顯可見。首先，這區域內經歷過共產主義的每個藝術家都發現，他或她自己仍在已經沉潛的國家藝術的陰影之下。今日的藝術家發現自己很難跟史達林、壽西斯古（Nicolae Ceausescu）、或狄托（Josip Broz Tito）時期的藝術競爭──就像是今天的埃及藝術家可能發現自己很難跟金字塔競爭一樣。更重要的是，在「真正社會主義」之下的集體財產，伴隨著的是巨大的集體經驗。因為社會主義國家用來塑造民眾符合新共產主義人性的許多政治手段，對所有民眾是一視同仁的。這造就了一個集體的心理疆域，其主權過去是握在國家手上；在共產黨的統治下，每個私有的個人心靈都臣服於官方的意識型態，並且國家化了。正如同社會主義國家的瓦解，造成了廣大的經濟空間供私人掠奪；揚棄了官方的蘇維埃意識型態也留下了可觀的集體情感帝國，供私人用於製造個人化、資本主義化的靈魂。這對今天的藝術家來說是很好的機會，因為當他踏入了集體經驗的領域，大眾立刻就可以理解。但是這也隱藏了一個很大的危機，因為這種藝術的私有化被證明了是不完整、而且跟過去一樣依賴於共通性。

儘管如此，今日的後共產主義藝術大部分是藉由蘇維埃意識型態的殘餘，即其心理與象徵性領域的私有化做為其創作的手段。必須承認這與後現代主義的西方藝術有些相似之處，不論是挪用、或是客氣一點說是私有化，這都是在國際當代藝術框架之下最重要的藝術手法。大部分的今日藝術家都挪用著不同的歷史形式、宗教或意識型態的象徵、大量製造的消費產品、大街小巷的廣告、甚至是特定著名藝術家的作品。在歷史的終點，挪用的藝術本身也自視為藝術：藝術不再是個人的創新，而是對分配的鬥爭、對產權的爭論、對於個體累積私人象徵資本機會的爭鬥。今日西方藝術所挪用的影像、物件、符碼、與形式都來自於流通市場的消費品，並且一直由私人利益所宰制。因此在這個背景下，挪用的藝術似乎是基進且顛覆性的──一種遊走在合法與非法的邊界的象徵性剽竊，探索著資本的重新分配，如果不是真正的財富資本，至少是象徵資本。

相反地，後共產主義的藝術，從影像、符碼、文字的巨大倉庫所挪用的東西不屬於任何人，這些東西不再流通，只是靜靜的躺在垃圾山裡，成為過去共產時代所共有的傳奇。後共產主義的藝術已經經歷了它自己的歷史終結：並不是自由市場資本主義的歷史終結，而是社會主義與史達林主義的歷史終結。史達林主義形式的社會主義真正的狂妄之處，就是認定蘇聯代表了階級鬥爭的歷史終結、革命的歷史終結、甚至是所有社會批判的歷史終結──剝削與戰爭的地獄之救贖已經降臨。蘇聯宣稱他們的真實狀況正是道德戰勝邪惡的終極勝利所看到的那種理想狀況。社會主義陣營所真正建立的地方，就被宣告為烏托邦實現之處。現在已經不需要花很大的力氣──甚至過去也不需要，就能看出這是不實的宣言、國家操縱之下的官方浪漫牧歌。而鬥爭持續進行，不管是為了個人生存、為了對抗壓迫與操縱、或是為了永遠的革命持續奮鬥。

但是，就算我們指出了這世界實際的不平等與不完美，也不可能去阻止「理想已經實現了」這樣的宣告。當我們談到歷史終結，我們說的是反烏托邦與烏托邦的同一性；也是地獄與天堂、天譴與救贖的同一性。當人們捨棄未來而選擇現在，是因為相信未來不會帶來過去沒有的新東西。當人們看到一個影像或經歷一個事件，而它是如此激烈而無可比擬，因此人們相信未來只能重複它、而無法超越它，人們就會相信歷史的終結，不管這個影像是耶穌在十字架上、佛陀在菩提樹下、黑格爾的說法、或是馬匹上的拿破崙。它也可以是史達林國家的生存經驗──這國家創造了最基進的強制徵收、恐懼、完全的平等，因為它一律平等地與所有人為敵。這正是亞歷山大・科耶夫（Alexandre Kojève）在其1930年代著名的巴黎論壇（Parisian lectures）中的論點，關於黑格爾的歷史哲學，他明確宣告史達林主義是歷史的終點。在大戰之後科耶夫的繼承者又開始提出歷史的終結，或稱為*後歷史*（post-histoire）與後現代主義。只是這次不再是史達林主義，而是資本主義自由市場在二次世界大戰與後來冷戰時期的勝利被宣告為歷史的最後階段。而再次地，也有人試圖指出歷史事實上還在持續發展，想藉此駁斥歷史已經終結的論述。但是寧可現在、不要未來的抉擇，是無法用事實去駁斥的，因為這個抉擇已經將事實與相關的論點，都認為只是相同事物的重複——這些全都在歷史上已經被克服過了。沒有什麼比說鬥爭還在持續更容易的了，因為這顯然是正常人類理性會認定的事實。要讓參與鬥爭的人認識到自己的鬥爭其實不是鬥爭，只不過是久居戰鬥位置而僵化在那個位置罷了，這就比較困難。

後共產主義藝術，是從一個歷史終結的狀態、過渡到另一個歷史終結狀態的藝術：也就是從社會主義過渡到後現代資本主義；普世挪用的牧歌之地隨著階級鬥爭的終結，過渡到無限的絕望，而同樣的關於分配、佔據、與私有化的鬥爭，則在那裡永恆輪迴。西方後現代藝術除了反省這個永恆的輪迴，也同時玩味著它，有時想要顯得好戰、有時憤世嫉俗、但無論如何都是想要批判的。後共產主義的藝術則恰恰相反，它深深地植根於共產主義的牧歌當中——它將這個牧歌私有化並加以發揮，而不是背棄它。這也是為何後共產藝術經常顯得太無害、既不夠批判性、也不夠基進。的確它所追求的是烏托邦包容的邏輯，而非實際排他性、鬥爭、與批判的邏輯。它總結了共產主義意識型態的邏輯延伸，追求普世主義並且為了達到辯證的合一而奮鬥，但是最終卡在冷戰的對峙裡，因為它反對所有西方資本主義的象徵符碼。而後期社會主義的獨立、非官方的藝術，想要用更嚴格的方式透徹思考歷史的終結，並且將所有國家、文化、與意識形型態和平共存的烏托邦擴展到西方資本主義以及過去的前共產主義歷史。

1960年代到1970年代的俄羅斯藝術家、例如維塔利・科馬爾（Vitali Komar）與亞歷山大・梅拉米德（Alexander Melamid），以及後來斯洛文尼亞藝術團體 IRWIN、還有捷克藝術家米蘭・昆（Milan Kunc），都在追求這個嚴格包容的策略。他們創造了一個藝術牧歌式的空間，讓這些

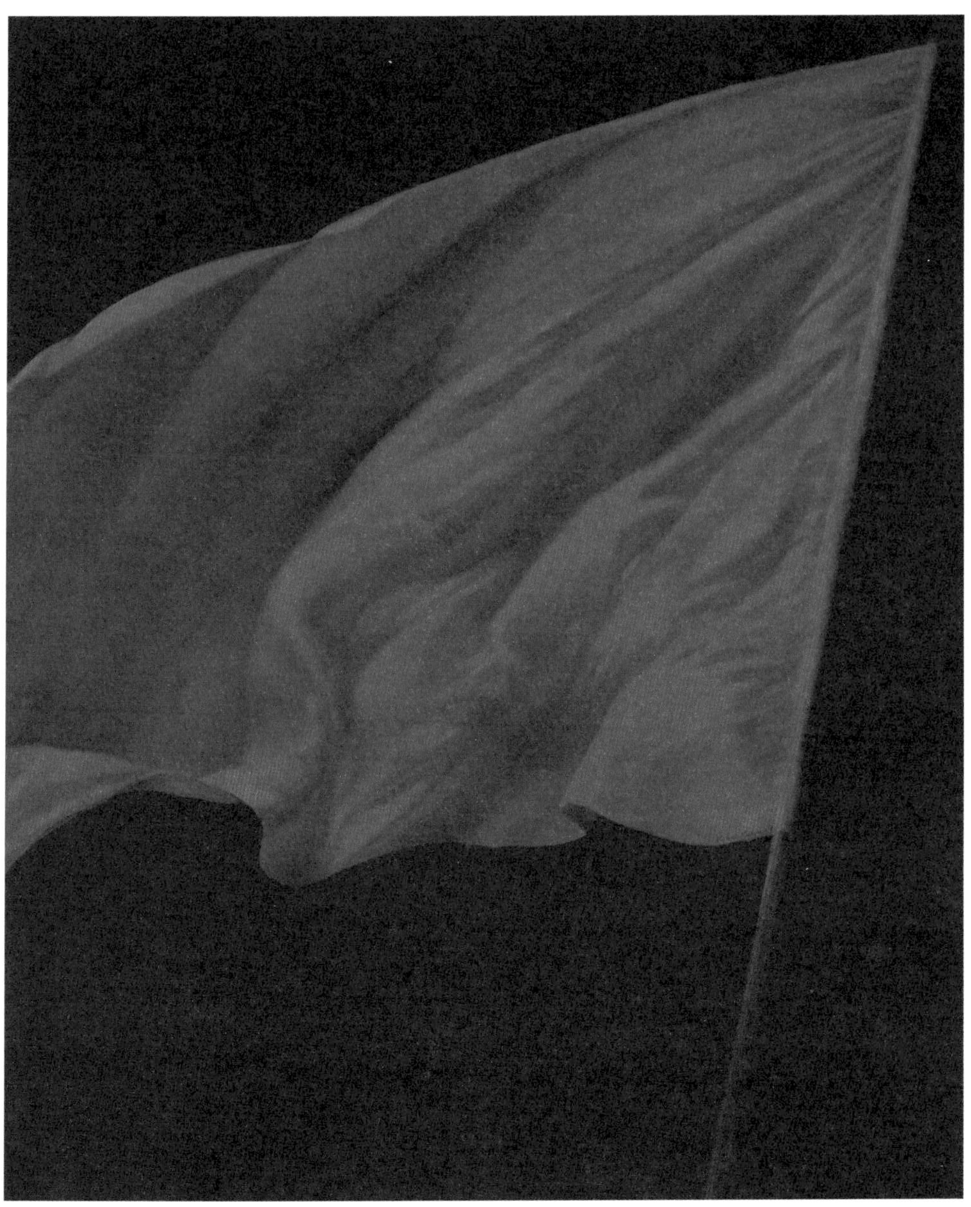

科馬爾與梅拉米德（Vitali Komar and Alexander Melamid），紅旗（RED FLAG），油彩畫布，244 x 204cm，1983。©Vitali Komar and Alexander Melamid

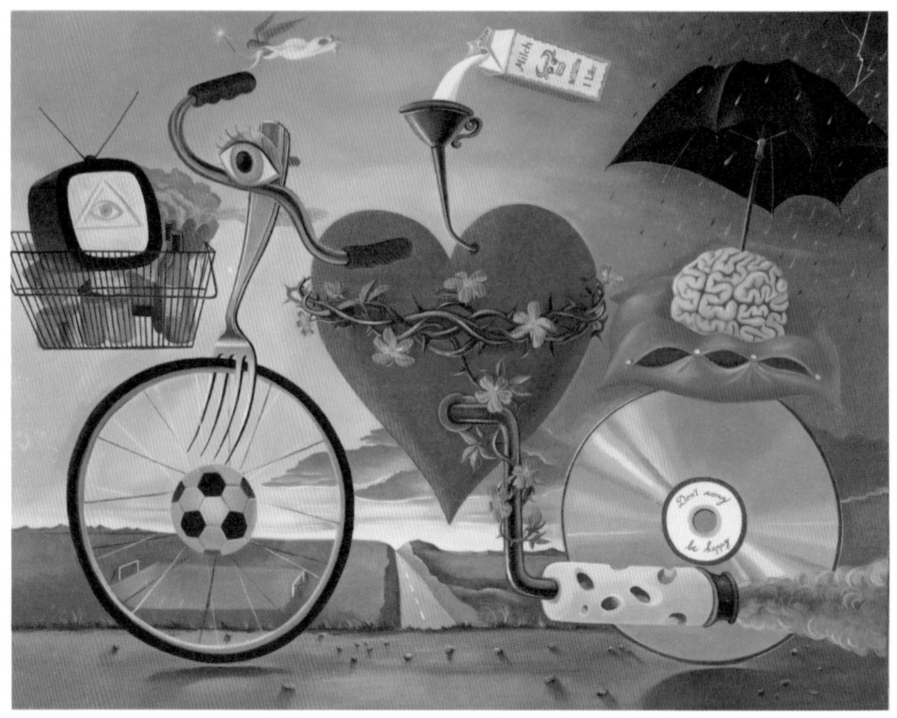

米蘭・昆（Milan Kunc），無憂無慮（Don't worry, be happy），油彩畫布，1997。©Milan Kunc

在冷戰的政治現實之下無法和解的符碼、影像與文字能夠和平共存。同樣也是早在1960 與 1970年代，其他的藝術家像是伊利亞・卡巴科夫（Ilya Kabakov）或是埃里克・布拉托夫（Erik Bulatov）則將生活在蘇聯的日常陰鬱的生活影像與官方宣傳的歡樂影像結合。這些意識型態的和解、超越冷戰鴻溝的藝術策略，在當時宣示了一種擴大而基進的烏托邦思想，試圖要將敵人也一併囊括。這種包容的政治甚至在共產政權瓦解之後，仍舊被許多俄羅斯與東歐藝術家所追求。人們也許會說這是真正的社會主義天堂的延伸，在這裡所有之前被排斥的東西都被接受，因此這也是基進烏托邦

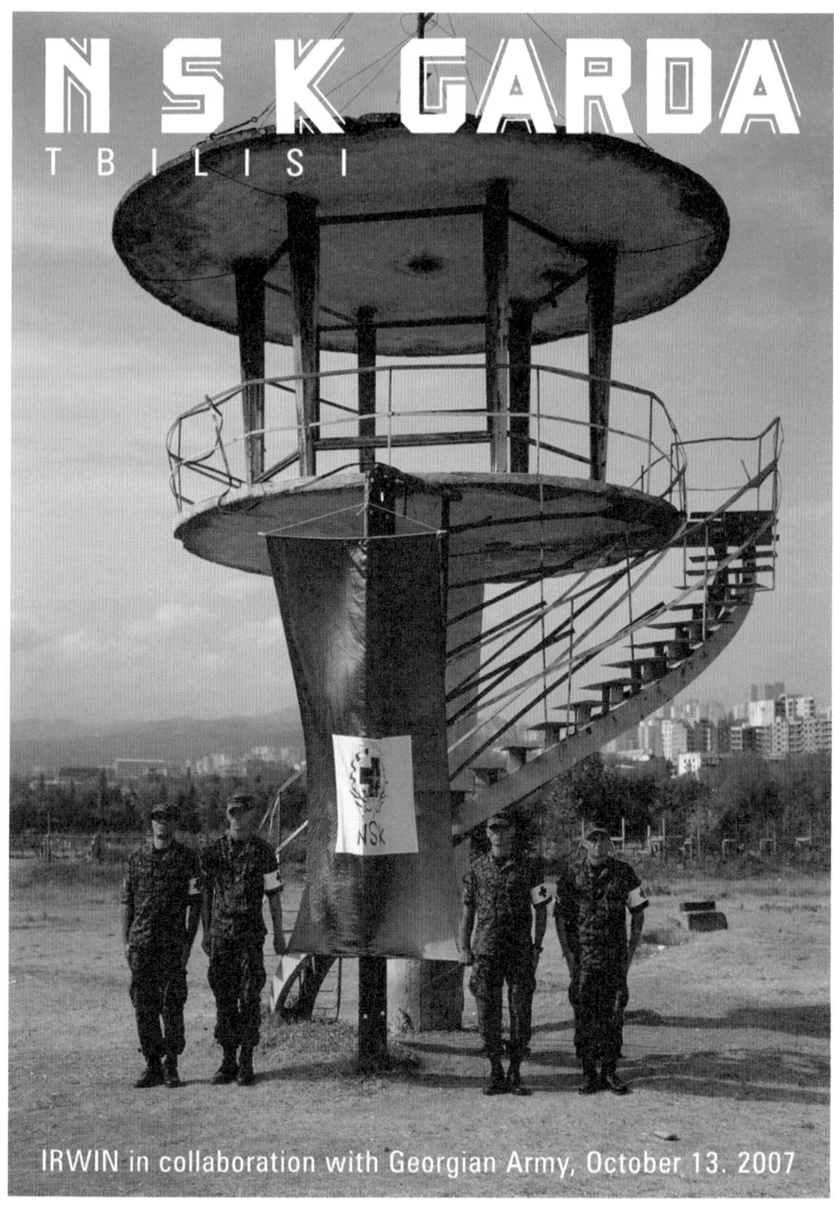

IRWIN與喬治亞軍隊合作 NSK Garda Tbilisi 計畫，攝影輸出，140×100cm，2007（攝影：Bojan Radovi）。©IRWIN

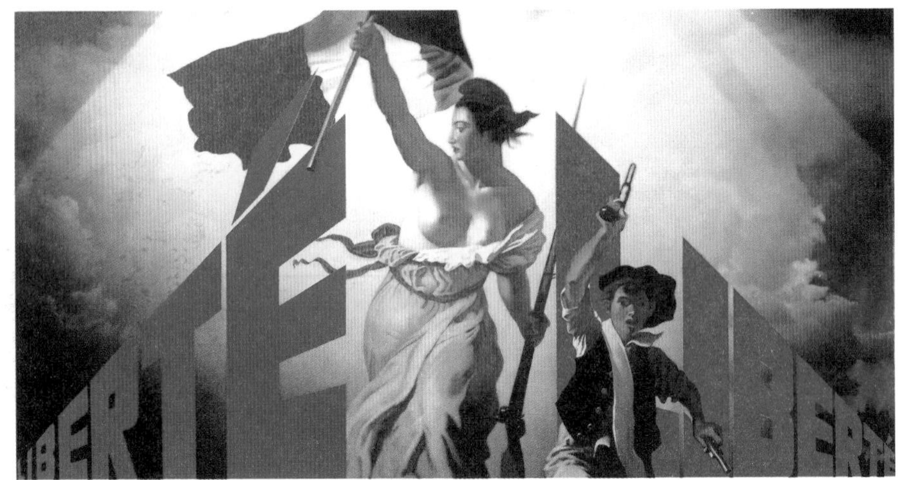

埃里克・布拉托夫（Erik Bulatov），自由II（Liberté II），油彩畫布，1991。©Erik Bulatov

的共產主義所要求的全面包容；包括了被普遍認為是獨裁者、暴君、恐怖分子等，也包含了資本主義者、軍國主義者，以及全球化之下的獲利者。這種基進的烏托邦式的包容，經常被誤認為是一種嘲諷，但它其實真的是一個後歷史的牧歌，尋求的是類同而非差異。

甚至連後共產主義的貧窮也被今天的俄羅斯藝術家描述為烏托邦，因為貧窮使人們同心、而富裕使人們分裂。特別是鮑里斯・米哈伊洛夫（Boris Mikhailov）將俄羅斯與烏克蘭每天的生活描繪成既嚴苛、又可愛。在奧爾加・切尼秀瓦（Olga Chernyshova）、德米特里・顧塔夫（Dmitri Gutov）、柳德米拉・葛拉瓦（Lyudmila Gorlova）等人的錄像作品裡，也可以清楚地看到這種牧歌式的表現；對這些藝術家而言，烏托邦在後共產主義的生活裡持續進行著，即便它已經正式被資本主義的競

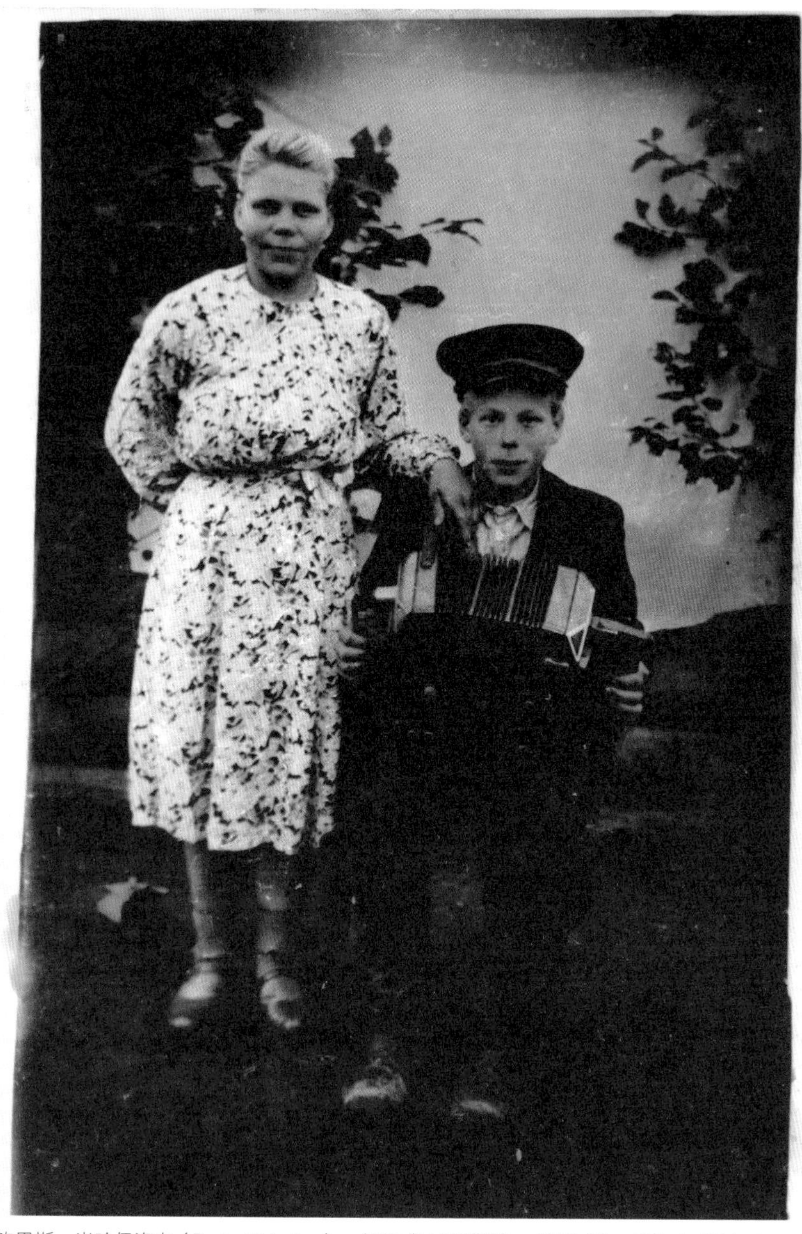

鮑里斯·米哈伊洛夫（Boris Mikhailov），無題（Liriki系列），1971-85。©Boris Mikhailov

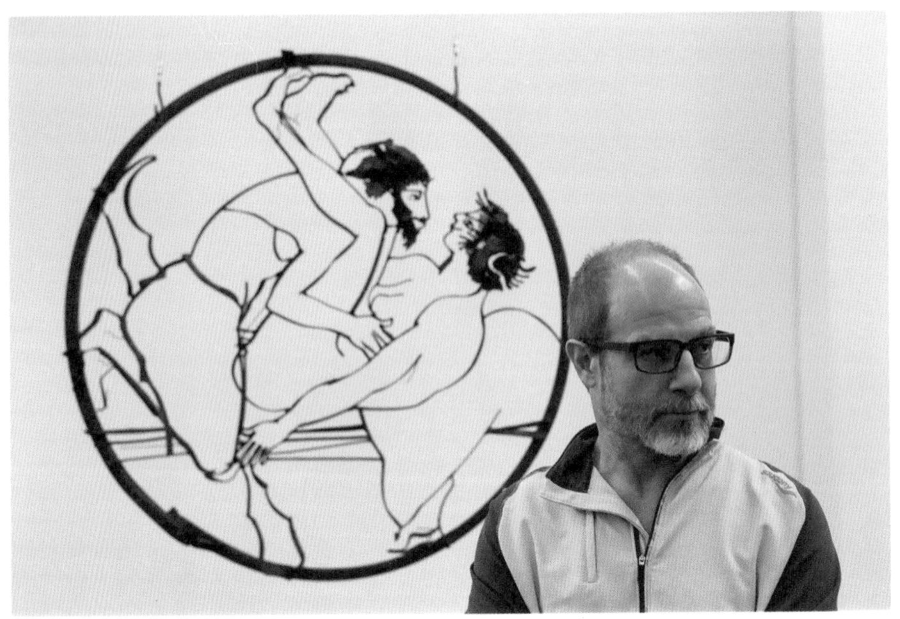

德米特里·顧塔夫（Dmitri Gutov）與作品的合照。©Dmitri Gutov

爭所取代。相反地，集體政治抗爭的手勢，已經被當成是藝術的表演，因為它在後共產主義冷漠而私有化的日常生活裡已經沒有地位。例如拉狄克團體（Radek）的一場表演中，一群人穿越莫斯科市中心的繁忙的十字路口，就被詮釋為藉著將藝術家安置在被動群眾的前面，一如過去的革命領袖一般，以高舉的標語進行一場政治示威。不過，這群人穿越了路口，大家就立刻各奔西東。而安那托利·奧莫羅斯基（Anatoly Ozmolovsky）在莫斯科設計他的政治行動，就是直接引用 1968年5月的巴黎的學運。政治的想像在這裡被當作是歷史（前）影像的儲存室，隨時供人挪用。

這種特徵當然不能適用於所有在前蘇聯國家所製作的藝術。對於普世

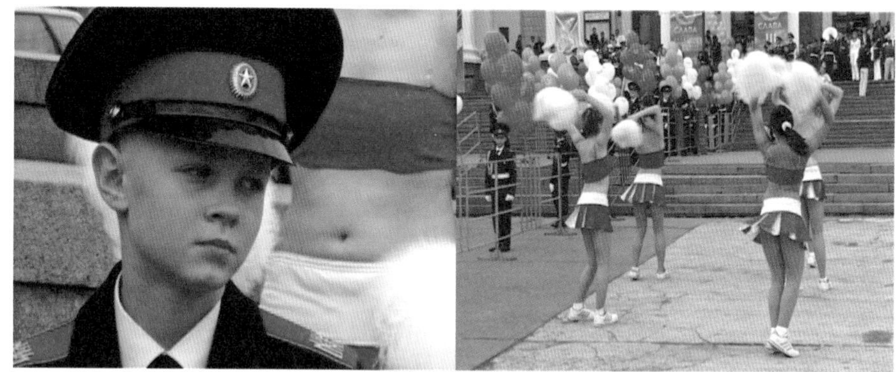

奧爾加．切尼秀瓦（Olga Chernyshova），遊行隊伍（March），錄像，7分30秒，2005。©Olga Chernyshova

主義、國際主義、共產主義的烏托邦，人們的反應並不總是想要更基進地在真正的社會主義條件之下、透徹思考這個烏托邦，這甚至不是主要的想法。人們更普遍的反應是想要國家分離主義，想要創造一個固定的國家與文化認同。這種反應在後期社會主義階段已經很明顯，但是在前蘇聯、前南斯拉夫、與前東方集團（譯註2）所控制的領域裡新建的國家更是被激烈地強化──尋求國家文化認同成為這些國家的主要活動。必須承認，這些國家文化認同本身與共產帝國挪用而來的殘餘拙劣地拼湊在一起，而其規則是不要公開承認這件事。甚至，在面對國家認同的問題時，將共產時期詮釋成歷史在有機成長過程中一個創傷性的中斷。

共產主義因此被具體化、被去國際化、並描繪為外來權力強加在個人認同上的創傷的總合體，而現在需要心理治療，以還原這個完整的認同。

譯註2：主要是蘇聯與華沙公約組織的國家。

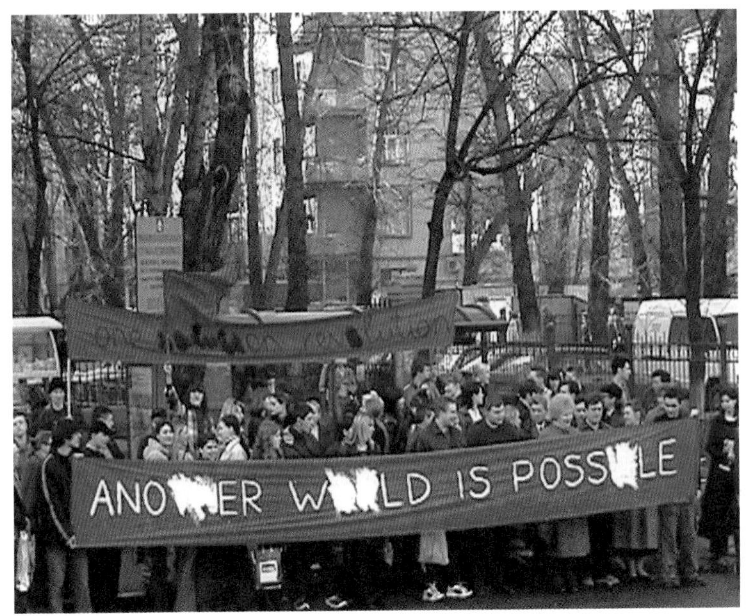

拉狄克團體（Radek Community），示威行動（Manifestation），2001。©Radek Community

對於非俄羅斯的前蘇聯與東歐人民而言，共產黨統治時期被視為是俄羅斯軍隊佔領時期，而在這之下的人民只是被動地受到迫害。而對於俄羅斯國族主義的理論家來說，共產主義最初是外國人的作品（猶太人、德國人、拉脫維亞人等），但是在史達林主義之後這種情形已經大幅地改觀，而由俄羅斯帝國的榮耀所取代。因此這些所有國家的國族主義者都完全同意他們的歷史診斷，並且準備展開進一步的奮鬥，雖然他們常常發現自己身處在這場奮鬥的不同陣營。唯一被這些國族主義者的偶然共識所遺漏的，就是後共產主義藝術，或者更適切地稱為「後異議藝術」（postdissident art），那種緊抱着各種奮鬥的和平普世主義的烏托邦牧歌。

歐洲與歐洲的他者

近幾年來我們常常聽到歐洲的政客們反覆地說，歐洲不僅僅只是個經濟利益的共同體，它有著更廣泛的意義；例如，它是某些需要堅持與保護的文化價值的擁護者。但是熟知政治語言的人都知道所謂的「更廣泛」毫無例外地表示「更狹隘」。的確，這些歐洲政客真正想表達的是歐洲不應該無限制地擴張下去，歐洲的邊界應該畫在它文化價值的邊界。將目前自我畫定的經濟與政治擴張後的邊界，當作是文化所定義的邊界，這個概念如果拿來應用在歐洲文化上，就會發現這個文化所定義的領域比起經濟利益定義的領域還要狹隘。歐洲因此可以將自己與俄羅斯、中國、印度與伊斯蘭國家切割開來，而同時也與其盟邦美國切割開來，並將自己表現為一個有著均一價值的社群，擁有特殊的文化認同，而來到歐洲的人請遵循我們的風俗，感謝您。在這裡我想要提出的問題並不是這種歐洲文化價值的分割與定義是否可取，而是要問，這些歐洲政客究竟是如何定義歐洲文化價值？而成果如何？其次讓我感到興趣的是，這些對於歐洲文化認同的要求，對於歐洲藝術的影響是什麼。

意圖替自己的文化在國際的比較當中找到定位，這樣的動機當然是完全合理的。問題只是在歐洲的例子中，這樣的企圖得到了多少成效。這彷彿是一個通例與標準：歐洲價值被定義成人本主義的價值，起源於猶太教與基督教（Judeo-Christian）的傳統，以及歐洲啟蒙主義的傳統。歐洲價值大體而言被認為是尊重人權、民主、容忍異邦、並且對其它文化抱持開放的態度。換言之，這些被宣稱是歐洲專屬的價值，其實是普世主義的，我們可以很公正地要求其它非歐洲國家也要尊崇這些價值。所以用類似這樣的價值來定義歐洲的文化認同，無可避免地會碰到這樣的問題：這樣的價值太一般性、過於普遍，拿來定義一個特定的文化認同是無法與其它文化區隔的。另一方面，這些條列的價值太過貧乏，無法正確描述廣大而豐富的歐洲文化傳統。有關歐洲文化認同的論述，已經圍繞著這個矛盾有數十年之久。一方面這些論述激起巨大學術動態的激情，而另一方面這些論述則一直停留在同一點打轉。試圖將歐洲文化認同定義成普世主義式的人本價值，這樣的計畫是不可能成功的，因為它在簡單的邏輯上就說不通。

所有合理的文化認同的定義，皆相信與其它的文化雖有差異，卻具有同等的價值。如果我們將普遍的人本價值定義為歐洲價值獨有的特性，那只能意謂著非歐洲文化的內涵是反人本主義的，天生地反人性、反民主、沒有包容等。由此來看，很顯然地，歐洲的文化與政治敏感性就必然是含糊不清的。某種程度上來說，人權與民主可以被視為普遍的價值，而歐洲人做為此價值的擁護者，覺得自己有道德使命必須向全世界推動這些價值。而在推動這些價值的過程當中，（歐洲人）發現自己自然地面對著以偽裝成捍衛與擁護人權，來追求帝國主義擴張這個舊歐洲政策的指控。某種程度上來說，人權的確可以被視為是歐洲特別的價值，歐洲人覺得有義務要在歐洲境內保護他們自已，亦即要將歐洲文化領域隔絕並保護它，以對抗反人本的異邦人。因此歐洲政治擺盪在帝國主義與孤立主義之間——反映了歐洲想要主張其所擁有的人權價值那獨特－普世的特性。

當歐洲文化自我定位成這種獨特－普世的特質，很顯然會對其它文化的自我定位造成很大的壓力。其它文化要不是選擇證明自己已經歐洲化到一定程度，因此有著相似的普世、人本價值觀，就是選擇證明擁有自己的人本主義傳統，而這傳統的源頭並不一定來自猶太－基督教的傳統，而是來自佛教、儒家、或是伊斯蘭的傳統。但是這兩種自我辯護的方式都難逃非難，因為人本價值從一開始就被認定是在歐洲文化領域之內。這個疆域化同時也是歐洲人的包袱，因為他們會覺得自己被迫要將非歐洲文化歸類為反人本主義的，而這似乎從一開始就違背了人本主義的精神。要排斥其它文化的唯一可能，就是要放棄這些價值的普世成分，並接受它們為歐洲專屬的價值。結果就是這些自命為人本主義擁護者的歐洲人，一方面覺得自己有義務將這些價值推行到全世界、必要時不惜動用武力，但這又違反了人本主義的理想；另一方面，他們也懷疑這種人本主義的理想也許並不是普世的價值，而只是歐洲人特有的價值。這兩方面都讓歐洲人覺得困窘。

因此一般的歐洲人就擺盪在這兩者之間：一方面想像自己是萬能的，一方面又帶著長期的自卑情結。當他們認定人本主義是普世的真理，他們似乎就將世界踩在腳下，因為他們代表著所有的人性。而當他們認定人本主義是歐洲專屬的價值，自己就變成了一個虛弱、不適合戰鬥、容易受傷、不受保護，被包圍在違反人權、不公正、恐怖的反人本主義異邦的海洋當中，被遺棄而無助。他們自身的人本主義就從最高的價值變成了結構性的弱點，而這在不同文化之間的戰爭是非常不利的。因為主流論述對於歐洲的認同，同時主張了兩者：人本價值既是普世的、又是專屬於歐洲的，歐洲精神就無藥可救地分裂在優越感與對他者的偏執恐懼當中。歐洲政治到底有多少受惠於這種內在的混亂，我無法評論，但毫無疑問地這對於歐洲藝術是絕佳的先決條件。

歐洲人本主義的命運，至少在兩方面與歐洲藝術有深刻的關聯。首先，與歐洲人所理解的藝術裡的主流習慣相符，只有人手製作的東西才能被認為是藝術。其次，藝術品最終與其他事物的分別，在於它不能被使用，而只能供沉思與解析。有關使用藝術品的禁忌、消費它的禁忌，構成了所有歐洲藝術體制的基礎，包含美術館與藝術市場。關於人只能被視為一種目的、而不可被當成一種手段，這樣的人本主義基本格言就已經顯示了歐洲人本主義將人──首先而且最重要的──視為是一個藝術作品。人權事實上就是藝術權（the right of art），只是應用對象是人類。的確，自啟蒙主義以降，心智或靈魂就不是定義人類存有的最主要方式，人類其實就是諸多身體中的一個身體，總歸便是萬物中的一分子。就事物的階層而言，只有藝術的概念，能夠允許我們認定特定事物超越其它事物，也就是賦予這些事物物理（肉體）上不可侵犯的尊嚴、而這種尊嚴其他事物不配擁有。

這也是為何在歐洲的文化背景之下，關於藝術是什麼的問題，不僅僅是一個純然指向藝術的問題。用來區分藝術與其他事物的標準，與用來區分人性與非人性的標準非常相似。承認某些事物為藝術品的過程，與承認某些身體、身段、行為，以及態度是符合人性的，兩者在歐洲傳統裡幾乎是密不可分的。因此傅科在近幾十年來所提出的生命政治的概念──還有其他作者、特別是將它進一步發展的阿岡本──從一開始就以帶有批判的意謂。將人類當作某種動物來理解──更精確地說是當作一種畜牲（livestock），幾乎立刻就貶低了人類的尊嚴。當這種理解方式使得人類動物在肉體上的幸福更容易得到妥善的照顧時，（貶低人類尊嚴）那件事又被確認了，且尤為正確。人類只有在被當作是藝術品時才能獲得尊嚴──最好是以自己為藝術家所創作的藝術品。這個概念下的人類，構成了所有人本主義烏托邦的基礎；所有的人本主義都將個人、社群、乃至於國家都當成是藝術品。所以問題出現了：我們可以接受並認為是藝術的事物是什麼？我們又是在什麼標準之下認為這些東西是藝術？藝術是成為人的處所，這似乎是唯一的答案，唯有如此才能讓我們看清人類的本質——也就是那些被賦予人權、可以被當成是民主的主體的人類。

但是我們也知道，從這樣的角度提出問題，我們沒有辦法獲得清楚的回答。特別是在現代藝術的進程裡，所有判別藝術品的標準都被拿來檢驗。我們可以說，歐洲藝術嚴格地追求其自身的去文化化（deculturalization）路線。所有傳統上深植於歐洲文化的藝術判斷機制，都經過嚴苛的批判，並被認定不夠充分。一波接著一波，歐洲前衛藝術不斷揭露著過去從未被認定的事物為藝術品。而這不像許多人所以為的，是在擴展藝術的概念。並不是說藝術發展的進程當中有了更縝密、更普遍的藝術概念，而早期的概念只是其中可以被納入的一部分。它也不是反對或者征服了舊的概念，將過時的藝術評判標準以新的標準取代；它是將過去的這些評斷標準予以多元化、差異化和增殖。

有時一樣東西因為美麗而被視為藝術品，有時因為它特別醜；有時美感根本在這裡不具任何角色；有時某些東西因其原創性而進入美術館，有時又相反地因為它在當時很普遍；有些物件記錄了時代的重要特質與事件，有些則是緣於作者刻意拒絕當時的特質與事件；有些東西反映了流行的品味，有些則排斥流行品味；有些是被外界視為藝術作品而放進美術館，有些則是唯有被放進美術館才能被視為藝術作品；有些作品是由於它特別昂貴，有些則是因為它特別便宜等等。許多時候特定的藝術品完全是機緣巧合而成為美術館收藏，而今日的策展人既無權力又無多餘的力氣來將它們移除。凡此種種成就了今天我們所稱的藝術。因此，我們認定某樣事物為藝術的諸種理由，是無法被化約為單一概念的。這正是為何歐洲藝術無法與其他文化的藝術有清楚區隔的原因。18世紀末與19世紀初當歐洲的美術館開始萌芽，他們不只接受歐洲的藝術作品，也接受非歐洲的作品──也是以類比、對比、相似、差異做為基礎來連結所有的物件。透過許多修辭譬喻手法，以大量的隱喻和轉喻，不斷跨越自我與他人的邊界，才決定了我們今天對藝術的理解，而不是消除或破壞這邊界。所有承認作品為藝術的理由都是片面的，但整體的修辭毫無疑問是歐洲的。

眾所周知，這類修辭也不斷重複被用在人性的領域裡。從福樓拜（Gustave Flaubert）、波德萊爾（Charles Baudelaire）、杜斯妥也夫斯基（Fyodor Dostoyevsky），經過齊克果與尼采，到巴代伊（Georges Bataille）、傅科、德勒茲，歐洲思想已經認可整體做為人性的表現，包括許多過去那些被認為是邪惡、殘酷、非人性的部分。正如同藝術裡所發生的一樣，這些作者與其他許多人不只將揭示為人性的部分視為人性，也將那些看起來非人性的部分也當作是人性；也就是說，正因為它揭示自身非人性的部分，才被納入人性的範疇。對他們來說，其重點不在包容、整合、或是將異邦人同化到他們（歐洲）的世界，而是相反地，去進入異邦，並成為自身傳統的異邦人。在我看來，這些作者與許許多多其他的歐洲傳統作者一樣，無法簡單地被整合成人權或者民主的論述，這是不證自明的。這些作者因而比其他人更屬於歐洲傳統，因為他們顯示了與他者、與異邦人的內在鞏固聯結，儘管威脅與殘酷，這種聯結是更深層的，而且遠比單純的容忍能帶領我們到更遠的地方。這些作者都嘗試著在歐洲文化的內部去分析診斷武力、衝動、與慾望的形式，而不只是將它們當成外在的異邦。因此這些作者顯現了歐洲文化真正獨到的特質，在於一直將自己異化，不斷否定、放逐、拒絕自我──以一種在其他的文化前所未見的基進方式進行著。確實，歐洲的歷史就是文化斷裂史，反覆不斷地拒斥自己的傳統。

這當然不表示人權與民主的論述是天生貧乏、不值得討論的，而是表示這種論述是無法用來分別歐洲文化與其他的文化。而很不幸的這種分別法在今天愈來愈常見。這些他者、這些異邦人，因此被認定是缺乏對於人權的尊重、缺乏民主與容忍的能力，因為這些價值被定義為是歐洲專屬的。因此當這些異邦人抵達歐洲，開始進行所謂永遠的整合，這個整合的目標是永遠無法達成的。因為異邦人公開宣誓的歐洲價值，無可避免會受到質疑、會被認為是耍嘴皮子，隱藏了內在的真正信念而沒有揭露。因此今天的異邦人被要求不只是公開接受所謂的歐洲價值，還要將它們「內化」──然而是否已經「內化」是永遠無法被「客觀」評量的，因此這種「內化」必須永無止境地做下去。

如果人權與民主的論述對於異邦人是不公平的，那麼這種論述對於與真正歐洲傳統的關係來說，也是不公平的，因為，正如我們先前所述，它忽略了所有擺不進這個論述的東西。歐洲文化傳統這個被「詛咒」的部分，通常以「只是藝術」的理由被消除。眾所皆知的，政治向來將藝術視為無關痛癢的好看東西，而完全忽略藝術的政治重要性。這種現象在今天益加明顯，而且更為不智；因為我們所處的時代，大部分的訊息都靠視覺來傳遞，政治訊息也不例外。特別是在最近變得更加尖銳的伊斯蘭政治爭論裡，視覺所扮演的角色在增長。爆炸性的政治議題幾乎都由影像所點燃：如丹麥的卡通（譯註1）、面紗下的女性、賓拉登的錄像等。錄像是伊斯蘭基本教義派對外界溝通的主要媒介；儘管伊斯蘭教對於影像充滿敵意。但我們可以用一個更簡單的例子來顯示今日的狀況：當多元文化的議題在電視上被討論時，影像總是不可避免地以歐洲城市的某個街道被膚色不同於「原本」歐洲人的路人所佔據。這給人的印象就是文化不過是種族的化名而已。因此將一個論述轉變成視覺的結果，就是將它變成了種族主義──就算不是有意這樣做的。因此當今政治必須依賴它所操作的影像，這是很明顯的。

將自己描繪成危險、殘酷的異邦人，是歐洲藝術的傳統主題之一。尼采將自己描述成超人（Übermensch）的特使，巴代伊則是阿茲特克（Aztec）殘忍儀式的擁護者。這種將自己表現為邪惡的外來人的傳統，至少從薩德（Marquis de Sade）與黑色浪漫主義的發展就已經開始，而其撒旦式的禮拜成了歐洲藝術的一個主要傳統，而且並不僅限於藝術。

從19世紀就有許多的藝術家與知識分子不只同情恐怖主義，還積極參與恐怖行動。有些從伊斯蘭國家移民來到歐洲的第二代或第三代，在歐洲成長卻帶有變體的伊斯蘭基進基本教義派的思想，常常被詮釋成沒有被適當的同化於歐洲文化的表徵。問題是，這會不會是剛好相反，他們正是因為同化於歐洲文化太過深入──而此文化的傳統之一就是要為冒險而活。

譯註1：2005在丹麥報紙上出現以伊斯蘭先知穆罕默德為主角的漫畫，引起伊斯蘭社會極大的反彈。

如果我們以歐洲文化藝術完整的多元性與內在的矛盾來了解傳統，那麼誰被同化與否這個問題就會有完全不同的解釋。能夠完整看清歐洲文化遺產的人，就會發現很難擺脫這個遺產，去做一些真正非歐洲、真正外在於歐洲文化的事情。歐洲文化的力量，正在於它不斷地創造他者。歐洲文化如果有其獨到之處，不只在於製造與重新製造自我的能力，還有製造所有可能的另類的自我。

近來我們常常聽到一些感慨，認為歐洲藝術已經失去了挑戰文化禁忌的能力、無法超越歐洲文化的邊界、無法影響政治生活與喚醒公眾。低估藝術在我們的時代對於公眾的影響力，與藝術──首要而且是最重要的──被等同於藝術市場，而藝術品即是商品的看法有關。藝術在藝術市場的背景下運作，而且每個藝術品都是商品，這是無庸置疑的。但是，藝術品不僅僅只是商品，它也是一個公開的宣言。藝術的產生與展示，也同樣給不打算購買的人──事實上藝術的大部分觀眾都是這樣的人。公開展覽的代表性參觀者並不將展示的藝術當成商品，或者說，只有極少數的人把它當成商品。個別藝術家在公開場合呈現自我的手段，對參觀者而言是觀察的對象，因為今天所有的人都被迫要以某種方式來公開展現自己。因此展覽、雙年展、三年展的數目，就在這個過程中不斷地增長。這些投注了諸多金錢與力氣、數不清的展覽，都不是為了購買者而成立的，而是為了大眾、為了那些可能終其一生也不曾買過一幅畫的無名參觀者。甚至那些專門為了買家所舉辦的藝術博覽會，也漸漸轉變成為城裡的大事，吸引那些不想成為買家的人來加入。我們這個時代的藝術系統已經漸漸走上了一條路，成為藝術一直以來想要從遠距離觀察分析的大眾文化的一個部分。

然而藝術並不是以生產特定物件在藝術市場銷售，而成為大眾文化的一部分，而是以結合建築、設計、時尚的展覽實踐──如同前衛藝術裡領頭的人物，例如出身包浩斯與俄羅斯高等藝術暨技術學院（Vkhutemas）的藝術家，以及其他人在1920年代與1930年代所預言的一樣。但這是否表示今天的藝術已經完全跟大眾文化相同，且完全失去了它超越邊界、自我反省的能力？

我不認為如此。大眾文化──我們姑且稱之為娛樂，有個連繫他者性與陌生性的至關重要的問題面向，卻常常被忽略。大眾文化同時對所有的人說話。流行演唱會或者電影創造了觀眾的社群。這些社群是短暫的；成員之間並不認識彼此；他們的組成是隨機的；不會知道這些人從哪裡來、要往哪裡去；相互之間無話可說；他們缺乏共通的特質，一個共同的過去，沒有共同的記憶可以相互分享；除此之外他們的確是一個社群。這些社群就像是在火車或飛機上共同旅遊的人群一樣。從另一個角度來解釋，他們是非常當代的社群──遠比宗教團體、政治團體、還有勞工組織還要當代。傳統的社群都是因歷史因素而結合在一起，其成員都是因為過去外在的共同經歷而連結；不論是共同的語言、信仰、政治信念、或是特定的教育使得他們從事特定的工作。這樣的社群一定有特定的界限──沒有共同過去的人就會被封閉在外。

相反地，大眾文化創造出來的社群沒有共同的過去──這是一個沒有先決條件的社群，一種社群的新型態。這也是常常被忽略的、當代社群朝向現代化的巨大潛力。但是大眾文化本身無法反省這一點，並將本身的潛能全部發揮，因為它所製造的社群鮮少認知到自己是一個社群。在流行演唱會或是電影院裡，群眾的目光太過專注於前方──舞台或是銀幕，所以他們無法適切地覺察與反省身處的空間，及其所參與的社群。這正是當前先進的藝術所做的反思，不管在裝置藝術或是實驗性的策展實踐裡都可以看到。這裡的物件並不是在特定的空間展出；而是空間本身成為知覺的主要對象、成為真正的藝術作品。

在這個空間裡，個別觀眾的身體佔據著特定的位置，而這些觀眾必定有所察覺，因為在反思整個展覽空間的同時，他也感受到有必要反省自己的定位與視角。參觀展覽的時間必定是有限的──這表示個別觀眾的角度必定是有限的，因為展覽空間提供給他的所有可能位置與角度，他沒有時間逐一去嘗試。觀眾也不會理會那些想要要求他們將整個展覽空間全部看盡的裝置藝術。今日的展覽與裝置並不是以個別的觀眾為目的，不是魚貫而入參觀個別作品的每個觀眾，而是觀眾的社群，佔據著整個房間同時觀看的社群。因此今日的藝術在純粹形式的層面上是社會與政治性的，因為它反省空間的裝配、社群的形成，這些都獨立於個別的藝術家是否有特定的政治訊息之外。同時當代藝術所闡釋的異己的位置，比起標準的政治論述都還要適切。因為我做為個體無法看清全貌，我必定會漏看了某些對其他觀者而言是顯而易見的東西。而這些他者，在文化上與我並無區隔：我可以想像他們處在我的位置，正如同我也可以想像自己在他們的位置。在空間裡的身體可以任意交換位置，這是顯而易見的；而這個可交換性，決定了我們今日的整體文明。當熟悉的與異己的不斷地交換位置──而這個全球的舞步不可任意停止，因為唯有不斷地交換位置，才是區別熟悉的、與持續向我們敞開的異己的唯一途徑。

文章出處

- *〈美學平權的邏輯〉（The Logic of Equal Aesthetic Rights）*，原發表標題 *"La politica de la igualdad de derechos esteticos / The Politics of Aesthetic Equal Rights,"* 刊載於 *Resistencia/Resistance*, pp. 48-58, 201-210. Edicion de la Memoria, SITAC, Mexico, 2004. 譯者：Steven Lindberg.
- *〈論新〉（On the New）*，刊載於 *Research Journal of Anthropology and Aesthetics*, no. 38（autumn 2000）: 5-17.
- *〈論策展〉（On the Curatorship）*，原發表標題 *〈策展人即偶像破壞者〉（The Curator as Iconoclast）*，見 *Cautionary Tales: Critical Curating*, ed. Steven Rand and Heather Kouris（New York: Apexart, 2007）, pp. 46-55. 譯者：Elena Sorokina.
- *〈生命政治年代的藝術：從藝術品到藝術文件〉（Art in the Age of Biopolitics: From Artwork to Art Documentation）*，刊載於 *"Kunst im Zeitalter der Biopolitik.* Vom Kunstvverk zur Kunstdokumentation," in Katalog, ed. Okwui Enwesor et al., pp. 107~113. *Documenta 11_Plattform 5.* Hatje Cantz, 2002. 譯者：Steven Lindberg.
- *〈聖像破壞做為一種藝術手法：電影裡的聖像破壞策略〉（Iconoclasm as an Artistic Device: Iconoclastic Strategies in Film）*，刊載於*Iconoclash*, ed. Bruno Latour and Peter Weibel. Cambridge, Mass.: MIT Press, 2002. 譯者：Matthew Partridge.
- *〈從影像到影像檔—再回到影像：數位化時代的藝術〉（From Image to Image File-and Back: Art in the Age of Digitalization）*，原發表標題 *〈數位時代的藝術〉（Art in the Digital Age）*，演講，發表於雪梨雙年展（Biennial in Sydney），未出版，2006.
- *〈多重作者〉（Multiple Authorship）*，刊載於*The Manifesta Decade: Debates on Contemporary Art Exhibitions and Biennials in Post-Wall Europe. A Roomade Book*. Cambridge, Mass.: MIT Press, 2005. 譯者：Steven Lindberg.
- *〈旅遊複製年代的城市〉（The City in the Age of Touristic Reproduction）*，發表於*Cidades*, ed. Alfons Hug, pp. 44-55. 25 a 聖保羅雙年展（Bienal de Sao Paulo）. Sao Paulo, 2002.
- *〈批判的反思〉（Critical Reflections）*，刊載於*Artforum*, October 1997.
- *〈戰爭裡的藝術〉（Art at War）*，刊載於 *"The Fate of Art in the Age of Terror,"* in *Making Things Public: Atmospheres of Democracy*, ed. Bruno Latour and Peter Weibel, pp. 970-977. Cambridge, Mass.: MIT Press, 2005.
- *〈英雄的身體：希特勒的藝術理論〉（The Hero's Body: Adolf Hitler's Art Theory）*, 原發表標題 *〈英雄的身體〉（The Hero's Body）*，刊載於 *（my private）Heroes*, catalog of the exhibition at MARTa（Museum of Art and Design）, Herford, 2005.
- *〈教育大眾：社會寫實主義的藝術〉（Educating the Masses: Socialist Realist Art）*，刊載於 *Russia!*, pp. 318-323. New York: Guggenheim Museum, 2005.
- *〈多元之外：文化研究與其後共產主義的他者〉（Beyond Diversity: Cultural Studies and Its Post-Communist Other）*，刊載於 *Democracy Unrealized*, ed. Okwui Enwesor et al., pp. 303-319. Documenta 11—Plattform 1. Hatje Cantz, 2002.
- *〈私有化，或後共產主義的人造天堂〉（Privatizatons, or Artificial Paradises of Post-Communism）*，刊載於*Privatizations*, an exhibition catalog for the KW Institute for Contemporary Art, Berlin. Frankfurt, 2004. 譯者：Steven Lindberg.
- *〈歐洲與歐洲的他者〉（Europe and Its Others）*，未出版，譯者：Steven Lindberg.

索引

圖版目錄與來源

32頁　康丁斯基（Wassily Kandinsky），〈紅點II〉（Red spot II），油彩畫布，131×181cm，1921，德國慕尼黑史塔提須美術館（Stadtische Galerie in Lenbach）藏。Courtesy of Stadtische Galerie in Lenbach, Germany.

33頁　杜象（Marcel Duchamp），〈噴泉〉（Fountain），現成物，1917。（攝影：Alfred Stieglitz）。

35頁　沃荷（Andy Warhol），〈布理洛箱子〉（Brillo Boxes），絹印版畫，1964。安迪沃荷美術館（Andy Warhol Museum）提供。©2005 Andy Warhol PBS. Courtesy of Andy Warhol Museum.

46頁　魯本斯（Rubens），〈鏡中的維納斯〉（Venus at the Mirror），油彩畫布，1615，列支敦士登美術館（Liechtenstein Museum）藏。Courtesy of Liechtenstein Museum.

47頁　馬列維奇（Kazimir Malevich），〈黑色方塊〉（Black Square），油彩畫布，79.5×79.5cm，1915，莫斯科崔塔科夫美術館（Tretyakov Gallery）藏。Courtesy of Tretyakov Gallery, Moscow.

59頁　彼德．費奇理（Peter Fischli），〈無題〉（樹根）（Untitled "Small Root"），聚氨酯，2005。紐約馬修馬克藝廊（Matthew Marks Gallery）提供。©Peter Fischli and the estate of David Weiss. Courtesy of Matthew Marks Gallery, New York.

73頁　帕慕克（Orhan Pamuk），小說《我的名字叫紅》（My Name Is Red），英文版封面，1998。

75頁　馬格利特（René Magritte），〈這不是一根煙斗〉（Ceci n'est pas une pipe），油彩畫布，1929。紐約現代美術館（MoMA）提供。Courtesy of Museum of Modern Art (MoMA), New York.

76頁　馬歇爾．布達埃爾（Marcel Broodthaers），〈現代美術館，老鷹部門〉（Musée d'Art Moderne, Departement des Aigles），空間裝置，1973。牛津大學出版社（Oxford University Press）提供。©Oxford University Press.

77頁　馬歇爾．布達埃爾（Marcel Broodthaers），〈現代美術館，老鷹部門〉（Musée d'Art Moderne, Departement des Aigles），空間裝置，1973。牛津大學出版社（Oxford University Press）提供。©Oxford University Press.

87頁　雷利．史考特（Ridley Scott），「銀翼殺手」（Blade Runner），電影劇照，1982。

89頁　弗蘭契斯科．殷凡特（Francisco Infante），〈獻詞〉（Posvyashchenie），行為表演，1969。莫斯科現代美術館（Moscow Museum of Modern Art）提供。Courtesy of Moscow Museum of Modern Art.

91頁　蘇非．卡爾（Sophie Calle），〈盲人〉（The Blind），1986。紐約大都會藝術博物館（The Metropolitan Museum of Art）提供。©Sophie Calle. Courtesy of The Metropolitan Museum of Art.

108頁　路易斯．布紐爾（Luis Bunuel），「安達魯之犬」（Un chien andalou），電影截圖，1929。

109頁　西席．帝密爾（Cecil B. DeMille），「霸王妖姬」（Samson and Delilah），電影截圖，1949。

110頁　愛森斯坦（Sergei Eisenstein），「十月」（October），電影截圖，1927。

111頁　佛列茲．朗（Fritz Lang），「大都會」（Metropolis），電影截圖，1926。

112頁　麥可．貝（Michael Bay），「世界末日」（Armageddon），電影截圖，1998。

113頁　羅蘭．艾姆立克（Roland Emmerich），「ID4星際終結者」（Independence Day），電影截圖，1996。

114頁　史蒂芬．史匹柏（Steven Spielberg），「第三類接觸」（Close Encounters of the Third Kind），電影截圖，1977。

115頁　提姆．波頓（Tim Burton），「星戰毀滅者」（Mars Attacks!），電影截圖，1996。

116頁　提姆．波頓（Tim Burton），「蝙蝠俠」（Batman），電影截圖，1989。

117頁　崔西．墨菲（Tracey Moffatt），「藝術家」（Artist），電影截圖，1999。女人拍電影（Women Make Movies, www.wmm.com）提供。©Courtesy of Women Make Movies, www.wmm.com.

118頁　安迪與賴瑞．華卓斯基（Andy and Larry Wachovski），「駭客任務」（Matrix），劇照，1999。

119頁 彼德．威爾（Peter Weir），「楚門的世界」（The Truman Show），電影截圖，1998。

120頁 蒙提．派森（Monty Python），「萬世魔星」（Life of Brian），電影截圖，1979。

122頁 安迪．沃荷（Andy Warhol），「帝國大廈」（Empire State Building），電影截圖，1964。

123頁 德里克．加曼（Derek Jarman），「藍色」（Blue），劇照，1993。

127頁 羅伯．隆戈（Robert Longo），「捍衛機密」（Johnny Mnemonic），劇照，1995。

154頁 吉恩．羅登貝瑞（Gene Roddenberry），「星艦迷航記」系列影集「銀河飛龍」（Star Trek: The Next Generation），1966-69。

213頁 莫斯科市中心的救世主大教堂（Cathedral of Christ the Savior），1990年開始重建，2000年重建完工。（攝影：Ivan Pozdeev）

225頁 科馬爾與梅拉米德（Vitali Komar and Alexander Melamid），〈紅旗〉（RED FLAG），油彩畫布，244×204cm，1983。藝術家提供。©Vitali Komar and Alexander Melamid.

226頁 米蘭．昆（Milan Kunc），〈無憂無慮〉（Don't worry, be happy），油彩畫布，1997。藝術家提供。©Milan Kunc.

227頁 IRWIN與喬治亞軍隊合作〈NSK Garda Tbilisi 計畫〉，攝影輸出，140×100cm，2007。（攝影：Bojan Radovi）©IRWIN.

228頁 埃里克．布拉托夫（Erik Bulatov），〈自由II〉（Liberté II），油彩畫布，1991。柏林ARNDT藝廊提供。©Erik Bulatov. Courtesy of ARNDT Berlin.

229頁 鮑里斯．米哈伊洛夫（Boris Mikhailov），〈無題（Liriki系列）〉，1971-85。倫敦沙奇畫廊（The Saatchi Gallery）提供。©Boris Mikhailov. Courtesy of the Saatchi Gallery, London.

230頁 德米特里．顧塔夫（Dmitri Gutov）與作品的合照。藝術家提供。©Dmitri Gutov.

231頁 奧爾加．切尼秀瓦（Olga Chernyshova），〈遊行隊伍〉（March），錄像，7分30秒，2005。柏林沃爾克．迪爾藝廊（Galerie Volker Diehl）提供。©Olga Chernyshova. Courtesy of Galerie Volker Diehl, Berlin.

232頁 拉狄克團體（Radek Community），〈示威行動〉（Manifestation），2001。PLAY電影與錄像平台提供。©Radek Community. Courtesy of PLAY platform for Film & Video / Lugano.

國家圖書館出版品預行編目（CIP）資料

藝術力 / Boris Groys著 ；郭昭蘭、劉文坤譯.
-- 初版. -- 臺北市：藝術家, 2015.03
256面 ；23×17公分
譯自：Art power
ISBN 978-986-282-143-5（平裝）
1.藝術

900　　103025989

藝術力 Art Power

波里斯・葛羅伊斯 Boris Groys 著／郭昭蘭、劉文坤 譯

發 行 人｜何政廣
總 編 輯｜王庭玫
編　　輯｜陳寬育
美　　編｜王孝媺
校　　對｜區秀詒，哈柏安（Hub A）身體藝術實驗室
封面設計｜白鵝工作間

出 版 者｜藝術家出版社
台北市重慶南路一段147號6樓
TEL：（02）2371-9692～3
FAX：（02）2331-7096
郵政劃撥：01044798 藝術家雜誌社帳戶

總 經 銷｜時報文化出版企業股份有限公司
桃園市龜山區萬壽路二段351號
TEL：（02）2306-6842
南部區域代理｜台南市西門路一段223巷10弄26號
TEL：（06）261-7268
FAX：（06）263-7698

製版印刷｜鴻展彩色印刷（股）公司
初　　版｜2015年3月
定　　價｜新臺幣280元

ISBN 978-986-282-143-5（平裝）

法律顧問蕭雄淋

行政院新聞局出版事業登記證局版台業字第1749號